www.leseditionsdelarbre.be
ISBN : 978-2-690056-853 – EAN : 9782690056853 – Dépôt légal: D/2007/10.741/1

Imprimé en Belgique.

Entretiens avec une profileuse

Carine Hutsebaut

Avec Sophie Mesquin

les éditions de l'arbre

« Si tu veux aimer mieux, tu devrais commencer avec quelqu'un que tu hais. »

Nikka, 6 ans.

« De quoi meurt cet enfant ?
Dut la réponse troubler, il meurt aussi de nos silences. »

Thierry Wolton (alias Léo Fourneau)

Préface

Parlons d'amour et de meurtres d'enfants

Parlons d'amour et de meurtres d'enfants… Un titre qui choque ?

Est-ce le mot *amour* ou le mot *meurtres* qui choque ?

Est-ce la combinaison de deux mots « extrêmes » ?

Pourtant… On parle plus de meurtres dans une journée qu'on ne parle d'amour.

N'y a-t-il pas des expressions qui disent : « Mourir d'amour » ou « Tuer par amour » ?

L'amour a beaucoup de visages, mais qu'un seul sentiment : la pureté.

Il y a des gens qui sont capables d'exprimer facilement leur amour. Pour l'autre. Pour la nature. Pour la vie. D'autres le vivent plus à l'intérieur. D'autres doivent l'apprendre. D'autres le refusent par manque d'habitude ou d'assurance. D'autres encore l'expriment dans l'art. L'art de vivre. L'art du théâtre, de la peinture, de la musique, de l'écriture…

Pendant que d'autres le confondent, le refoulent, l'achètent, le volent, le fuient ou le détruisent… Et, bien qu'il soit universel, chacun en a sa propre (ou pas) conception.

L'amour se dose. Une overdose d'amour tue. Un manque aussi.

Le meurtre n'a qu'un visage : celui de la colère, celle qui cache un manque ou un trop plein d'amour.

On crée le même type de psychopathes par trop d'amour que par manque d'amour. La colère est un chagrin profond refoulé.

L'un se croit tout permis, l'autre s'octroie le droit de faire justice pour combler le manque et le vide en lui… Le meurtre n'a pas de limites.

Un pédocriminel prétend qu'il « aime » l'enfant ?

Il a un rapport sexuel avec l'enfant. Ce n'est pas de l'amour. Il « tue » l'enfant.

Car il tue l'enfant dans son intégrité.

Ceci veut dire qu'il ne tue pas seulement un enfant, il tue un monde aussi.

Parce que chaque enfant assassiné est un monde assassiné.

Et chaque enfant sauvé est un monde sauvé.

Des études montrent qu'un enfant, victime de pédocriminalité, bloque automatiquement tous ses moyens, intellectuels, spirituels et émotionnels. Toute son énergie est mobilisée pour survivre à un grave traumatisme. Quand il est perturbé, abusé, sali, humilié, apeuré, il perd toute sa confiance dans l'être humain, et comme il en est un, il perd confiance aussi en lui-même.

Je n'ai pas l'intention de choquer les lecteurs. Ou, si… ? Peut-être que si.

Je crois qu'il est temps de laisser tomber les masques. Je crois qu'il est plus que temps de réaliser que nous sommes en train de tuer notre avenir. Parce que nos enfants : c'est l'avenir.

De tout temps, la perversité était à la source de la destruction d'une société, d'une culture.

Mon père disait souvent : « Zachte handen maken stinkende wonden »… « Des mains douces produisent des blessures puantes »…

Allons-y alors, nettoyons les ulcères. Avec amour, mais aussi avec détermination.

Imaginons que tous ces enfants aient pu grandir dans l'amour.

Quel monde aurions-nous eu actuellement ? Imaginons un monde sans êtres brisés et cassés… Quel potentiel ! Nous aurions peut-être des milliers d'Einstein. Nous aurions peut-être trouvé la solution contre la faim dans le monde. Nous aurions probablement déjà trouvé un médicament contre le sida. Nous voyagerions peut-être déjà tous dans l'espace. Parce qu'il y aurait plus de potentiel.

Le début du changement c'est le rêve. Si nous ne rêvons plus, nous ne pouvons plus rien réaliser.

Carine Hutsebaut
Novembre 2006

Avant-propos

En plus d'être une secousse émotionnelle, rencontrer Carine Hutsebaut fut un véritable défi logistique, que ce soit dû à son déménagement à l'étranger ou à une technologie souvent capricieuse. Ce fut également un déferlement d'informations sur un sujet dont je n'avais que de vagues notions et un casse-tête cornélien quant au choix des points abordés.

En découvrant le monde des pédocriminels, j'ai aussi appris à comprendre le travail d'une femme qui ne baisse jamais les bras. Et, bien qu'il me soit arrivé, à moi, de les baisser en raison des difficultés qui ont ponctué la naissance de cet ouvrage, j'ai la certitude, après avoir rencontré cette femme, et d'autres personnes sensibles à la cause des abusés, qu'en travaillant à l'éducation des consciences on peut essayer d'éviter à quelques enfants de mourir par négligence et à des parents de souffrir dans l'indifférence. J'aurais pu choisir de rencontrer tout son entourage et ses détracteurs, mais, étant déjà confrontée à une matière particulièrement lourde et un peu neuve pour moi, j'ai préféré découvrir le sujet, ainsi que Carine Hutsebaut, avec le plus de spontanéité possible, me basant principalement sur ses dossiers, ses ouvrages, et sur elle… Plus qu'à l'aspect technique de son travail, j'ai aussi choisi de m'intéresser à l'aspect personnel, ou oserais-je avancer, au « profil » de cette femme qui, malgré un métier hors du commun, se révèle, dès les premières minutes, aussi naturelle lorsqu'elle en parle, que lorsqu'elle parle de ses enfants, du monde qui l'entoure ou de l'importation des bananes Chiquita...

Sa voix, étonnement claire malgré des records de consommation de cigarettes, laisse deviner une fermeté qui empêche de tourner autour du pot. Tantôt elle rencontre un écho, tantôt elle se heurte à l'indifférence, quand ce n'est pas à la violence. Elle ressemble à notre voisine, notre copine, notre sœur ou notre collègue, sauf qu'elle tousse peut-être un peu plus qu'elles...

Et quand elle vous a offert un café à sa grande table, vous sortez de chez elle avec l'impression effective que vous venez de refaire le monde avec une copine... Tout simplement.

Ci et là, vous trouverez parfois quelques « expressions » en néerlandais, il ne s'agit pas d'un oubli de traduction, mais bien d'une sincère volonté de conserver ce petit quelque chose de chez nous, un plaisir ou un réflexe que certains d'entre nous avons à mélanger nos deux langues pour donner à nos propos plus de force ou de couleurs. Une petite trace de notre si célèbre « belgitude », tant qu'on le peut encore... Certains pourraient aussi me reprocher le choix d'une écriture trop visuelle ou trop orale. Je répondrai, à ma décharge, que ce fut dans l'unique souci de restituer au maximum le ton de Carine Hutsebaut. Pour que vous l'entendiez et la voyiez presque aussi bien que si vous vous étiez assis à côté de nous.

Le hasard aura bien fait les choses si ce livre tape, une fois de plus, à sa manière, sur le clou. Même si c'est une fois de plus, ce ne sera pas une fois de trop.

Pour ne pas oublier nos enfants. On a promis.

Et pour ne pas oublier que le monde est ce que nous en faisons, et que nous sommes les choix que nous faisons. Ce n'est pas de la morale, mais un fait.

Je souhaite que ce livre serve à mieux vous faire connaître Carine Hutsebaut.

Profileuse, victimologue, et selon moi, détentrice certaine d'un diplôme – pas homologué non plus – de « Bon-Sensologue »…

Sophie Mesquin
Novembre 2006

Chapitre I

Sur la piste d'un profileur

D'aucuns, pour autant qu'ils lisent la presse flamande, se souviennent peut-être de cette femme psychothérapeute de Vilvoorde, dans la banlieue bruxelloise, qui le 11 août 1995, dressait dans les colonnes du « Belang Van Limburg » le profil du coupable potentiel de l'enlèvement de Julie et Melissa… Ce que l'on ne sait pas, c'est que le 19 juillet 1995 elle avait aussi envoyé une partie de ce profil aux autorités parisiennes en demandant une recherche dans les milieux de la prostitution. Selon un extrait du profil qu'elle dressa (il comportait 29 points), il s'agissait d'un homme de 35 à 40 ans, probablement marié ou divorcé, père de famille, possédant sans doute un casier judiciaire pour vol, séquestration et torture, qui agirait probablement à nouveau très vite, et vivant dans le triangle Liège-Namur-Charleroi…

En 2001, Carine Hutsebaut aidait également les enquêteurs dans l'affaire « DeNulde », où l'on avait retrouvé le tronc puis la tête d'une fillette de 5 ans, aux Pays-Bas. Elle demanda la reconstitution du visage de l'enfant à partir du crâne retrouvé. Une maquette du visage fut diffusée dans les médias et permit à une institutrice de reconnaître la fillette. Elle conseilla ensuite aux enquêteurs de rechercher les parents, introuvables depuis la disparition de leur fille, sur leur lieu habituel de vacances… Ils furent retrouvés et avouèrent le meurtre de leur enfant.

Bien qu'intéressée par la criminologie (je suis un légiste raté), je ne m'en souvenais que vaguement, et comme beaucoup de monde, je m'étais intéressée à l'affaire Dutroux, mais superficiellement parce que trop dégoûtée par la tournure que prenaient les événements.

Deux ou trois ans plus tard, je tombe sur un article parlant de Carine Hutsebaut, et je me souviens. Elle a écrit plusieurs livres dans lesquels elle parle de son travail d'analyste et de ses propositions de travail avec les autorités et les criminels. Son premier ouvrage *Les enfants n'aiment pas les crocodiles*[1] est difficile à trouver et je ne le trouverai pas. Après maints harcèlements, mon bouquiniste est aussi épuisé que le bouquin semble l'être...

Ce n'est encore que plus tard, en août 2005, que ce nom, entraperçu dans la presse, prendra corps, et que Carine Hutsebaut sera mise à nouveau sur mon chemin par le biais de mon travail. Pendant quelques semaines, à l'occasion d'un reportage, j'allais parcourir le Borinage, avec deux journalistes anglaises et leurs techniciens, sur les traces de Marc Dutroux.

Sur la liste des intervenants que les journalistes s'apprêtaient à rencontrer, je remarque que quelques-uns d'entre eux sont « controversés ». S'y trouvent : Douglas De Coninck[2], Anne Degraaf[3], Xavier Magnée[4], et... Carine Hutsebaut, thérapeute et profileur, qui emmena Régina Louf[5] à Londres afin d'entendre l'avis d'un spécialiste[6] mondialement renommé dans le constat de fausses allégations, et d'avoir le cœur net sur ce témoignage.

Ma grande crainte est que ces journalistes fassent un reportage sensationnaliste. Certains ne sont pas gênés pour le faire allègrement depuis la scission de notre pays en deux clans de plus...

Les « pour » et les « contre » la thèse des réseaux, tous deux nourris d'hystériques rumeurs avancées par certains, ou distillées volontairement par d'autres, de feux sans fumée en langues et en plumes enflammées ; sur la rampe de l'info, l'équilibre est décidément précaire.

Lasse, je ne rencontrerai pas encore Carine Hutsebaut à cette occasion, je suis en repérages pour le lendemain, et devant l'ordinateur pour les traductions de la veille. Les journalistes reviendront tout sourire de leur rendez-vous avec elle, ne tarissant pas d'éloges à son propos. Nous partageons toutefois le même étonnement quant à la controverse qu'elle suscite.

Les Anglaises me parlent alors d'un différend avec Claude Lelièvre, délégué général aux droits de l'enfant depuis 1991, qui pourrait bien en être l'origine. En janvier 1997, dans les colonnes du journal « Le Soir »[7], le journaliste Alain Lallemand[8] permet, *via* son article, à Claude Lelièvre de s'énerver prodigieusement sur, je le cite : « l'imposture Hutsebaut ». Titre de l'article : « Coup de colère du délégué général aux droits de l'enfant. » Il lui reproche, entre autres, son manque de qualification, sa soif de reconnaissance, et son goût morbide pour les scènes de crimes.

Ma première réaction est de penser : c'est absurde, elles auront mal compris l'article en français... Pourquoi un délégué général aux droits de l'enfant dénigrerait-il comme cela le travail d'une femme qui lutte pour la même cause que lui : la protection des enfants ?

Ma deuxième réaction est de me promettre de me procurer cet article. Je veux en avoir le cœur net. Chose faite, je suis abasourdie par les termes utilisés, *dixit* : Une « psychothérapeute », rien moins que suspecte, rôde dans les dossiers pédophilie. Les mots sont particulièrement choisis, c'est le moins que l'on puisse dire. De mon côté, le peu que j'ai pu lire d'elle ou sur elle, n'inspire pas vraiment matière à controverse. Certes, elle n'a pas la langue dans la poche, mais à part ça...

Nous pensons donc que Carine Hutsebaut a dû, forcément, dans l'un ou l'autre débat, secouer, voire froisser, quelques personnes. Mais nous savons aussi qu'il y a des gens qui ont du tact et d'autres qui disent la vérité. Peu importe donc les divergences d'opinions qu'elle peut avoir avec untel ou untel, son travail sur la pédocriminalité et son opiniâtreté à vouloir brûler la langue de bois méritent, à eux seuls, d'être salués. Le lendemain, en route vers Marcinelle, nous discutons encore un peu de Carine Hutsebaut, nous demandant pourquoi elle est lynchée en Wallonie et pourquoi son travail semble respecté en Flandre et à l'étranger ? Précision importante : aucune de nous trois n'est séparatiste ou fan de la conspiration.

En arrivant devant la maison d'où seulement Sabine et Laetitia furent libérées, nous regardons un instant la fresque colorée posée sur la façade. Parmi les voisins, certains préfèreraient que la maison soit démolie, pour leur quiétude, car il subsiste encore beaucoup de pèlerinages en tous genres en face de celle-ci. D'autres pensent que, démolie ou pas, fresque ou non, chaque matin, lorsqu'ils passeront devant la maison, ils repenseront à la cache… Notre prise de vue se déroula pour le mieux et il ne restait plus qu'à monter sur le pont du chemin de fer afin de réaliser quelques plans d'ensemble. Notre dose quotidienne de chair de poule nous y sera inopinément offerte par la SNCB. Sur un pan de rails inutilisés, comme garé, il y a un wagon de train vide, pareil à celui d'il y a dix ans. Trônant de son faux air stratégique, en bon leurre qu'il devait être pour observer les drames qui se déroulaient en face, il nous apparaît soudain comme une pauvre machine immobile que des rouages pourris ont condamnée à ne plus sortir de ses rails étriqués. Dans son agonie, ce tas de ferraille se permet de rivaliser avec l'image que nous renvoie notre Justice.

Tout au long de notre chemin, des pleurs nous accompagnent dans un imperceptible fond sonore.

Et ils ne viennent pas de la rue, du dehors ; ils sont là, en nous. Des pleurs étouffés de petites filles prisonnières, nos larmes ravalées de grandes filles impuissantes et des sanglots de parents détruits.

Plusieurs fois au gré de notre parcours, nous serons envahies à nouveau, comme il y a dix ans, par ce même sentiment oppressant et les lancinantes questions qui l'accompagnent… N'y avait-il vraiment rien à faire pour éviter tout cela ? Pourquoi ceux qui savaient n'ont-ils pas parlé, pourquoi d'autres se sont-ils tant contredits ? Pourquoi tous ces mystères, pourquoi toutes ces « erreurs » ? À quand les victimes traitées aussi bien que les coupables ? Et mille autres questions encore…

J'aime bien mon job d'assistante de production. D'habitude, on filme très sérieusement des bouteilles d'eau minérale au milieu d'un champ ; ou encore, trouver des maisons jumelles roses en bord de mer, ou conduire une star de son hôtel au plateau, bref, il y a pire comme métier.

Là, rencontrer Pol Marchal[9], discuter avec G-H Beauthier[10], broyer un peu la main du juge Connerotte en ayant la gorge très serrée (et entravée par des spaghettis, évidemment), me retenir pudiquement de prendre celle de Demoulin[11], quand sa gorge à lui se serre au souvenir de la délivrance de Sabine et de Laetitia. Relire des dossiers de presse sur les détails de l'affaire, relire des témoignages. Me disputer avec des gens qui clament encore que les réseaux n'existent pas, et constater moi-même la présence de ces réseaux sur le net. Lire en ligne les élucubrations des défenseurs de la pédosexualité ou les « petites annonces » des fournisseurs d'enfants en essayant de ne pas vomir sur mon clavier et de ne pas inquiéter mon père parce qu'on va interviewer un ex-trafiquant de drogue soupçonné aussi de proxénétisme…

Je suis forcée d'avouer que ça me change quelque peu du monde de la réclame !

Les rencontres ont eu beau être enrichissantes sur le plan humain je balance entre l'épuisement et le dégoût. Le pire à entendre au cours de mon travail sur ce reportage, et finalement, au cours de ces 10 dernières années d'« après Dutroux », ne furent pas tant les détails sordides, mais bien les déclarations d'agacés : « Quoi ? Encore ces histoires ? Pfff…» Ou de fatalistes : « C'est triste, mais on ne peut rien y faire, c'est comme ça ! » Je n'éprouve pas, ou presque plus, d'animosité envers ce genre de réactions, et je n'oublie pas que chacun réagit comme il peut à la pédocriminalité, mais je me pose quand même la question de savoir jusqu'où notre responsabilité individuelle est coupable dans ce genre d'affaires. Va-t-on finir par trouver cela normal et baisser les bras ? Tous ? Je ne suis qu'une simple citoyenne avec de simples petites névroses non dangereuses pour mon entourage, je ne participe pas à des parties fines, je n'ai donc aucune idée de qui les fréquente et je ne compte pas m'y infiltrer avec une caméra cachée pour y surprendre d'éventuels VIP… Tout un chacun bénéficie de la présomption d'innocence, mais je ne suis pas naïve non plus au point de me dire que ce serait impossible…

Heureusement, plus que quatre fois dormir et c'en sera fini de tout ce réalisme insupportable et ces questions existentielles. « Vacances, j'oublie tout… ».

Mais, oublie-t-on vraiment la pédocriminalité quand on a visité certains de ses couloirs ?

Si l'on n'a pas d'imagination ni de conscience, c'est peut-être faisable…

Georges Sand disait : « Je souffre de tout sans souffrir de rien, car je sais où est le mal dans ce monde. » Je sais, comme tout le monde, que la pédocriminalité existe, mais maintenant je sais aussi où elle est et pourquoi elle est là. Je n'en souffre pas, mais je ne suis plus la même personne.

*

* *

Je remontai doucement du fond du trou quand le hasard m'y replongea de façon brutale et impromptue, quelque deux mois plus tard.

À l'occasion d'un dîner improvisé avec une connaissance, cette dernière, qui ne sait pas de quel travail je sors, se laisse emporter par le bourgogne servi et m'avoue, avec une légèreté qui dissimule mal sa souffrance, qu'elle a eu un enfant avec un pédophile… Il vient d'avouer et elle tombe des nues.

Nos fourchettes sont suspendues dans le vide et elle s'excuse… Elle s'excuse ? Il est curieux de constater que, depuis la nuit des temps, ce sont souvent les victimes qui s'excusent, ou que l'on n'excuse pas… Elle s'excuse donc. Du dérangement que vient de causer cet aveu, de son erreur d'appréciation à propos d'un homme qu'elle a aimé, de la crainte pour son enfant, des risques, des conséquences. Sa souffrance me déchire, et je suis impuissante, évidemment. Je la comprends, je l'entends, mais que puis-je faire ? Elle est rentrée chez elle et elle va entamer une longue et difficile bataille, car, pour couronner le tout, son mari est très ami avec le juge en charge du dossier… Pas de chance.

De mon côté je repense au reportage, au même sentiment d'impuissance et de révolte qui m'envahit chaque fois que je pense aux enfants, aux parents, à l'indifférence, à la complaisance avec laquelle notre société, dite « civilisée », traite ce type d'affaires. Ça me poursuit on dirait…

Je repense aussi à Carine Hutsebaut et je me demande où on en est en Belgique, dix ans après notre « affaire nationale », après les promesses gouvernementales de prendre le problème de pédocriminalité et de maltraitance d'enfants à bras le corps… Où en sont les analyses et les propositions de cette femme profileuse ?

Après tout, j'ai ses coordonnées quelque part, j'appellerais bien cette Carine Hutsebaut, car je suis convaincue qu'elle peut nous apporter des clés, à tous, victimes, coupables ou témoins.

En même temps, à quoi bon aller l'enquiquiner avec mes états d'âme ? Je ne suis ni ministre, ni magistrat. Je n'ai ni l'âme d'un leader pour entamer une croisade contre les pédocriminels et ceux qui les protègent, ni le cran d'un Patrick Henderickx[12] pour aller délivrer des enfants dans les partouzes. Donc, forcément, au bout d'un moment, les questions sur le « pourquoi du comment peut-on encore sous-estimer autant les dégâts de la pédocriminalité sur nos enfants », et les « comment faire pour arrêter ça ? », laissent inexorablement la place à autre chose… Le quotidien, le boulot, les soucis, les bonheurs, aussi. Ma petite vie, quoi…

Jusqu'au soir où un coup de téléphone me cloue sur le canapé. C'est une éditrice qui a eu vent, par ma bavarde et fidèle compagne de tranchées, de mon boulot, et de ma rencontre manquée avec Carine Hutsebaut. Elle me demande, si, par chance, j'aurais gardé ses coordonnées et, si oui, je veux bien essayer de la contacter afin d'obtenir un rendez-vous, car elle désire la rencontrer… Quelques mails et coups de téléphone plus tard, nos agendas respectifs s'accordent sur une date quelques jours plus tard. Carine Hutsebaut est d'accord de nous recevoir. Mais vite, car elle est en plein déménagement. Elle quitte la Belgique afin de se reposer, de recommencer à zéro sous des cieux un peu plus cléments.

Nous prenons la route pour Vilvoorde, animées par l'impatience de la rencontre que nous allons faire. Une femme belge « profileur »...

Ceinturée dans le bolide fendant l'air du ring de Bruxelles, je ne peux absolument rien faire quand l'éditrice me demande le plus naturellement du monde si, éventuellement, je pourrais être intéressée par écrire un livre sur Carine Hutsebaut. J'étouffe un éclat de rire. Écrire un livre ? Soit, profitons d'être encore dans la voiture et rions-en ensemble maintenant, car dans sept minutes nous serons chez une psychothérapeute, profileur de surcroît, et il ne s'agira pas de faire les malignes. On pourra déjà être contentes si elle ne nous jette pas dehors avec des idées pareilles...

*

* *

Sa maison est située dans un quartier modeste de Vilvoorde.

On dirait une petite maison hollandaise ; elle dénote un peu avec les rangées de maisons formatées aux alentours. Un confort rassurant s'empare de vous dès l'entrée, pareil à celui qui se dégage de ces foyers de familles nombreuses.

Le petit salon côté rue pourrait passer inaperçu tant la grande table en bois qui trône entre la cuisine et la salle à manger fait office, sans aucun doute, de QG familial.

Elle est massive et accueillante. Son bois est marqué par le temps et l'on devine bien les tardives conversations qui s'y sont tenues. En son centre, une assiette de sucreries. Autour, du café fumant dans les tasses... Nous parlons de tout et surtout de la pédocriminalité, de la tolérance sociale dont elle est de plus en plus l'objet, on s'agite, on se fâche, on rit jaune, car, pendant ce temps-là...

Quelque part, pas forcément loin de chez nous, nous savons, qu'un enfant hurle peut-être tout bas. Tout le monde, ou presque, pense qu'il doit bien y avoir quelque chose à faire pour éviter ça.

Mais quoi ? Et puis, qui sommes-nous ? De quelle autorité et de quels moyens financiers disposons-nous pour empêcher que des coupables restent impunis et des victimes incomprises ou stigmatisées ?

Fantasme ou pas, dans notre société de justice et de démocratie, nous savons que la pédocriminalité et la pédosexualité sont des crimes. Que cela doit être puni et traité, et que cela pourrait être évité dans plus de cas qu'on ne le croit.

Outrepassons-nous nos droits en condamnant aveuglément une « préférence » sexuelle que l'on accuse outrageusement d'être une « déviance » mentale ? Pardon, autant pour nous, c'était avec plaisir…

On sait bien qu'on ne changera pas le monde devant cette tasse de café, mais on sait aussi qu'à plusieurs… Combien sommes-nous déjà ? Et aux postes stratégiques, combien sont-ils en qui on peut avoir réellement confiance ? On a beau se convaincre aux notes joyeuses de notre Annie que « ça ira mieux demain »… Comme elle est partie depuis quelques années, la justice de notre futur risque d'être de plus en plus mal fichue, ses représentants de plus en plus inconscients et inattaquables, et beaucoup d'enfants et d'affaires de pédocriminalité seront encore enterrés.

À qui cela profite-t-il à la fin ? La justice actuelle est-elle vraiment une justice de copains de comptoir ? Faut-il que l'un d'entre eux soit touché personnellement par un drame de la sorte ?

Puisqu'en Belgique on dit que l'on attend que le veau soit noyé pour reboucher le trou qu'il y avait dans la prairie… Mais, mettons-nous aussi à la place d'un juge. Irions-nous mettre un ami, un frère, un supérieur, un collègue, une voisine, coupables de pédosexualité ou de non-assistance à personne en danger, en prison ou dans un asile ?

Nous, on a répondu oui. On n'a pas dit que ça ne nous ferait pas mal de le faire…

Et si nous avions des choses « pas catholiques » à nous reprocher, le ferions-nous quand même, au risque d'être éclaboussés ou punis ? Et si nous étions seulement coupables d'un simple sentiment de peur du « qu'en-dira-t-on » ? Et puis, on n'est pas des balances, d'abord !

La réponse est dans presque toutes les affaires de pédocriminalité ou de maltraitance infantile rangées aux oubliettes… C'est là que cela coince, évidemment. Car combien sommes-nous à ne pas craindre de souffrir de notre courage ?

On passe quelques heures à en parler, il pleuvra toujours sur Brest et Carine Hutsebaut continuera son travail de fourmi. D'autres passent des mois, des années à tenter de retrouver des victimes. D'autres passent encore du temps à essayer de les défendre quand on les laisse faire et d'autres consacrent leur vie à les réparer.

Pendant ce temps-là, certains faisaient mal leur travail et furent parfois promus. D'autres ont mimé les trois singes, et, d'autres encore, salissaient un enfant de leurs malsaines et criminelles pulsions, allant parfois jusqu'à le tuer. Ils courent toujours… Pas vus, pas pris ?

Qui est l'inconscient qui vient de dire que c'est la fatalité et qu'on ne peut rien y faire ? Sans doute le même qui, hélas, a essayé une fois de déposer des « preuves » auprès de la « justice », et qui s'est fait remballer, débouter, menacer ou carrément tuer pour cause de « dossier-sensible-à-traiter-si-on-ne-l'étouffe-pas-car-quelqu'un-de-bien-est-mouillé… »

Raisons d'État ? État de raison ? Et tas de raisons, et raison de tas de m… !

Le XXIe siècle sera plus spirituel et plus humain, qu'ils disaient….

Nous avons vraiment envie d'y croire… Mais ça devient difficile.

Carine, qui n'a cessé de bouger pendant la conversation, se rassied enfin. Pour se relever une demi-minute après… Derrière la baie vitrée, Lucille, le Teckel s'impatiente. Elle a fait trente-six fois le tour du jardin, se faufilant entre une brouette abandonnée en reniflant un par un les seaux, les pots de fleurs, les sacs de terreau et tout un champêtre « brol » que Carine jure de ranger la semaine prochaine.

Trois heures trente, quelques cafés et une cartouche de cigarettes plus tard, il est temps pour nous de reprendre la route ; nous sortons de chez Carine Hutsebaut. Sur le trajet du retour, mon éditrice et moi parlons très peu. Le sentiment principal qui paraît nous unir dans l'instant est le simple bonheur de se dire : « On n'est pas les seules à se poser des questions et à se rejoindre dans nos doutes… » Ce n'est que le lendemain que je réalisai que j'allais pouvoir me repaître de ce sentiment durant quelques jours. Carine Hutsebaut avait non seulement accepté que je passe du temps chez elle en juin 2006, afin de répondre à toutes mes questions, mais, en plus, elle acceptait que j'écrive notre rencontre.

Notes

(1) Paru chez EPO en 1997, *Profession profileuse* écrit avec Catherine Siguret en 2002 et paru au Cherche Midi, *Kleine Zondaars – Kerk en Kinderhandel*, paru chez Houtekiet en 2003, dans lequel elle revient sur ces enlèvements d'enfants de jeunes filles accouchant sous X. Leurs bébés étaient récupérés par l'Église puis revendus à des familles adoptives ; il s'agirait au total et en France de 500 000 personnes qui cherchent leurs origines. Il n'a pas été traduit en français. *Il rôde encore parmi nous*, paru au Seuil en 2004. Et *Profiel van een seriemoordenaar*, paru chez Aqua Fortis en 2005, non traduit pour l'instant.

(2) Journaliste au « Morgen » et auteur, entre autres, de *Trente témoins morts*, paru chez Mols en 2004.

(3) Journaliste au « Nieuwsblad » et auteur de *La cage aux enfants*, paru chez Quorum en 1997.

(4) Avocat de Dutroux et auteur, avec Jacques Vergès, de *Marc Dutroux, un pervers isolé ?*, paru chez Broché en avril 2005.

(5) Témoin X1 du fameux « Dossier Bis » et auteur du troublant *Silence, on tue des enfants*, paru chez Mols en 1998, dont les pré- et post-faces ont été écrites par Marc Reisinger (psychiatre et anthropologue social, fondateur de l'association « Pour la vérité »), et Léon Schwartzenberg, cancérologue (02/12/1923-14/10/2003).

(6) Gisli Gudjohnson, qui n'a pas trouvé de contradictions dans le récit de Régina ; pour lui, elle était fiable. Seulement, une telle

vérité est très dérangeante et la machine du discrédit se met en marche directement.

(7) Qui refusera, d'ailleurs, un droit de réponse à Carine Hutsebaut.

(8) Journaliste et auteur du très pertinent *Les sectes en Belgique et au Luxembourg*, paru chez EPO en 1994.

(9) Papa d'An.

(10) Avocat de Laetitia Delhez.

(11) Commissaire dinantais qui délivra Sabine et Laetitia le 15 août 1996.

(12) Auteur du bouleversant *Parole donnée*, paru aux Presses de la Renaissance en 2004.

Chapitre II

Le profiling

Un métier, un art, une science ?

Appelée en France au début des années 2000 pour une affaire de viol et de meurtre ayant eu lieu une quinzaine d'années plus tôt dans les sous-sols d'un immeuble d'habitations, Carine Hutsebaut arrive sur les lieux de ce crime toujours pas résolu et commence tout de suite à s'interroger. À qui appartient le local où la fillette fut retrouvée poignardée ? Où mène cette porte ? Ce couloir ? La lumière était-elle allumée lorsqu'on a trouvé l'enfant ? L'enfant était-elle recouverte, dans quelle position était-elle ? La disposition des pièces du sous-sol lui indique déjà que le meurtrier devait connaître les lieux, ou, au moins, les avoir repérés avant, car c'est un vrai labyrinthe. De plus, la petite pièce dans laquelle la fillette fut retrouvée semble être un local de service ignoré des locataires. Le tueur semble donc organisé. *A priori*, il a choisi une zone à bas risque, car peu visitée. Cependant, une cave peut être aussi une zone à haut risque, car l'assassin peut vite se sentir piégé. Par contre, les conditions du crime sont à haut risque, car il s'est déroulé le matin, à l'heure de pointe… Le choix de sa victime est un choix, *a priori*, à bas risque, car il s'agit d'une fillette, donc faible. Mais le fait que celle-ci soit débrouillarde, choyée et surveillée par ses parents en fait une victime à haut risque, car elle pourrait résister, ou crier, et ainsi attirer l'attention sur eux… Ces facteurs trahissent une personnalité dominatrice, jouant avec les limites, et excitée par la prise de risques. Il croisera d'ailleurs de nombreux témoins dans le couloir ou l'ascenseur. L'un d'eux, frère de la victime, se rappellera de chaussures poussiéreuses et d'une attitude tout à fait décontractée.

Quelque temps après, d'autres affaires de viols viennent se greffer à celle-là ; jusqu'à un double meurtre n'impliquant pourtant pas de fillette ou d'adolescente. Confondu par son ADN, le meurtrier est de type nomade ou mobile ; on retrouve sa trace dans Paris, mais aussi au nord et au sud de la capitale. Il a accès à des endroits que seul un averti peut connaître. Une autre victime lui ayant survécu, parle d'une forte odeur d'herbe et d'un trousseau garni d'une bonne vingtaine de clés. Carine pose et se pose des tonnes de questions, recoupe les réponses, classe les informations, retrace tout l'itinéraire du meurtrier, se renseigne partout et revisite tous les lieux où l'assassin a commis un crime. La société de gestion des immeubles lui refuse la liste des locataires de celui où le drame s'est déroulé et de ceux avoisinants. Pour cause de confidentialité. Sur sa route également beaucoup de personnes qui ne désirent plus parler de cette affaire, ou qui ne se rappellent pas, ou qui déplorent ne pas avoir été interrogées à l'époque…

Au cadastre, elle découvre que certains terrains autour de l'endroit où l'une des victimes fut abordée comprennent une barrière avec une clé… Barrière dont la victime se souvenait.

Le témoignage de propriétaires travaillant au reboisement de leur terrain mitoyen amène Carine vers le propriétaire des terrains à barrières : la Ville de Paris.

Jamais la liste des habitants des immeubles, ni la liste des employés municipaux de l'époque, ne sera dressée et comparée…

Triste lorsque l'on sait que pour éviter de susciter la méfiance de ses victimes, le criminel leur exposait une carte tricolore, qui pouvait ressembler à une carte de police ou à celle des employés municipaux. Carine avait l'espoir que de là pourrait peut-être sortir un nom…

Le père de l'une des victimes n'a pas eu accès aux deux dossiers principaux de l'enquête, celui de sa fille et celui du double meurtre impliquant les deux adultes. Il se demande pourquoi. Y aurait-il quelque chose de gênant ? Quoi ? Des fautes graves ont-elles été commises dans l'enquête ? Veut-on les passer sous silence ? Cette affaire date de 1986. Nous sommes en 2006.

Toujours pas de réponse et pas de tueur. Peut-être est-il dans un asile pour autre chose, peut-être est-il mort, peut-être est-il à l'étranger ?

En 2005 les autorités redonnent discrètement un coup de fouet à l'affaire en lançant une traque nationale, et, bien que ses relations avec le papa de l'une des victimes de ce tueur se soient détériorées, Carine y pense toujours : « Tant qu'il n'y aura pas un nom sur ce profil, il me suivra partout, quoi qu'il arrive, où que je sois, je penserai à lui et à cette petite fille dont il a éteint la promesse d'avenir. ».

*

* *

Le profiling est une technique qui permet d'établir le profil d'un criminel par l'analyse de son acte et des facteurs directs ou indirects ayant pu l'influencer.

Le premier profileur célèbre pourrait bien être Sherlock Holmes. Dans son roman *Le signe des Quatre*[1], l'auteur et médecin Sir Arthur Conan Doyle[2] dota son héros de qualités directement inspirées de la méthode du Dr Bell[3], un criminologue qui disait à peu près ceci : « Pour comprendre un crime, utilisez vos yeux, vos oreilles, vos mains, votre cerveau, votre intuition et votre capacité de déduction ». Il appliqua la méthode de Bell au domaine criminel : « Excluez l'impossible, ce qui reste, aussi improbable que ce soit, sera la vérité ».

En 1886, Richard Von Krafft-Ebing[4], un psychiatre austro-hongrois renommé, publie son *Psychopathia Sexualis* dans lequel il a consciencieusement répertorié les anomalies sexuelles. Une première dans le genre et un manuel précieux pour ses successeurs. Freud s'en inspirera d'ailleurs pour sa théorie de la sexualité.

Von Krafft-Ebing sera le premier à mettre en évidence des correspondances possibles entre des crimes et des perversions sexuelles. Sa recherche aura pour objectif de mettre en lumière les troubles intérieurs d'un individu et dans quelle mesure ceux-ci ont pu influencer ou motiver son délit. On lui doit les termes « sadisme » et « masochisme » passés maintenant dans le langage courant. « Sadisme » en référence au Marquis de Sade[5] qui, mort au moment où le néologisme fut créé, ne trouva rien à y redire, contrairement à Léopold Von Sacher-Masoch[6] qui, lui, s'offusqua que son nom inspirât le mot « masochisme ».

Dans les années cinquante, on voit apparaître, ce que l'on peut appeler une première technique de profilage psychologique, avec l'intervention du psychiatre américain James A. Brussel[7] sur l'affaire new-yorkaise dite du « Mad Bomber » (Le poseur de bombes fou).

Pour établir le profil du terroriste, le Docteur Brussel écoute attentivement la police, épluche leurs rapports d'enquête, analyse les photographies des bombes qui n'ont pas explosé, les lieux où elles ont été posées ainsi que les lettres écrites en capitales par le criminel.

Il en déduit qu'il pourrait s'agir :

- d'un homme (la plupart des poseurs de bombes le sont),
- paranoïaque (manque d'attention pour les autres et sentiment de persécution),
- ayant entre 40 et 50 ans (la paranoïa atteignant sa phase dangereuse vers les 35-40 ans et la première bombe ayant explosé 10 ans auparavant…),
- poli et méticuleux (analyse des lettres et de l'écriture),
- vivant probablement seul (Brussel interprète les « W » arrondis en forme de seins comme pouvant être un signe d'insuffisance sexuelle) ou, avec une femme plus âgée (une mère, une sœur).

Il le pense aussi malade en raison des nombreuses références que le placeur de bombes fait à la souffrance et à la douleur dans ses écrits.

Il le croit également étranger, d'Europe centrale, plus particulièrement. À cause de quelques « expressions » écrites, et aussi, parce que dans la région des États-Unis où les lettres ont été postées, il y a beaucoup d'émigrés centre-européens à cette époque.

Le 18 avril 1957, George Metesky alias « The Mad Bomber », qui, pendant 16-17 ans, a placé une trentaine de bombes artisanales dans New York et ses alentours, est déclaré inapte à suivre son procès. Il a 54 ans, il est Polonais, célibataire, a souffert de tuberculose, vit avec ses deux sœurs plus âgées, est méticuleux et soigneux ; son garage lui sert d'atelier pour fabriquer ses bombes. Il sera interné jusqu'en 1973 et mourra chez lui à l'âge de 90 ans.

Brussel, dont le profil s'avéra très précis, n'avait pas de boule de cristal. Il n'utilisa que ses connaissances et son bon sens pour recouper les informations que la police avait mises à sa disposition. Il fera des émules... En 1971, au Texas, c'est au tour d'Howard Teten, un agent du FBI[8] également chargé de cours, de dresser son premier profil. Depuis quelques années déjà, il travaille sur la criminologie appliquée. À l'instar d'un légiste, Teten dissèque le crime. Il examine scrupuleusement les éléments matériels relevés sur le lieu du crime, ainsi que les détails contextuels. Pendant ce temps-là, son collègue, Patrick Mullany se penche sur les comportements anormaux des criminels. En confrontant leurs observations, ils s'aperçoivent rapidement de la nécessité de mettre en place une vraie structure de travail. En 1972, à la demande du gouvernement américain, ils créent la « New FBI Academy » et mettent en place un programme d'études comportementales. Tous les acteurs de cette académie sont des agents, criminologues et psychologues volontaires et déterminés. Teten part à la retraite en 1975, mais prendra encore part à la création de l'« Academy Group Incorporation », dix ans plus tard. À sa base, des détectives privés et des agents travaillant avec le FBI. Sous la direction de Teten, ils vont écrire le « Manuel de classification du crime ». Un manuel qui fait toujours autorité, car il recense des bases essentielles de criminologie appliquée. Parmi les auteurs de cet ouvrage, on trouve John Douglas[9], et un certain Robert K. Ressler[10].

Dans les années 1980 et 1990, on note chez les criminologues un réel intérêt pour les tueurs en série et les techniques de profilage. Philip Jenkins, Kim Rossmo (policier canadien spécialiste des tueurs en série), Ronald Holmes et Richard Krause en font partie. Tous auteurs d'articles, de livres, ou de travaux dédiés à ce sujet.

Jusque-là, le FBI utilise une méthode de profiling dite « déductive ». Cette méthode analyse les preuves légales, photos, rapports d'autopsies, rapports d'enquête, indices matériels, qui vont permettre d'établir le schéma du crime et, à partir de là, le schéma de la personnalité du criminel.

Vers 1992, David Canter, de l'université de Liverpool, va explorer l'approche dite « inductive » du profilage. Ici, on généralise à un criminel des caractéristiques comportementales communes à d'autres criminels étudiés par le passé. Ce qui permet estimations, prédictions et statistiques.

C'est également David Canter qui va proposer d'utiliser les méthodes géospatiales que l'on nomme aujourd'hui le « mapping » ou « profilage géographique ».

Ce type de profiling repose sur la géomatique[11], un concentré de géographie, de mathématiques et de statistiques. Les données sont traitées par informatique et permettent, par exemple, de repérer les « zones d'activité » des criminels (ex. : dans tel endroit autant de vols de voitures, d'agressions, de meurtres…) et leurs « zones de repli » (ex. : lieu d'abandon de véhicules, d'armes ou de butin). Selon un article datant de 2005 dans « Le Soir », cette technique fut utilisée dans le cadre de l'enquête sur les tueurs du Brabant. Mais, le travail s'est fait sur des cartes au 50 millième et aurait dû être fait sur des portions de cartes au 10 millième. L'Institut National géographique estime ce nouveau travail à 45 000 euros.

Ces méthodes ne sont pas concurrentes, elles sont complémentaires. Le profiling peut donc s'appliquer à plusieurs types de délits. Du viol au meurtre, au terrorisme, en passant par les cambriolages ou les escroqueries en série, sans compter les enlèvements, les infanticides et les prises d'otages.

Dans un texte sur le profiling datant de 1999, Sylvianne Spitzer, psychologue et criminologue, note bien que cette technique reste floue, qu'elle n'est qu'un outil de réflexion et, éventuellement, une aide à l'orientation d'une enquête.

Chaque crime est unique même s'il peut présenter des caractéristiques communes à d'autres.

Ce singulier métier, où il s'agira d'établir le profil d'un criminel, ou d'un « type » de criminels, requiert, entre autres, des qualités telles que la curiosité, l'esprit de déduction, et le bon sens.

Afin de comprendre les motivations d'un criminel ainsi que ses caractéristiques comportementales, le profileur doit rester objectif et faire totalement abstraction de ses émotions, de ses normes et de ses repères personnels, pour tenter de s'approcher au maximum de ceux du criminel. Pour ce faire, il se base sur des indices et des preuves concrètes qui le renseignent sur la personnalité de l'individu qui a commis le crime. Il s'interroge sur les faits, puis, il essaye de faire le meilleur usage des réponses qu'il obtient. Pourquoi tel criminel arrache les yeux de sa victime, pourquoi un autre torture sa victime une fois trépassée, le criminel a-t-il lui-même été une victime dans le passé ?

Quels sont les éléments qui permettent de caractériser tel ou tel crime comme celui d'un paranoïaque narcissique ? Autant de questions qui vont lui permettre de confronter et de trier des réponses afin d'en retirer des caractéristiques et des statistiques qui lui seront utiles à un « classement » de comportements inhérents à tel ou tel type de criminel.

Si le profiling ne donne bien évidemment pas avec précision le nom ou la couleur des yeux du criminel, il permet au moins aux enquêteurs de limiter les suspects potentiels.

Quand un profileur est appelé sur une affaire criminelle, ses observations permettent d'orienter l'enquête, de décider de son processus, ou encore de prédire, *a posteriori*, un éventuel prochain passage à l'acte. S'il y a procès, le profil qui aura été dressé permettra aussi de comprendre les motivations du criminel, ce qui aidera également à une certaine prévention.

Grâce à ses connaissances en psychologie, le « profileur » peut également s'avérer un excellent interrogateur de suspects, mais, en aucun cas, il ne se substituera à l'enquêteur.

Son travail se limitera aux actes suivants :

- Étude du dossier (de la scène du crime, des rapports de police, des rapports d'autopsies, des photos, des témoignages, du rapport balistique,...)
- Reconstitution de la scène du crime pour en avoir une vision globale (emplacement des traces de lutte, de rituel, de sperme, de sang, du corps, l'environnement direct, les alentours, l'ADN[12], empreintes digitales, traces de chaussures, découverte d'une symbolique propre au criminel...)
- Analyse du *modus operandi* (la manière de procéder du criminel). Contrairement à la signature, qui reste la même en général, le *modus operandi* peut varier en fonction des possibilités ou des dangers qui se présenteront.
- Analyse des « signatures » (traces conscientes ou inconscientes que le meurtrier laissera sur les lieux du crime ou sur le corps de sa victime, qui permettra de cerner sa personnalité et de le distinguer d'autres criminels). La signature est, en général, liée à un sentiment comme la colère, la haine, le mépris, l'adoration... Un crime guidé par un sentiment ne change pas, la signature ne change donc pratiquement jamais.
- Établissement d'un profil.
- Transmission de ce profil aux enquêteurs.

En ce qui la concerne, Carine Hutsebaut ne « limite » pas son travail de profileur : « Je ne crois pas qu'il y ait de limites dans la recherche de la vérité. Tout est une question de travail d'équipe et de volonté que la vérité sorte. C'est très européen de parler de "limites". Un criminel n'en a pas ! Et n'oublions pas que souvent le contact avec un criminel se passera beaucoup mieux avec un profileur qu'avec un agent, qui est, pour lui, a priori, un ennemi. Il n'a aucun intérêt à se confier à un policier. Donc, il n'est pas rare qu'un profileur obtienne plus d'informations lors d'un interrogatoire. À l'ego de l'enquêteur de l'accepter ou pas. »

Lorsque le profil est établi et transmis, il doit pouvoir rester comparable aux éventuels nouveaux faits et affiné en fonction des évolutions de l'enquête. Il pourra éventuellement être relié à d'autres crimes restés inexpliqués. On comprend plus facilement pourquoi il est, dès lors, indispensable que des banques de données internationales soient constituées afin qu'à n'importe quel moment, des enquêteurs formés puissent la consulter.

Avec la psychologie, la médecine légale, art majeur des sciences médicales s'il en est, apportera un nombre considérable d'informations nécessaires au travail du profileur, car c'est, entre autres, dans les rapports d'autopsie que le profileur trouvera des éléments cruciaux qui lui permettront d'établir ses profils. Comme le dit un vieil adage : « Le médecin légiste sait tout, mais un jour trop tard… »

Pour illustrer et résumer ce qu'un mort peut raconter à un médecin légiste, reprenons une anecdote du Docteur Thomas Noguchi. Professeur américain controversé, à raison, pour avoir commercialisé des autopsies sur cassettes vidéos, il n'en fut pas moins l'assistant-légiste qui, à l'époque de l'autopsie de Marylin Monroe[13], releva une ecchymose sur la fesse de la star. Ecchymose qui ne fut jamais prise en compte dans l'enquête… Il rappela également que, vu la dose massive de médicaments soi-disant ingurgitée, ces derniers auraient dû laisser des résidus jaunes dans l'estomac, ce que l'on n'a jamais trouvé. Une partie de ce rapport ne fut pas retrouvée non plus par ailleurs…

Cet homme, qui ne peut s'empêcher, en regardant un objet, d'imaginer comment on pourrait tuer quelqu'un avec, et quel type de trace il laisserait sur le corps, fut confronté à un certain nombre de situations pour le moins délicates au cours de sa carrière. Notamment lorsqu'on lui apporta, un jour, le corps d'une jeune femme dont le crâne présentait un trou juste au-dessus du nez, entre les deux yeux. Ce qui aurait pu paraître au premier abord pour la trace d'une balle de revolver s'avéra problématique quand Noguchi y regarda de plus près… Non seulement il ne trouva aucune trace de poudre autour de la blessure, mais en plus, il ne trouva aucune trace de la balle en elle-même dans la tête de la victime. Il en déduisit logiquement qu'il ne s'agissait pas d'une blessure par balle, mais peut-être due à un quelconque objet contondant. Cependant, il élimina la possibilité d'un pieu ou d'un pic à glace, objets qui auraient tous deux occasionné une plaie « nette », ce qui n'était pas le cas. Il trouva dans la blessure quelques résidus et fibres qu'il envoya au laboratoire pour analyses complémentaires. Celles-ci prenant un peu plus de temps que dans les films, où les enquêtes sont résolues en quelques jours et les ADN identifiés dans l'heure, il rangea le corps, mais continua à y réfléchir, et c'est en se promenant dans une rue commerçante qu'il obtint sa réponse, devant une vitrine… Il s'agissait tout simplement d'un talon aiguille ! Les résultats du labo confirmèrent sa théorie. Les fibres provenaient bien du tapis de l'endroit où la victime avait été assassinée et les résidus étaient simplement de micro morceaux de gravillons, de bitume et de poussières que la propriétaire du talon avait collectés au long de son parcours jusque chez la victime.

En réexaminant la blessure et les notes des policiers qui avaient trouvé le corps, Noguchi parvint à établir, avec précision, le poids et la taille de la criminelle… L'enquête démontra, par la suite, qu'il s'agissait d'un règlement de compte sentimental.

Si les métiers de légiste, profileur, policier et psychologue sont des métiers à part entière, il est indéniable qu'ils se complètent, et leur interaction est le secret d'une enquête réussie. Il est primordial que les informations que chacun possède sur la nature et le but du crime ainsi que sur les caractéristiques du criminel circulent entre les services concernés, ou soient, au moins, aisément accessibles à ces différents services. D'où la nécessité aussi, pour chacun de ces professionnels, d'être au courant des différents aspects de leurs professions respectives.

Comme le rappelle Carine Hutsebaut : « Si l'on traite des victimes, il est primordial de connaître leurs agresseurs, si l'on traite des enfants il est indispensable de connaître les adultes, et vice versa, car les uns ne vont pas sans les autres. Le profiling et la thérapie sont des pratiques complémentaires qui se doivent d'être pluridisciplinaires. »

Aujourd'hui, parmi les quelque 28 000 employés que compte le FBI, seule une vingtaine d'entre eux sont profileurs. Il n'existe pas de diplôme de profiling. Certes, il existe des « formations » depuis quelques années, mais aucune structure reconnue ne permet de définir clairement et officiellement le métier de profileur. Est-ce un métier, une science ? Rien à ce jour ne permet de le dire

Si ce n'est que c'est une aide évidente dans le cadre de certaines enquêtes.

En Afrique du Sud, entre 1994 et 2000, Micki Pistorius[14] fut la première femme profileur au monde. Elle est aussi psychologue, journaliste et devint colonel de police, recrutée par les forces de l'ordre pour sa formation de psychologue et pour avoir fait un mémoire sur les tueurs en séries.

À bout psychologiquement, fragilisée par toutes les horreurs qu'elle vit au cours de sa courte mais intense carrière, elle choisit de prendre sa retraite à 38 ans.

Hormis aux États-Unis ou au Canada, en France et dans d'autres pays d'Europe nous n'en sommes qu'à l'aube de la reconnaissance officielle du métier de « profileur ». Mais il y a de l'espoir chez nous également. En Belgique, 2003 a vu la nomination de Danièle Zucker, criminologue, comme « profileuse officiellement désignée sur une affaire criminelle » (Le Soir). Peut-on y entrevoir une réelle volonté de la part de notre gouvernement de prendre plus en considération les études et raisonnements de ce nouveau (quoique) genre d'enquêteurs ? Verre à moitié vide ou verre à moitié plein ? Seul l'avenir nous le dira.

Pratiquement Carine, comment faites-vous pour établir un profil ?

Cela ne se passe pas de la même façon pour un criminel que pour une victime, bien évidemment.

Lorsqu'on a pour la première fois une personne devant soi, on n'a aucune indication sur qui elle est, sauf s'il s'agit d'un criminel déjà condamné et que l'on est en possession de son dossier. On commence donc toujours par « écouter », on prend des notes, on pose des questions. Je note tout ce qui est important et ce qui ne le paraît pas à première vue. Je travaille avec un système de fiches sur lesquelles je répertorie toute une série de renseignements.

Lorsque je suis face à une disparition dont l'auteur n'est pas connu, je commence avec le profil de la victime. Je note les circonstances, heure, jour, mois, année, endroit de sa disparition. Qui est-elle ? Comment vit-elle ? Quels sont ses contacts, ses amis, où sont-ils, que font-ils ? Se pourrait-il qu'elle ait une vie secrète ? Où passe-t-elle ses vacances ? Parle-t-elle d'autres langues ? Bref, j'établis une fiche qui va m'apprendre un maximum sur la victime. Parallèlement, je note tous les détails sur le lieu de la disparition. Si l'on trouve le corps, je procède également à l'analyse précise de l'endroit. S'agit-il d'un endroit intérieur (certains criminels ne peuvent passer à l'acte que dans un endroit clos) ou extérieur (certains d'entre eux se verront plus excités à l'idée d'être dans la nature, d'attendre leur victime à l'orée d'un bois par exemple.)

Je décris les environs (faciles d'accès ou pas), les infrastructures présentes (chemin de fer, arrêt de bus, autoroute…), et je photographie l'endroit.

Je fais un état des lieux, je note des détails qui pourraient paraître anodins, mais qui pourront indiquer, après analyse et comparaison, quelque chose concernant le criminel ou son choix de l'endroit. Ces fiches m'aideront à commencer l'esquisse de la personnalité du criminel.

Par exemple, lorsque vous notez la hauteur des blés ou du maïs dans le champ jouxtant le lieu de disparition d'un enfant ?

Oui, car ce ne sera pas un choix anodin pour le kidnappeur. Imaginons que le maïs ait été à une hauteur telle que l'on ne puisse distinguer des habitations aux alentours (s'il y en a), la présence d'un enfant devant, dedans ou derrière ce champ… Associé à d'autres détails de contexte, ou de signature dans le cas d'un meurtre, cela pourrait nous conforter dans l'idée que le protagoniste soit méthodique et organisé. J'indique encore le moment où et par qui l'enfant a été aperçu pour la dernière fois, ce qu'il a bu, ce qu'il a mangé, les conditions météorologiques. Je note ses caractéristiques personnelles, sa description physique, avec l'aide de ses parents et/ou de son médecin, je fais son relevé caractériel, le dentiste me fournit les données relatives à sa dentition. Je décris son contexte familial, ses relations avec sa famille, avec les autres, professeurs, amis, ses passions, ses faiblesses… En cas de meurtre avéré, lorsqu'on a retrouvé le corps, une fiche recense les données autour du meurtre et sur la victime. Les circonstances dans lesquelles le corps a été trouvé, dans quelle position il était, par qui a-t-il été trouvé, y a-t-il un autre témoin ?

Une autre fiche sera consacrée au statut du coupable potentiel, car il arrive que la police ait des soupçons fondés sur quelqu'un. Ce faisant, en tant que profileur, nous contribuons à affiner le portrait de la personne concernée par ces soupçons. Ou, au cas échéant, nous pourrons démontrer une erreur d'appréciation ou de jugement par rapport aux raisons de ces soupçons.

Je note tout ! *(rires)* Et ces fiches sont extensibles, suivant le cas, elles seront limitées ou illimitées.

On n'arrive toujours pas à définir vraiment le « profiling ». Pour vous, est-ce un métier, une science ?

C'est un mélange de plusieurs choses. Je crois plutôt que c'est un art. Un art reposant sur des qualités humaines bien spécifiques… J'aimerais bien savoir dessiner ou peindre. Ce don, « le coup de pinceau », vous l'avez, ou vous ne l'avez pas. On peut toujours vous apprendre des techniques, mais si vous ne possédez pas ce « petit quelque chose » au plus profond de vous-même, votre dessin ne sera pas puissant, il ne sera pas parlant, ce sera juste un dessin… Le profiling, c'est un peu la même chose. Ça vient de l'intérieur. Il vous faut une certaine sensibilité par rapport à la vie, un engagement au respect de cette vie, il vous faut une réelle volonté de « comprendre », un intérêt croissant pour la recherche… Si vous n'avez pas ces qualités à la base, on ne peut pas vous les apprendre. Je ne sais ni peindre ni dessiner, mais il y a en moi, ce petit quelque chose qui fait que je peux, à force de synthèses et de réflexion, « profiler » le genre d'auteur d'un genre de crime… J'ai ce don de (me) poser des questions pour « comprendre » les choses… On va le dire comme ça.

Pour reprendre les termes d'un journaliste : qui peut se targuer d'être profileur ?

Vous savez, nous sommes tous profileurs … Un bête exemple : vous marchez en ville tard le soir, vous allez inconsciemment « profiler » toutes les personnes que vous allez croiser afin d'évaluer le danger potentiel. Dans un tas de situations nous profilons notre prochain, lorsqu'un patron embauche un employé, il le profile, un professeur profile ses élèves, un commerçant, son client, quand un homme rencontre une femme susceptible de lui plaire et *vice versa*…

On fait tous du profiling en permanence ! Même les bébés sont profileurs ! Est-ce que maman ou papa est fâché(e), content(e), ont-ils du chagrin ? Nous le sommes instinctivement. Être profileur, c'est entraîner, développer et accroître cette faculté d'observation que l'on pratique tous naturellement. Maintenant, professionnellement parlant et dans le contexte criminel, je pense qu'à la base toute personne, disposant de connaissances approfondies et de compétences en psychologie, criminologie, technique d'investigation et médecine légale, peut se targuer d'avoir les qualités requises pour être un bon profileur potentiel. Des connaissances en droit pénal lui seront également utiles. Mais quel mot : « targuer » ! Ce serait intéressant de savoir pourquoi il a utilisé ce terme-là précisément… à cogiter, ou plutôt à profiler *(rires)*.

Et vous vous êtes formée dans tous ces domaines ?

C'était indispensable ! Dès que j'en avais l'occasion, je faisais un stage, ou une formation, je rencontrais des professionnels afin d'apprendre les bases de leur métier, car mon travail me mettrait tôt ou tard en relation avec eux. Il faut être capable de lire un rapport balistique autant qu'un rapport d'autopsie.

Chaque étape d'une enquête possède son langage et ses règles bien spécifiques, si vous ne maîtrisez pas ces données, comment voulez-vous communiquer convenablement vos informations et comprendre celles que vous recevez ? Le profileur sera celui qui regardera le crime, l'enquête, la victime et le criminel dans leur globalité. Il sera en contact avec tous les acteurs du crime et de l'enquête. Il doit donc être capable de comprendre le « jargon » de chacun d'entre eux. Il y a mille autres formations que j'aimerais encore faire pour étancher ma soif de connaissances et affiner mon travail, comme l'analyse de l'expression écrite…

Ouille, je suis en danger (rires). Mais encore… ?

M'enfin, mais non ! *(rires)* Il faut savoir que d'une région à l'autre d'un même pays, on peut ne pas utiliser le même mot pour désigner une chaise, par exemple. C'est très intéressant ce genre de chose lorsque vous avez dans les mains une lettre anonyme… Vous n'imaginez pas comme l'utilisation de certains mots ou expressions trahit les petits secrets de notre personnalité ainsi que nos motivations. Ou de l'importance du renseignement caché derrière les mots que nous choisissons d'utiliser, naturellement ou pas… Je crois que je vais m'y mettre dès que j'aurai un peu de temps.

Quelle est votre dernière formation en date ?

C'était il y a six ans, avec l'Academy of Behavior Profiling en Californie. Il s'agissait de cours sur les psychopathes et leurs psychopathies. Comment les repérer, les évaluer, les traiter, comment préparer leur réinsertion... Nous avons dû travailler sur plusieurs cas, puis passer nos examens. Les cours se déroulaient en ligne et j'ai été sur place pour passer les examens. J'ai passé des heures devant mon ordinateur et j'ai obtenu le maximum, je peux vous dire que je les repère à distance les psychopathes, surtout ceux qui veulent m'arrêter ! *(rires).* Cela dit, ça m'a surtout confortée dans l'idée que les résultats, calculés de manière tout à fait technique, sont un peu extrêmes... Comme si l'on pouvait maîtriser à 100 %, sans aucune marge d'erreur, le fonctionnement psychologique d'un être humain... *(rires)*

Vous avez donné beaucoup de cours aussi ?

Ah oui, quelques-uns ! J'ai été appelée un peu partout en Europe pour donner un cours ou une présentation de programme de travail avec les agresseurs ; et pourtant, je déteste ça, ce n'est vraiment pas mon truc. C'est un métier d'être prof ou formateur...

Mais, en fait, cela fait partie de mon devoir d'information, plus que d'une mission de formation finalement. Et puis, c'est intéressant pour moi aussi de rencontrer des élèves, ou d'autres professionnels et de confronter nos points de vue, de réfléchir ensemble...

Une anecdote en particulier ?

Oui, en Hollande ! Et elle a bien failli m'envoyer en prison ! En fait, il n'y a pas si longtemps que ça... J'étais là-bas pour donner un cours à des flics des mœurs principalement. Des professionnels qui sont donc amenés à travailler avec des enfants violés ou lourdement abusés sexuellement.

Leur responsable m'avait demandé d'amener du matériel vidéo afin de constituer un support « documentaire » sur le viol, si je puis dire. Il y avait là une bonne cinquantaine d'agents, tous des mœurs, donc relativement « au courant », en contact quotidien avec des images violentes ou pornographiques, mais il y avait aussi des agents plus jeunes n'ayant jamais été confrontés à ces violences. Normalement, je n'utilise jamais d'images, parce que d'abord chaque image d'un enfant violé que vous montrez, c'est comme s'il était violé une deuxième fois, et puis aussi parce que je serais en infraction, comme tout citoyen. Je risque cinq ans de prison pour possession de matériel pornographique. Mais là, nous étions bien dans un cadre « professionnel », et comme c'était à la demande d'un commissaire, je ne me suis pas posé plus de questions que cela...

Pour moi c'était normal, rien d'inhabituel. L'après-midi se passe bien, mais voilà, mon ordinateur me lâche, je dois le recharger un peu, on fait une pause et je constate pendant ce temps-là un petit mouvement dans la classe, des personnes sortent et une autre donne un coup de fil en me fixant droit dans les yeux d'un drôle d'air. Je n'y prête pas plus attention que ça, mais je « sens » qu'il y a un truc qui se passe. Le cours reprend et au moment d'aborder l'aspect « viol », le commissaire vient vers moi et me dit : « Ne montre pas le CD ! »... Je referme mon ordinateur et une femme s'avance vers moi en me disant : « Madame Hutsebaut, j'ai entendu dire que vous aviez du matériel pornographique impliquant des enfants, avec vous ? » Je dis : « Oui, tout à fait. ». « Nous sommes obligés de le saisir, je suis désolée ; j'ai eu l'ordre du parquet général de le saisir, je suis désolée. » Moi, hors de moi : « C'est du matériel connu, du matériel sur lequel vous travaillez depuis 1997 ! Nous sommes dans un cadre professionnel. Tenez, prenez-le ce CD, et rappelez-moi par la même occasion combien d'agresseurs reconnaissables sur ce CD vous avez déjà arrêtés ! Ou alors, vous préférez m'arrêter moi ? » C'est vrai que je me suis un peu excitée, mais c'était tellement absurde ! J'étais à nouveau face à une réaction extrême, un règlement appliqué à tort et à travers. On aurait dit que c'était moi qui commettais le crime.

Mais, encore une fois, cela prouve aussi que si on veut vraiment bouger, on a le pouvoir de réagir très vite... Vous rendez-vous compte que ce cours, avec ce matériel, était prévu, et qu'à la dernière minute, sur un seul coup de fil, je pouvais voler en taule ?

Eh bien, j'espère qu'ils seront aussi rapides et efficaces quand il s'agira d'identifier les victimes et d'arrêter les criminels visibles sur ces CD-Rom ! J'attends avec impatience un éventuel procès à ce sujet. Cela permettrait de remettre ces CD sur la table de tous les gouvernements qui les ont en leur possession aussi et qui n'ont toujours rien fait pour commencer à sauver les milliers de victimes qui figurent dessus !

Et le commissaire, comment a-t-il réagi ?

Le commissaire était gêné au possible. Attendez... il me fait me déplacer, me demande d'apporter du travail, et on ne peut pas le faire... Une autre femme haut placée est aussi venue me trouver en m'expliquant qu'elle ne comprenait pas, que nous étions pourtant dans un cadre professionnel, et que le commissaire savait tout de même ce qu'il faisait, mais peu importe... Il y avait apparemment quelqu'un que cela a dérangé dans la salle, qui a téléphoné au parquet général et on a saisi mon matériel, point à la ligne.

Alors, soit c'était pour terminer le cours plus tôt (*rires*), ou peut-être parce qu'on a eu peur de ce qu'il pouvait y avoir sur mon CD... Cela venait clairement de plus haut et ça a dérangé.

Celui qui a pris cette décision aurait dû, peut-être, s'intéresser au contenu du cours plutôt qu'à celui de la documentation...

J'étais dégoûtée évidemment, c'est là que j'ai laissé un message à Cris, mon ami, pour lui dire : « Maintenant, je me souviens pourquoi je veux arrêter ! Même dans un cadre professionnel et pédagogique il n'y a pas moyen de travailler convenablement et on te met des bâtons dans les roues ! » Ce qu'il faut comprendre derrière tout ça, c'est que ce n'est pas par plaisir que l'on utilise ce genre de « matériel »... C'est que ce matériel est aussi utile dans l'approche du « traitement » de ce même matériel, je m'explique : combien d'agents, de personnes, qui vont avoir ce matériel en mains à un moment ou à un autre dans leur carrière (ils sont aux mœurs, pas à la circulation !), vont « gérer » convenablement les horreurs qui vont défiler devant leurs yeux ? Il faut être préparé à travailler avec ce genre de matériel… Encore une fois, chacun réagira à ça avec les moyens qu'il aura. C'est donc une étape importante dans la formation des professionnels. On n'a pas le droit de balancer ça dans la figure de quelqu'un sans lui avoir appris ou rappelé qu'il y a une manière de réagir à tout ce qu'il va voir, et qu'il y a moyen de traiter toutes les informations qu'il va se prendre de manière posée, lucide et constructive. Beaucoup ne se rendent pas compte de ce qu'est « vraiment » un viol, mais ils vont pourtant devoir s'occuper de victimes et écouter leurs témoignages… S'ils n'ont que l'« idée » de ce que ça peut être, sans s'en rendre vraiment compte, ils risquent de se tromper plus facilement dans leur aide ou dans leur écoute d'une victime.

On en a vu des cas où les agents en charge du visionnage de ce genre de « matériel » pétaient un câble, tombaient en dépression, quand on n'en a pas trouvé occupés à se masturber devant…

Ça arrive, c'est arrivé et ça arrivera encore ; on n'est pas à l'abri de ce genre de chose. Il est indispensable de conscientiser les gens sur les implications de leur métier et les conséquences directes qu'elles peuvent avoir sur eux. Et d'un autre côté, la loi vous rappelle que vous ne pouvez pas utiliser de matériel pour les former… On tourne en rond, c'est hypocrite, c'est du temps perdu alors qu'on pourrait avancer, c'est fatigant !

Qu'est-ce qui vous énerve le plus par rapport au regard que les gens peuvent avoir sur votre métier ?

Le summum est atteint quand j'entends des aberrations comme : « Elle est passionnée par les tueurs en série » ! Les gens ne font même plus attention à l'utilisation des mots ! Pour moi la passion touche à l'amour, à un sentiment positif… On peut être passionné par une collection de jolis objets, par l'histoire de l'art, par la personne que l'on aime… Mais « passionnée » par des crimes et des criminels ?! Non, non et mille fois non ! Les francophones doivent vraiment faire quelque chose à propos de l'utilisation de leur langue. C'est comme cette expression aussi : « Elle s'est *fait* violer »… Cela fait des lustres que ça m'énerve ! Une victime ne *s'est* rien *fai*t du tout ! C'est du passif ! « Elle a *été* violée ». C'est le criminel l'actif, celui qui a *fait* quelque chose. Pas elle ! Elle a *été* victime. C'est comme si je disais en flamand : Ze heeft zich laten verkrachten. (Littéralement : elle s'est laissée violer). La première réaction est de répondre : Ben, elle aurait pas dû ! Alors, on va encore dire que je cherche la petite bête, mais il faut réaliser que c'est toute une « mentalité » qui se cache derrière ce genre d'affirmation très approximative. Et après, on s'étonne de la tendance à culpabiliser la victime ! Et que dire des pédocriminels qui récupèrent le mot « amour ». L'amour est inconditionnel. Le leur est conditionnel ! Il faut être un enfant et surtout rester un enfant. Dès qu'il grandit, c'est terminé. Alors, OK, si je suis leur raisonnement : ils aiment l'enfant et l'enfant les aime ?

Comment se sent l'enfant dès qu'il est rejeté pour un autre ? C'est la même chose qu'une femme ou un mari quitté pour un ou une plus jeune. Comment se sentent-ils ? Humiliés, trahis et rejetés… Que pense le pédo de cette façon d'aimer ?

Une question de vocabulaire… ou de point de vue

Afin de ne pas permettre aux pédocriminels de jouer sur les mots, je serais tentée d'abonder dans leur sens : nous sommes tous des pédophiles. À part ceux qui trouvent que les enfants c'est chiant, que ça bave et que ça pleure, nous le sommes tous par définition.

Puisque nous aimons les enfants. J'aime ma filleule, les parents aiment leurs enfants, nous aimons parfois les enfants des autres comme les nôtres… Cela ne fait pas de nous des pédosexuels ni des pédocriminels pour autant.

Le pédosexuel est celui ou celle dont la sexualité sera axée vers des enfants. Le pédocriminel sera le ou la même qui violera et tuera peut-être l'enfant après avoir assouvi son désir déviant.

Tous ne vont pas jusqu'à violer ou tuer un enfant. Parfois, ils ne se limitent qu'à des fantasmes pour nourrir leur imagination pendant leur masturbation.

Depuis la nuit des temps on entend un peu tout et n'importe quoi comme justification à la pédosexualité. Qui n'a jamais entendu vaguement, au moins une fois, une de ces affirmations : « Il s'agit d'une tradition ancestrale dans le cas de l'Afrique. »

La rumeur voudrait que, dans certaines tribus africaines et dans certaines familles bourgeoises, les mamans ou nourrices masturbaient leurs enfants dans l'unique et innocent souci de les calmer…

Donc, si je comprends bien, en lieu et place de paroles apaisantes, de chastes « doudouces » dans le dos ou encore d'une bonne cuillerée de miel dans un lait chaud, tous nos ancêtres auraient ainsi été conduits « traditionnellement » vers le sommeil par un orgasme, certes calmant, mais, avant tout, imposé ? Par leur maman, ou nounou de surcroît ?! On va sur la lune, mais l'instinct maternel humain semble demeurer un mystère total pour certains. Et on ne dit pas ça parce qu'on est des femmes, nous avons posé la question à quelques hommes et ils sont du même avis. Bref, non, les nounous ou parents ne pensent pas « naturellement » à masturber leurs enfants pour les calmer. D'ailleurs, une de mes tantes dit que, même face à une crise hystérique extrême de notre enfant, la douche froide reste le moyen le plus « naturel » pour le calmer : l'effet de surprise, rien de tel. Après on peut parler. Certes, la salle de bains, nous et l'enfant sommes trempés, mais, si ça peut éviter qu'il s'explose le crâne sur le parquet, moi aussi je suis d'avis que c'est une option à essayer avant la masturbation…

Et automatiquement, quelques questions germent dans mon esprit de profileur du dimanche à propos de ce genre d'affirmations : Qui a dit ça ? A-t-on des preuves ? Qui a trouvé ces preuves ?

Au fond, qui, à l'époque, avait des contacts avec les bourgeois et les Africains ? Et quels individus de chaque caste leur ont inspiré pareilles théories ? Et que deviendront les parents qui n'ont jamais masturbé leur enfant ? Les coincés du futur ? Et les enfants calmés au lait chaud, les pervers de demain ? Parce que si je comprends bien et si c'est si naturel et ancestral, quel genre de parents indignes ai-je eu pour m'avoir privée de ce remède miracle en préférant me câliner autour d'un bête lait chaud ? Plus sérieusement, je n'y vois qu'une théorie peut-être vaguement proposée par de non moins vagues colons, distillée par on ne sait pas bien qui à l'origine, mais bel et bien reprise en chœur par certains afin de justifier leurs penchants. « Sade nous a "prouvé" les pratiques de ces nounous, et Sade, c'est pas n'importe qui, et à l'époque c'était normal ! »

En effet, Sade n'est pas n'importe qui… En dehors d'avoir contribué à propager ce mythe et, au vu de son parcours, on peut se faire une petite idée du profil de ce Marquis dont on loue encore de nos jours l'âme visionnaire et libertine pour les uns, simplement perverse pour les autres.

Sade était un aristocrate et militaire brillant, qui, sur ses 74 années de vie, en passera 30 en prison pour enlèvement, séquestration, viol, torture et débauche outrancière.

Il y écrira la plupart de ses « œuvres ». En fait, comme la plupart des pédocriminels, il écrit un journal intime afin de revivre et nourrir ses fantasmes. On ne parle donc pas d'« œuvres », mais bien de « revues pornographiques ». Condamné à mort en 1793, il est oublié dans sa cellule suite à une erreur administrative, cela le sauvera de la guillotine et il sera libéré en 1794. En 1801, il est à nouveau arrêté et enfermé à l'asile de Charenton, où il mourra. Ses descendants refuseront de porter son titre. Ses écrits, réhabilités en milieu de XXe siècle, ouvriront la voie à la psychologie sexuelle moderne…

Ne s'agissait-il pas plutôt de cas isolés ? Et ces théories n'émaneraient-elles pas, par le plus grand des hasards, de ceux qui sont incommodés par la réalité criminelle de la pédosexualité ? Ou parce qu'ils sont eux-mêmes « amoureux » des enfants ? La réponse se trouve aisément sur le net, où les « pédocriminautes » se gargarisent de discours tronqués et se réapproprient inlassablement des définitions qu'ils déforment à leur avantage… Un exemple concret ? Oublions Sade et les nounous et regardons vers le futur ; l'un d'entre eux nous explique la sexualité de l'an 3000…

La réflexion d'un pédocriminel à une victime

Il s'agit d'un échange de points de vue sur le site internet de cet adepte de la pédophilie. Le sujet en est l'inceste.

Selon lui, il est et sera « normal » et « sain » de pratiquer des jeux sexuels entre parents et enfants…

Il commence par vouvoyer son interlocutrice puis, dès qu'elle aborde le côté émotionnel, il se permet de la tutoyer en minimisant sa souffrance… Nous avons tenu à conserver les fautes de forme ou d'orthographe, qui, en profiling, ont leur importance. Car elles trahissent, notamment, le niveau d'éducation de l'auteur.

Vic.: « Je viens de recevoir votre réponse et je ne comprends toujours pas comment l'inceste pourrait se définir comme un jeu sexuel parent-enfant en l'an 3000. Lors de mon précédent message, je ne vous parlais pas des années 2000, mais plutôt des années 1970. Je ne sais pas si vous êtes médecin, psychologue ou psychiatre, mais je me pose de sérieuses questions sur le but de votre site. Pour moi, l'inceste n'est pas juste tabou, mais criminel, et tout crime en ce bas monde se doit d'être payé de quelque façon que ce soit. »

Pédo.: « Si l'inceste est criminel c'est à cause des lois de certains pays. Il n'en est pas ainsi dans tous les pays. Ce sont des lois relatives et temporelles. Il n'en a pas toujours été ainsi et il en sera pas toujours nécessairement ainsi. Si vous naissiez en l'an 3000, il est possible que vous penseriez d'une autre façon c'est-à-dire comme la population qui vous entourera. »

Vic.: « Je ne sais pas si vous êtes capable de vous imaginer quel genre d'émotions m'habite chaque fois que je vois un homme avec une jeune enfant dans ses bras, c'est plus fort que mon vouloir, je pense automatiquement "pauvre petite, que va-t-il lui arriver." J'ai vécu l'Enfer neuf années durant… Encore une fois posez-vous la question suivante : "Ai-je souffert cet enfer à cause des gestes eux-mêmes ou à cause de tous les préjugés qui entouraient ces gestes ?"

Et je peux vous assurer que même si je vivais jusqu'en l'an 3000 je trouverais atroce que les hommes abusent des jeunes enfants, si je dis homme c'est que vous êtes majoritaires en ce qui concerne l'inceste.

Je ne comprendrai jamais ce qu'une petite fille de 6 ans peut avoir d'attirant pour un homme de 30 ans au point de lui faire faire des fellations, de se faire masturber, de la pénétrer, de l'humilier pour finalement lui demander le silence le plus total sous peine d'être punie. »

Pédo.: « Ce n'est pas la sorte de relation que je décris dans mon site. Vous avez été humiliée. Toutes relations doivent toujours être fondées sur le respect de l'autre. Avec l'enfant, il faut agir dans le respect de ses volontés, sans violence, avec délicatesse, avec tendresse, avec amour. »

Vic.: « Hé bien, la punition, il lui a faite, bien avant de lui avoir demandé le silence. Ma vie est brisée à jamais et je ne pourrai pardonner à tout homme qui touchera une jeune enfant innocente.

Pensez-y bien, pensez à ce qui pourrait briser votre vie pour toujours, et ensuite je vous ferai un beau site internet pour vous dire que dans les années 3000 ce qui a brisé votre vie n'est finalement pas si terrible que ça. »

Pédo.: « Chère X, Le préjugés sociaux c'est très fort. Tu n'arrivera peut-être jamais à te libérer complètement des traumatismes qu'ils ont créés en toi. Il te faudrait une dose de courage énorme et plusieurs thérapies pour y arriver. Je te souhaite vraiment de trouver la paix intérieure pour que tu puisses vivre plus heureuse. »

Je n'ai pas résisté à l'envie de soumettre cette réflexion à Carine, afin qu'elle nous éclaire un peu sur le profil de cet individu…

« Tout ce qu'il dit à cette victime fait partie de son mode opératoire. Il essaye de convaincre la victime que ce qu'il fait n'est pas mauvais. Il se sert de toutes les excuses possibles et imaginables pour soutenir son discours.

Par ailleurs, il s'agit sans aucun doute d'un pédocriminel non violent qui s'imagine (ou se convainc) qu'il faut automatiquement de la violence pour parler de "viol". Il y en a beaucoup comme lui. J'ai eu, après l'affaire Dutroux, beaucoup de pédos qui me disaient en thérapie : "Tu vois, je ne suis pas comme Dutroux, je ne suis pas un pédocriminel parce que je n'ai jamais été violent…"

Une discussion cohérente avec ce genre d'immatures, qui refusent de se remettre en question ou de se mettre dans la peau et l'âme d'un enfant brisé, est impossible, et ne sert pas à grand-chose du reste… Ce genre d'homme a la maturité émotionnelle d'un enfant de 3 ans.

Il y a des lois. Ils doivent respecter ces lois. Et nous devons les appliquer. Ne pas respecter ces lois reviendrait à refuser de s'arrêter devant un feu rouge. Dans ce cas, notre permis peut nous être retiré, on a une amende, on peut aller en prison. Ces lois ont été faites dans un souci de sécurité. Personne n'oserait en discuter… Dans le cas des pédos, il s'agit d'un refus clair d'admettre qu'il est indispensable d'avoir des lois et des restrictions.

Tout le monde, je suppose, est d'accord pour admettre qu'on ne peut avoir une discussion avec une petite fille de 2 ans sur le "pourquoi" elle ne peut pas manger "que" des tartines au chocolat. On peut toujours essayer de lui expliquer que c'est important de varier la nourriture, mais en somme, ces discussions sont vaines. Ce qui compte pour elle, c'est d'obtenir cette tartine, coûte que coûte… Notre rôle n'est pas de lui expliquer que si elle ne se nourrit que de chocolat, elle va manquer d'éléments essentiels à sa croissance… À 2 ans, c'est un peu peine perdue. Notre rôle consiste à dire "Non, maintenant ce sera une tartine au fromage. Point !"

Nous avons trop tendance à considérer des discours comme celui du pédo ci-dessus, à un niveau adulte. Je le répète pour la millième fois, ce genre de personnage a beau faire preuve d'une relative intelligence cérébrale, au niveau émotionnel et social, il a 3 ans !

Ce genre de discours perturbe encore plus les victimes. Ils sont tellement manipulateurs et malins que l'on aurait tendance à les croire ou à nous remettre nous en question. Ils agissent exactement comme des escrocs ; ils endorment l'autre de discours tordus dans le fond, mais bien élaborés dans la forme. Un peu comme des arnaqueurs.

La parole de l'enfant/adulte dans ce cas-ci n'est, une fois de plus, pas entendue ni considérée. Un pédocriminel, ne se remettant jamais en question, va toujours prétendre que c'est la faute de l'entourage, de l'émotion, des lois temporelles et des préjugés. Pour lui, l'humiliation, la souffrance et la vie brisée de la victime se limitent à ça. Moi je demande qu'il m'explique alors comment un enfant de 4 ans ou de 9 mois interprète tout cela. Qu'il me montre des endroits où les adultes parlent librement de pédosexualité en présence d'enfants et qu'il me montre ce que ces enfants en pensent. J'aimerais vraiment bien aussi qu'un enfant, qui n'a jamais entendu parler de sexe avec un adulte, me dise qu'il a envie d'un adulte pour expérimenter la sexualité, mais qu'il a peur de ce que vont penser ses parents ou son environnement. Qu'il me le montre. Et puis, qu'en sait-il de ce qui se passera en l'an 3000 ? Si ça se trouve, on n'aura plus de pédocriminels parce qu'on aura rétabli la peine de mort pour eux, ou encore (et c'est ce que j'aimerais) parce qu'enfin l'être humain sera devenu "humain", mature et responsable… »

L'affaire Luca Mongelli

Dans cette affaire, les mots ont également toute leur importance ; ces mots sont les mots d'un enfant victime d'un « accident ». Ces mots se sont perdus, comme tant d'autres, dans les limbes de la surdité orgueilleuse de certains professionnels.

Incompétence de l'appareil judiciaire, ou encore un « fils de » qui n'aura jamais à s'inquiéter d'une quelconque punition ? De graves erreurs d'appréciation, en tout cas…

Le 7 février 2002, le petit Luca Mongelli, 7 ans, est admis à l'hôpital universitaire de Genève en état d'hypothermie grave. La température de son corps est de 22,8°C et elle descendra jusqu'à 19,6°C.

Ses contractions cardiaques sont insuffisantes, il est en « asystolie », et il a cessé de respirer. Son corps présente des traces de griffures et d'hématomes sur les membres inférieurs et supérieurs, ainsi que sur le dos. Aucune lésion majeure, pas de traces de strangulation ou de viol.

Quelques heures auparavant, sa maman l'avait retrouvé déshabillé et inanimé dans la neige en contre bas d'un terrain non loin de leur habitation.

Les médecins parviendront à le réanimer et à le réchauffer, mais il restera dans le coma jusqu'à la mi-mai. Il est aveugle et tétraparésique (paralysie non définitive des 4 membres due à une perturbation neurologique) suite au traumatisme. Début juin, les médecins constatent une rapide évolution de ses fonctions langagières et motrices. Lors de la première séance neuropsychologique, Luca peut dire sa date de naissance, il peut situer le moment de la journée, mais pas la date, il sait qu'il est à l'hôpital et à Genève. Sa voix est altérée et son débit verbal ralenti, mais la construction de son discours semble préservée. Il a une réussite moyenne aux différents tests que les neuropsychiatres lui feront passer.

Très vite, l'enquête entamée pour savoir ce qu'il s'est passé pour ce petit garçon va conclure à un « accident dramatique » et accuser le chien de l'enfant… On n'approfondira pas les enquêtes concernant les « tiers » que Luca, ou son petit frère présent au moment des faits, mentionnent.

Le jugement ne prendra pas en compte leurs déclarations sous prétexte que Luca est handicapé, et Marco trop petit. Un expert qualifiera la thèse du chien comme n'étant « pas sérieuse », car les lésions sur le corps du petit garçon ne ressemblent en rien à celles qu'auraient laissées les griffes ou les morsures d'un chien.

Le 18 juillet 2002, Carine Hutsebaut envoyait son rapport au juge d'instruction en charge de l'affaire. Elle y refaisait la chronologie des faits, le profil de Luca, de son petit frère Marco, ainsi que du chien Rocky. Au visionnage de l'enregistrement de Luca, et sans être aucunement experte, je vois un enfant, certes « handicapé », mais j'entends surtout un petit garçon dont le discours est cohérent.

Le sentiment qui m'envahit est la colère, et, à la lecture du rapport de Carine, c'est la tristesse. Ce gâchis me dégoûte. Cette histoire est dramatique, le juge a raison.

Mais, il me semble qu'il se trompe d'histoire… Je n'espère qu'une chose : un jour peut-être que quelqu'un entendra Luca convenablement et que les responsables avoueront leur faute.

Elle commence son rapport par cette phrase de Marc Aurèle : « Regardez sous la surface, ne laissez jamais échapper la qualité ni la valeur intrinsèque d'une chose. »

En voici le résumé.

1. Chronologie des faits

Jeudi 07/02/2002 – Météo : entre 0 et 1°, il a neigé.

- 16h30 : Mme Mongelli va chercher Luca à l'école. Elle le dépose à la maison. Marco dort, Luca mange et la maman lui dit qu'elle a déjà promené le chien.
- 17h00 : Elle sort et dit à Luca qu'elle revient vers 18h00.
- 17h10 : Mme DJ fait traverser Luca et Marco. M. RF a vu les enfants à 100m de leur domicile. Les témoignages des enfants de la colonie proche du lieu semblent peu crédibles : certains ont vu une fille et un garçon ; une fois, c'est le jeudi, une autre, le mercredi.
- 18h00 : Mme Mongelli ne trouve pas ses enfants au chalet.

- 18h05 : Elle part à leur recherche. Elle trouve d'abord la laisse du chien, puis un peu plus loin, la veste (retournée) de Luca. Elle siffle le chien qui arrive tout de suite. Au loin, elle entend Marco qui pleure et crie « Maman, Maman... » Marco pointe en direction du bas du terrain et précise : « Il l'a poussé, il n'a pas d'habits, il n'arrive pas à se lever tout seul. »
Dans ces premiers instants, Marco ne parle pas du chien. Le chien prend la manche de veste de la mère et l'entraîne en contrebas. Madame Mongelli remarque les vêtements de Luca éparpillés. Elle précise qu'ils étaient roulés en boule. Elle retrouve Luca recroquevillé sur le côté droit, visage tourné vers l'amont.
Luca portait un pantalon sur lequel il avait mis un pantalon de ski. Les deux pantalons étaient aux genoux de l'enfant. Le slip était descendu à mi-cuisses et il ne portait plus qu'une botte. Il gémissait. Ne pouvant remonter la pente trop glissante avec son fils dans les bras, elle descend vers les autres chalets. Marco et le chien la suivent.
- 18h20 : On peut estimer qu'elle arrive aux autres chalets vers cette heure-là. Elle frappe pendant environ 20 minutes aux portes de la famille V.D.H. qui finit par lui ouvrir vers 18h40 et la fait entrer.
- 18h50 : le médecin reçoit l'appel au secours.
- 19h05 : le médecin arrive, suivi, peu après, par les secours. Luca sera intubé et ventilé sur place, un massage cardiaque externe est opéré, et malgré 3 doses d'adrénaline, l'enfant est toujours en arrêt cardiaque. Il est transféré à l'hôpital de Sion où il sera décidé, vu la gravité de son état, de l'héliporter jusqu'au CHU de Genève. À son arrivée sur l'héliport, il est toujours sous réanimation cardio-pulmonaire. Il est 23h00. Durant ce temps, les parents sont à l'hôtel de police de Sion, et le chien placé dans un chenil.

Remarques : Rien n'exclut que Luca soit sorti seul de la maison la première fois. Dans une de ses déclarations (voir déclar. du 5/07/2002 avec M. R.), Luca dit : « Je me rappelle que je suis sorti de "leur" maison. Et après, je suis allé chercher Rocky à la maison. » Il est donc possible que Marco fût éveillé à ce moment-là, ou que Luca l'ait réveillé et qu'ils soient ressortis ensemble.

Madame Mongelli est partie à 16h50 ou à 17h ? Les enfants ont été vus à 17h10. C'est difficile à dire, mais un enfant peut faire beaucoup en 20 minutes. Luca dit aussi qu'il s'était caché dans la maison des « tiers ». Marco n'a jamais donné d'indication de ce genre.

Il est donc très probable qu'il n'ait pas été présent à ce moment-là. Luca savait que sa maman avait déjà sorti le chien. Il n'est pas exclu qu'il soit retourné chercher le chien pour une autre raison.

2. Ce qui ne figure pas au dossier et devrait être approfondi par les enquêteurs

- Pourquoi Marco n'a-t-il pas répondu tout de suite à la voix de sa maman qui les appelait ? La question doit lui être posée.
- Les enfants sont vus avec Rocky à 17h10. Qu'ont-ils fait avant ? Où était Luca ? Quand et comment Marco s'est-il réveillé ?
- La maman siffle et le chien arrive. Un chien qui a été « méchant » craint d'être puni et se cache. Dans ce cas-ci, il fait le contraire, il arrive de suite et amène la maman à l'endroit où se trouve Luca.
- Mme Mongelli trouve Marco en pleurs. Pourquoi Marco n'a-t-il pas réagi tout de suite en entendant les cris de sa maman ?
- Madame Mongelli a trouvé les habits de son fils éparpillés et roulés en boule… Je n'imagine pas Luca s'être déshabillé et avoir roulé ses habits de cette façon par un froid pareil… J'imagine encore moins un chien le faire. Il serait également intéressant de savoir quels habits étaient en boule. Les pulls ? Où se trouvaient-ils exactement sur le terrain par rapport à Luca ?
- Luca gémit, il n'est pas encore en arrêt cardiaque, mais il est déjà paralysé par le froid, ou par autre chose ?

3. Mapping

Les enfants connaissent le terrain (un pré) où ils se rendent régulièrement. Le terrain se trouve à 300 mètres de leur domicile et est entouré de chalets. Il se trouve non loin d'une route qui monte dans les montagnes, mais n'est pas directement accessible par cette route. Un petit chemin de terre longe ce terrain et est parallèle à la route principale. Il y a plusieurs accès au terrain, par les jardins de tous les chalets, par un escalier en bois longeant le terrain sur la droite et par ce petit chemin de terre. On peut y accéder, à pied, en vélo, en voiture.

Il y a un arrêt de bus à une dizaine de mètres. Pas de gare ou de chemin de fer.

4. Profil de Marco, le petit frère

Marco est un petit garçon de 4 ans. Il est vivant, on peut même dire qu'il est un peu hyperactif. Lorsque les choses ne se passent pas comme il veut, il s'énerve. Il aime contrôler ce qui se passe et avoir toute l'attention sur lui. Lorsqu'il ne veut pas parler des faits, il ne parle pas. Il s'agit d'un enfant capable de faire la différence entre le bien et le mal. Il est aussi capable de cacher ce qu'il a fait de mal.

Il a pris A. (une personne de son entourage) en confiance à plusieurs reprises pour lui expliquer que lui et son frère font parfois des choses qu'ils ne peuvent pas et qu'ils ne le disent pas à leurs parents. Il est peu influençable.

Il est évident qu'il a retrouvé un équilibre 5 mois après les faits. Je suis obligée de me baser sur les témoignages qui décrivent le passé de Marco. Selon ceux-ci, il admire son grand frère, ce sont des alliés.

Remarque : il est indispensable de réentendre Marco dans des conditions plus calmes. Il en sait plus sur ce jour dramatique, mais il n'en parle pas. Peut-être parce qu'il y a des choses qu'il ne peut pas dire ?

5. Profil de Luca

Me basant sur les témoignages de son entourage et sur les observations que j'ai faites sur place, je constate que Luca est un enfant vivant, intelligent, nerveux, curieux, et stressé d'être prisonnier de son corps pour l'instant handicapé.

Le jour des faits, Luca était très joyeux, car le lendemain devait se dérouler le cortège du carnaval.

Luca était en très bonne santé.

Il n'était pas influençable. J'ai essayé à plusieurs reprises de lui poser des questions allant à l'encontre de ses affirmations précédentes. J'ai changé certains aspects de son récit en répétant ce qu'il me disait. J'ai constaté qu'après avoir attentivement écouté son langage corporel se manifestait, et qu'il corrigeait très vite ou reprenait son histoire comme il l'avait vécue.

C'est un enfant qui n'a pas facilement peur et qui ose prendre des risques. Il va se promener seul dans la soirée, il ne craint pas l'obscurité, il entre dans les chalets sans penser que les gens pourraient ne pas apprécier. Il aime taquiner, mais, compte tenu de son âge, il ne se rend pas encore bien compte des limites et des conséquences de ce genre de jeux qui peuvent parfois mal tourner. Tout indique qu'il ne connaît pas les dangers du monde, suite à quoi il ne se méfie de rien et prend des risques considérables.

Luca aime plaire aux gens, surtout ceux plus âgés que lui. Il veut être comme les grands. Il n'a pas vraiment d'amis à l'école, probablement parce qu'il s'agit d'un enfant un peu trop turbulent pour les enfants de son âge. Il s'entend mieux avec les plus grands. Il était triste parce qu'ils ne voulaient pas jouer avec lui. (voir remarque 1)

Il tient compte de son frère et il a de bonnes relations avec ses parents. Chaque fois qu'il entend son frère dans la pièce à côté, ses yeux brillent et il commence à rire.

Il aime rire et s'amuser, même dans l'état dans lequel il se trouve actuellement.

Remarques :

- Dans son témoignage du 05/07/2002, Luca dit : « *Ils* ont vu que j'étais triste, alors *ils* sont revenus vers moi »
- À part certains groupes de singes, l'être humain est le seul être vivant à connaître le sens de l'humour. L'humour exige un certain niveau d'intelligence et de lucidité. À plusieurs reprises, nous voyons Luca parfaitement capable de comprendre l'humour d'une situation ou des mots. Cet aspect est important à souligner, car il prouve sa lucidité actuelle.

6. Profil du chien Rocky

N'ayant pas vu le chien, je me base sur les témoignages se trouvant dans le dossier.

Selon Mme Mongelli : il n'est pas agressif. Il tire parfois les vêtements. Il est social. Aucune plainte n'est à relever contre lui dans leur établissement ou dans le voisinage.

Selon M. Mongelli : Le comportement du chien était normal après le drame. Marco n'a eu aucune réaction par rapport au chien dans la voiture. Marco dit que le chien aimait plus Luca que lui.

Selon le chenil : le chien était vif et content lorsqu'il a été promené. Il met les pattes sur la poitrine d'une employée pour manifester sa joie, il n'est pas très éduqué. Il tire à la laisse et a beaucoup de force.

7. Les déclarations au fil du temps

Marco a été placé, le soir du drame, dans la famille M., une famille du voisinage. Il demande spontanément si le monsieur n'est pas méchant.

Au sujet du drame, il parle, le 08/02/2002, d'une tierce personne, un monsieur. Il évoque une langue étrangère. Il dit qu'ils ont joué à la bataille, ils se donnaient des coups de poing.

Le monsieur a surtout joué avec Luca, mais il a frappé Marco et le chien l'a mordu dans le ventre. Le monsieur a frappé le chien, et puis Luca, dans le ventre. Le 09/2002, il dit qu'il connaît son nom, mais il ne veut pas le dire : « J'ai peur qu'il me reprenne ».

Dans la salle d'attente, Marco dit à sa mère : « Maman, tu sais qu'à Luca il lui a fait très très mal ». Il ne parle pas du chien et il ne veut pas qu'on le laisse seul, car c'est le monsieur qui le tape. Au début, Marco répète au pédopsychiatre que c'était le chien. Une fois rassuré et sur les genoux de sa mère, il reparle d'un monsieur méchant. À son oncle, il expliquera avec un dessin qu'un monsieur lui donne deux coups de poing sur l'épaule.

Il repousse le chien et donne un coup de poing dans le ventre de Luca. Le monsieur est plus grand que son oncle. Et il a des cheveux noirs et des lunettes. Le monsieur a dit qu'ils faisaient du « bordel ». Il était fâché. Le monsieur est venu dans le chalet pour frapper Luca, et Luca a pris un marteau pour se défendre.

Le 11/02/2002, Mme M. déclare que Marco a dit que c'était le chien qui avait mordu et déshabillé Luca. Il a ajouté qu'ils étaient seuls avec le chien.

Son mari déclare que Marco a dit : « Rocky tire Luca et Luca est tombé », il ajoute que Marco avait dit qu'ils étaient seuls avec le chien, et qu'il n'avait mentionné personne d'autre.

Le 15/02/2002, Marco parle à nouveau du chien et plus du monsieur.

Luca parle du monsieur lors de la première conversation qu'il est capable d'avoir le 28/05/2002. Le 05/07/2002, il se souviendra aussi avoir entendu une langue étrangère.

Remarques :

- Marco a 4 ans. À cet âge, il n'est pas en mesure de préciser l'âge d'un autre. Un « monsieur » est tout ce qui est plus grand que lui. Dès 15-20 ans, c'est un monsieur. Au-dessus de 20 ans, c'est un « vieux », et, bien au-delà, un « très vieux ».

- Lorsque j'ai interrogé Luca, il m'a parlé d'un coup de poing dans le ventre. Je lui ai demandé s'ils avaient joué à la guerre, lui, Marco, et les autres garçons ? Il répondit : « Oui ».
- Marco change sa version. Une fois c'est le chien, une fois c'est le monsieur. Il évite de parler de cette histoire. Peut-être a-t-il peur de dire la vérité parce qu'il doit considérer qu'il a fait une bêtise quelque part (être sorti de la maison ?).
Il faut le réinterroger en tenant compte du fait que Marco est un enfant qui sait lorsqu'il a commis une faute. Peut-être a-t-il peur de dire la vérité et d'être puni ou tenu responsable pour ce qui est arrivé à son grand frère ? Peut-être a-t-il été menacé ?

8. Extrait des constatations médicales

- Front : deux dermabrasions de coloration rougeâtre, parallèles à l'axe du corps, l'une sur la ligne médiane, mesurant 2 x 0,2 cm, l'autre à 3 cm de la ligne médiane mesurant 5 x 0,1 cm
- Œil droit : à droite de l'angle externe, une dermabrasion de coloration rougeâtre, légèrement oblique vers le bas et l'extérieur, mesurant 3 x 0,1 cm
- Sourcil gauche : une dermabrasion de coloration rougeâtre sur la partie interne, mesurant 1 x 0,2 cm.

Remarques :

- Voir la déclaration de Luca le 05/07/2002 : « Ils m'ont tapé sur le front ». Les traces de coups étaient visibles lors des constatations médicales. Il dit qu'on l'a frappé avec un bout de bois. Cela peut correspondre aux lésions trouvées sur son visage.

9. Extrait d'un enregistrement de Luca, une conversation avec sa maman, le 06/06/2002

Luca : Je veux d'abord raconter une histoire.
Tina (sa maman) : Une histoire ?
L. : De cette fois que quelqu'un m'a fait boire des fourmis.
T. : Qui t'a fait boire des fourmis ? C'était en été ça ?
L. : Celui qui était en bicyclette était là.
T. : Bien, mange du fromage. C'est le fromage que tu aimes bien.
L. : Mais non, je veux d'abord raconter une histoire à papa.
T. : Raconte aussi à maman.
L. : Je suis tombé par terre. Rocky (inaudible)… amener…
T. : Je ne sais pas, raconte-moi tout.
L. : Après l'ambulance est venue et le médecin…
T. : Ah, maman a compris. Et toi, comment tu te sentais ?
L. : Mal.
T. : Tu allais mal, mon amour ?
L. : Oui, parce qu'ils m'ont faire boire des fourmis empoisonnées. (1)
T. : Mon pauvre petit. Tu sais qui ?
L. : Oui, je sais.
T. : Oui ?
L. : C'est celui qui m'a vu faire les courses. Je suis tombé par terre.
T. : Tu es tombé tout seul ?
L. : Non.
T. : Vraiment ? Raconte-moi, je ne connais pas cette histoire.
L. : Celui qui m'a fait boire des fourmis, qui a vu les courses avec moi.
T. : Il était en bicyclette ? Luca mon amour, de quelles courses parles-tu ?
(Il y a confusion concernant le mot « courses ». La maman pense qu'il s'agit de courses au magasin, mais Luca parle en fait de courses de vélos. Il répète l'histoire des fourmis et qu'il est tombé).

T. : Comment tu es tombé ? Qui t'a fait boire ces fourmis ? Est-ce que maman les connaît ?
L. : Non.
T. : Et papa ?
L. : Non. C'est la personne avec la moto qui m'a vu pendant les courses.
T. : Et après ?
L. : Maman est venue et tu m'as sauvé.
T. : Je t'ai trouvé.
L. : Et tu m'as caressé, je t'ai vue. (2)
T. : Tu m'as vue ?
L. : Oui.
T. : Mais l'histoire que tu m'as racontée, où tu es tombé…
L. : J'ai dormi.
T. : Où ? Sur la neige ? Comment tu dors sur la neige ? Il fait froid.
L. : Je ne sais pas. Je pouvais que dormir. (1 bis)
T. : Tu ne pouvais pas te lever ?
L. : Non.
T. : Pourquoi pas ?
L. : J'avais pas la force.

(Le reste se résume à de petites histoires sur le fromage et sur l'hôpital. Ce qui montre que Luca est lucide. Sa maman le rassure et le câline)

T. : Je suis très contente. Maman va toujours te trouver.
L. : Tu as trouvé le voleur.
T. : Calme-toi un peu. C'est très bien.
L. : Tu as trouvé le voleur.

(S'en suit une phrase confuse où Luca dit que les garçons se sont enfuis parce qu'ils avaient peur d'aller en prison).

Remarques :

- 1 et 1 bis) Luca dit qu'il ne pouvait « que dormir ». Il est probable qu'il fût forcé d'ingérer un liquide contenant une drogue ou un

calmant, comme du Rohypnol. La combinaison alcool- Rohypnol a un goût qui pique un peu dans la bouche, ce qui pourrait expliquer l'impression de Luca de « boire des fourmis ». Ce médicament (notamment utilisé par Dutroux afin de rendre ses victimes dociles) paralyse les muscles. Le fait que Luca dise qu'il n'avait plus de force pourrait aller dans ce sens. L'hypothermie était anormale dans cette affaire. Tout dépend de la température autour du corps, mais en général un corps inanimé perd 4°C par heure. Les secours ont constaté une température de 22,8°C ; or, la température normale d'un corps est de 37°C. Il a donc perdu ± 15°C. Ce qui correspond à ± 4 heures. Il n'a jamais pu rester allongé 4 heures à cet endroit sans être retrouvé. On ne sait pas combien de temps il est resté allongé nu dans la neige, mais il se pourrait que le liquide ingéré ait été alcoolisé. Luca semblait conscient (puisqu'il gémissait).
Il était incapable de bouger et perdait sa température très rapidement…
- 2) Luca peut avoir vécu une NDE (Near Death Experience). Une forme de dissociation forte dans laquelle l'âme de la personne quitte son corps pour observer les évènements à distance. Il y a des milliers de témoignages de par le monde, mais la science n'explique toujours pas ce phénomène. Luca raconte aussi à un autre moment qu'il a aperçu Rocky aller chercher sa maman, ce qui, du point où il se trouvait (en contre-bas), était impossible à voir.

10. Références à l'Affaire R.S. en Allemagne.

Ce que l'on constate dans le cas d'une victime attaquée par un ou des chiens se révèle dans le cas de R.S., attaquée lors d'un « Roedel », qui est une agression par un groupe de chiens menés par un leader (les autres n'attaquent que lorsque le « chien tête » charge.)

Il y a des blessures, des griffures et des morsures sur tout le corps. Les griffures sur le corps de R.S. sont décrites comme suit : parallèles et larges de 3 cm minimum, elles sont saignantes. Des cheveux sont arrachés. Il n'y a qu'un pull arraché et une paire de bottes enlevées.

Dans le cas de Luca:
- Pas de griffures parallèles, mais éparses, elles ne saignent pas, elles ne mesurent que 0,2 cm, et l'on n'en trouve que sur les bras et le dos, peu sur le visage et les cuisses.
- Pas de morsures.
- Luca portait une veste, 2 pulls, une chemise, une chemisette, un pantalon de ski, un slip et des bottes.

Remarque :
Un chien est incapable d'ôter tant de vêtements, de les rouler en boule, de les éparpiller et de ne griffer que d'une griffe…(en général, on note les griffures par groupe de 3 ou 4, parallèles les unes aux autres, et légèrement décalées.)

11. Conclusion

Me basant sur les éléments en ma possession, je conclus qu'il ne s'agit pas d'une agression à caractère sexuel.

Un pédosexuel n'agit pas de la sorte. Il cherche bien ses victimes en général et il essaye de limiter les risques de se faire attraper. Dans cette affaire, ce risque était très réel vu la proximité des habitations. De plus, il y a deux enfants et un chien, ce qui augmente encore le risque.

Les enfants étaient dans une situation à haut risque, car seuls dans la nature en début de soirée. Ils sont encore très jeunes.

Cependant, les profils de Marco et Luca montrent des enfants assertifs, ce qui, en général, ne « séduit » pas un pédosexuel. Ils préfèrent des enfants plus faibles et plus dociles pour commettre leurs actes.

Il n'y a aucune trace de sperme ni d'agression sexuelle. (Note : la bouche de Luca n'a pas été examinée, ce qui aurait dû être fait.)

Il pourrait s'agir d'un « jeu » entre enfants et adolescents ayant mal tourné.

12. Hypothèse possible

Luca sort de la maison pour aller jouer, Marco fait la sieste.

Il entre dans une maison, où il rencontre des jeunes. Ce n'est pas très clair. D'après les déclarations de Luca, ils jouent aux devinettes, les jeunes parlent entre eux une langue que Luca ne comprend pas toujours (de l'italien, de l'allemand ou du néerlandais ?).

Le jeu tourne mal, il y a menaces. Luca rentre chercher son chien pour se défendre. Marco s'est réveillé, ils sortent de la maison ensemble et vont voir les jeunes. D'après Luca, les jeunes prennent un bâton pour le frapper. J'ai constaté la présence de bois rangé le long du mur du chalet que Luca dit avoir visité. Dès l'arrivée des enfants, la bataille a commencé. Luca a dû se sauver vers le champ où les jeunes l'ont rattrapé et battu (cela correspond aux traces sur le dos de Luca.) Le jeu a tourné au drame et Luca a entendu l'un de ses agresseurs dire « je ne veux pas me retrouver en prison ». Ils pourraient avoir simulé une agression sexuelle pour dévier l'enquête. Ils déshabillent Luca, jettent les habits en boule à gauche et à droite, et le laissent pour mort dans la neige.

Au quotidien

Dans son métier, à l'instar du meurtrier dans sa colère et de la victime dans son désarroi, Carine Hutsebaut est seule. Ses journées, quand ce ne sont pas ses nuits aussi, sont remplies d'enfants disparus, morts par négligence ou abusés par perversité, souvent dans l'indifférence et le silence. Ce sont justement cette indifférence et ce silence qui ont étés les détonateurs d'une rage qui la guidera toujours dans sa quête de vérité. Car au-delà d'avoir voulu, au début de sa carrière, comprendre le pourquoi de telles déviances, son travail consiste maintenant et surtout, à comprendre le pourquoi de tant de « chipotages » vis-à-vis de ce problème. Il faut bien l'admettre, si notre société commence à réfléchir à des solutions concrètes à la pédocriminalité, elle ne fait encore bien souvent que chipoter autour du sujet tout en ménageant ses sujets… Carine Hutsebaut, elle, refuse de chipoter et pour cela elle n'hésite pas à recourir au grand moyen : la franchise. Quitte à froisser des susceptibilités… Être critiquée ou carrément menacée signifie pour elle qu'elle touche à la vérité, qu'elle gratte bien là où ça démange.

Un cancer de la thyroïde et deux arrêts cardiaques ? Qu'à cela ne tienne, tant qu'elle aura les moyens et un reste de santé, elle écoutera des criminels et des victimes, et elle transmettra les analyses de ses études et ses informations à qui de droit. Elle ne le fait pas pour la gloriole. Elle le fait par nécessité, parce que maintenant qu'elle « sait », elle ne supporterait pas de vivre dans le déni et de ne pas, au moins, essayer… « Lorsqu'on sait, mais qu'on ne fait rien, on est complice. ».

*

* *

C'est difficile d'être « profileur » en Belgique ?

Si l'on veut absolument un « titre » ou si l'on a un problème d'ego, ça doit l'être. Sinon, ce n'est pas plus difficile qu'autre chose. Au début, on ne fait pas attention à vous, on vous laisse faire, on vous regarde un peu de travers : « Mais qu'est-ce qu'elle fout ? On paye des flics pour faire ce travail… ». Je ne fais pas leur travail ; j'essaye de les aider avec mes connaissances. Il y a 10 ans, on me répondait encore dans le cadre de certaines enquêtes : « On n'est pas aux Etats-

Unis, ici, Madame Hutsebaut ! ». On a facilement des préjugés sur quelque chose que l'on ne connaît pas. Imaginez-vous, il y a 10 ans, dans un petit commissariat de campagne, tenter d'expliquer que le coupable est sûrement un obsessionnel compulsif au vu de la signature qu'il a laissée sur le cadavre… C'est un peu normal aussi que l'on vous regarde de travers. À moins que vous ne tombiez sur un érudit étudiant la criminologie entre deux amendes pour tapage diurne et dépassement de clôture, il y avait beaucoup de chances pour que vous soyiez vous-même envoyé au frais quelques heures afin de vous rafraîchir les idées … Heureusement, aujourd'hui, on est de plus en plus « au courant » de ce qu'est le travail d'un profileur. On ne passe plus pour aussi tordus que les criminels, quand ce n'était pas carrément pour des criminels ! Et puis, on apprend très vite à ne pas se laisser impressionner par les préjugés, sinon on ne sait plus travailler convenablement. Le propre d'un profileur est justement de ne pas avoir de préjugés, il doit être constamment « ouvert » aux choses et aux autres, sinon il se plante.

Mais, encore une fois, ce n'est pas plus difficile d'être profileur qu'autre chose, ici ou ailleurs. Ce qui est difficile, comme dans n'importe quelle profession je présume, à part peut-être les musiciens et encore, c'est d'être « entendu »…

Prenez le gendarme Jambert[15], en France, dans l'affaire Émile Louis… Bon, il s'est « suicidé » le pauvre, mais cet exemple est éloquent à plusieurs titres parce qu'il met à nouveau l'accent sur l'importance du souci d'intégrité et de vérité que doit avoir tout professionnel confronté à une

enquête. Tout le problème réside dans ce fait de ne pas être « entendu », et dans ce cas précis les conséquences ont été dramatiques. Prenez aussi l'exemple d'Abgrall [16], un flic avec le profiling dans la peau. C'est lui qui a trouvé Francis Heaulme[17], le tueur en série français. Ça lui a pris des années de recherche et de persévérance, mais il a réussi à le trouver. Ensuite, il a été discrédité par ses collègues… La jalousie est une bête sauvage.

D'aucuns, ici, ont remis vos diplômes et vos capacités en question, de façon parfois virulente…

Cela me fait rire parce que je me demande, dans ce cas-là, comment j'ai pu être entendue et reconnue en tant qu'expert auprès de tribunaux. Il y a des gens bien plus dangereux que moi qui courent, s'ils me laissent faire ça ! *(rires)*. Et puis, je serais curieuse de voir les diplômes de ceux qui doutent des miens. En psychologie cela porte un nom ce genre d'attitude : la projection…

J'ai des diplômes bien entendu. Pas d'universités belges, certes, et ils ne sont pas homologués en Belgique, mais ils n'en sont pas moins valables. Comme si c'était le seul pays au monde digne d'octroyer des diplômes ! *(rires)* On ne parle pas de n'importe quelles écoles non plus… Il faut rester logique. Pensez-vous que l'on ait accès aux formations de ces écoles sans une base de solides connaissances ? Que l'on y entre comme dans un moulin, sans examen d'entrée, sans évaluation ? Ou, encore, que l'on y délivre un certificat de victimologie coté à 89 % à n'importe quel quidam s'intéressant un peu à la criminologie ou aux pathologies des criminels et à leurs victimes ? Il faut arrêter à un moment.

Une anecdote en particulier sur les attaques dont vous avez fait l'objet ?

Il y en a plein ! Vous voulez faire combien de bouquins ? *(rires)*

Je me souviens d'une émission à l'époque de l'affaire Dutroux, où l'on m'a agressée une fois de plus sur la valeur de mes diplômes. J'ai répondu que l'on était entouré de professionnels dont le diplôme était homologué en Belgique et j'ai demandé : « Qu'est-ce que tous ces professionnels ont en commun à part leurs diplômes ? La réponse est facile, c'est leur incompétence ! »

Alors, c'est vrai que ça ne leur a pas fait plaisir, mais ont-ils été compétents sur cette enquête ? Non ! On l'a bien vu. La société est très hypocrite en Belgique. Un papier compte plus que les compétences. N'oublions pas que si la maison brûle, le papier est parti, tandis que vos connaissances et vos compétences, personne ne peut vous les enlever.

Un autre jour encore, je reçois un appel de la télévision flamande. Ils veulent faire un reportage pour l'émission « Telefacts » sur l'affaire Dutroux et le profil que j'avais établi un an avant son arrestation. Je donne mon accord à condition que cinq personnes se trouvent en face de moi pour en discuter. Je demande le Major Daniel Decraene, Alain Remue de la gendarmerie, Claude Lelièvre, le Ministre Declercq et le Général Deridder de la gendarmerie aussi. Je veux les affronter tous à la fois. Deux ou trois jours plus tard, Telefacts m'appelle pour me dire que tous les cinq ont refusé. Pourquoi ? Ils n'arrêtent pas de me discréditer derrière mon dos, alors pourquoi refusent-ils de le faire en face de moi pour une fois ? Chaque fois que j'ai voulu poser la question, sur un plateau de télévision en direct, ils refusent tous de venir répondre… Ce n'est quand même pas très clair, sinon vous le dites. Vous tentez de clarifier les polémiques. Non ?

C'est un problème de franchise, on ne vit pas dans un monde franc, on n'ose plus dire les choses… on ne parle plus « vrai » !

Ou on a intérêt à ne pas dire les choses et on préfère attiser la rumeur au lieu de travailler à la transparence… Pourquoi tous ces gens refusent-ils de se retrouver devant moi ? Pas dans un petit coin, où chacun pourra donner ensuite « sa » version de la conversation, car tout le monde a toujours un son de cloche différent… Non, en direct, sur la place publique, on va parler, on va débattre et accorder nos cloches ! Et de cette façon, tout le monde peut en juger, selon le principe du jugement que nos démocraties ont établi. Je les ai invités, tous ont refusé. Moi, je considère qu'ils ont peur de quelque chose. Je ne dis pas, encore une fois, qu'ils sont personnellement concernés, mais peut-être « couvrent-ils » seulement la réputation de quelqu'un d'autre, de plus influent qu'eux…

Le plus triste, c'est qu'il ne s'agit bien souvent que d'une, deux ou trois pommes qui pourrissent le panier, et nous sommes terrorisés à l'idée d'ôter ces pommes ; alors, on laisse aller, qui vivra verra. Je nous trouve bien lâches vis-à-vis de nos enfants abusés, pour ne pas dire massacrés.

Non, en attendant on préfère hurler nos titres et juger les diplômes des autres. On a tendance à trop se reposer sur nos diplômes. Quand je vois le nombre de jeunes psychologues qui sortent de l'université bardés de diplômes, mais qui n'ont jamais vu une victime ou un pédocriminel en « vrai » et que l'on catapulte dans des centres d'aide, je suis effarée !

On voit où l'on en est avec une hypocrisie pareille. Tout le système implose de plus en plus, on a plein de gens diplômés mais incompétents.

Donc, oui, j'ai fait plusieurs écoles, parce que je savais que j'allais avoir besoin de ces « papiers » et c'est normal aussi, sinon c'est la porte ouverte à toutes les fenêtres, comme dirait l'autre...

Mais, je suis toujours sciée de voir que dans des situations urgentes, où il s'agit de retrouver un enfant ou d'empêcher qu'il soit enlevé ou abusé, on vous demande, d'abord, de fournir votre « papier bien homologué ».

Les profileurs ne sont certainement pas les seuls dans ce cas. D'autres professions doivent être touchées par des tracasseries administratives de ce genre... Mais qu'attend-on pour les faire homologuer, alors ? Notre gouvernement n'en a-t-il pas le pouvoir ?

Qu'ils continuent leurs débats stériles sur des morceaux de papier ; moi, j'ai autre chose à faire. Tous les jours, des enfants disparaissent et souffrent de la perversité des adultes.

Quand j'ai un enfant en danger et que mes démarches pour le protéger sont ralenties par des tergiversations sur la valeur de mes diplômes, à votre avis, je perds mon temps à leur prouver, ou bien je continue mon travail ? Mon choix est vite fait ! En côtoyant et en étudiant des criminels comme Van Geloven, j'ai appris une chose primordiale : avec ces gens-là, il n'y a pas de temps à perdre ! Car les conséquences sur les victimes peuvent être dramatiques.

Sans parler du danger que cela représente au niveau de l'évaluation d'un criminel…

Et que dire encore du danger que cela représente directement pour ces jeunes thérapeutes ? Ceux-ci sortent de l'école ; la plupart du temps, ils ne connaissent rien de la vie et on les envoie face à de dangereux agresseurs. De plus, ils ne sont bien souvent formés que pour l'aide aux victimes, et les voilà se chargeant des plus grands manipulateurs qui soient…

Du pain béni pour les ogres…

À votre avis ?! Dans leur formation, ils ont appris que c'est à la victime de « dire » ce qui ne va pas. Et, dans un sens, c'est vrai : les victimes vont plus facilement demander de l'aide… Mais là, on les met devant des agresseurs multirécidivistes… L'approche doit être différente !

Quel agresseur va, de son propre gré, chercher un psychologue pour l'aider ? Aucun ! Et pour plusieurs bonnes raisons.

Un : s'il en parle, il va en taule, car il a commis un crime et il le sait.

Et deux : dans sa tête, il trouve que ce qu'il a fait n'est pas si grave que ça, donc, il considère qu'il n'a pas besoin d'aide ; par conséquent, il ne va rien « donner » à son thérapeute.

Ce sera au professionnel de « défier » l'agresseur qu'il aura en traitement afin d'obtenir des informations sur lui ; mais ça, ce n'est pas expliqué dans le package de formations à l'aide qu'il a reçu. Je vais encore être taxée de sexisme ou de simplisme, mais je vais prendre l'exemple le plus basique, car c'est une réalité : parlons un peu de certaines femmes thérapeutes. Combien n'en a-t-on pas vu débarquer, toutes mignonnes et apprêtées, dans une prison ou un hôpital, pour rencontrer des agresseurs sexuels… Comment pensez-vous qu'elles sont reçues ? Ils me l'ont dit : « Je faisais ce que je voulais avec elle, j'avais envie de la claquer contre le mur et de la violer », et tout cela en leur racontant des âneries bien sûr, quand ils n'étaient pas franchement et physiquement agressifs… Et ces jeunes filles, surdiplômées et fraîchement nommées « psychologues de prison » croyaient tout. Première erreur ! Il ne faut jamais croire un agresseur sexuel. Jamais.

D'où un réel danger d'évaluation et de ses conséquences s'il y a libération…

C'est évident, car le pire c'est que, si récidive il y a, ce qui arrive la plupart du temps, ces mêmes professionnels se réfugieront derrière leur « secret professionnel » pour justifier leurs manquements, et ça, c'est très grave. Car, lorsqu'il est convenu avec un juge de prendre un criminel en charge après sa libération, le thérapeute remplace en quelque sorte la prison…

C'est donc une énorme responsabilité, hors de la prison, les tentations de récidiver sont exponentielles pour lui. En tant que thérapeute désigné par un juge dans le suivi d'un criminel je suis donc responsable de lui. Dans cette perspective j'ai plutôt intérêt à bien connaître mon boulot et à bien maîtriser ce genre d'individu. Il faut que je sente à temps qu'il va mal, ou encore, qu'il est sur le point de commettre à nouveau l'irréparable. Il faut que je sois disponible à plein temps.

En fait, un thérapeute en charge de pédocriminels devrait être un peu comme un médecin urgentiste, puisque c'est dans l'urgence que ces gens ont besoin d'aide quand ils vont mal…

Oui ! Quand il est en panique ou qu'il a des sentiments de suicide ou des sentiments de meurtre, vous ne pouvez pas dire à votre patient d'attendre ou d'aller voir quelqu'un d'autre qui n'aura aucune idée de son cas… Bref, l'idéal serait effectivement qu'un thérapeute qui s'occupe d'un pédocriminel soit joignable tout le temps. On ne parle pas d'un cas de divorce à l'amiable ici, mais de risques de violences aux conséquences irréversibles.

Je vois et j'entends encore trop souvent autour de moi des professionnels qui ont oublié pourquoi ils faisaient leur métier et surtout l'investissement énorme qu'il implique. On parle de docteurs, de policiers, de métiers où le mot « responsabilité » prend tout son sens et je déplore que dans ce package de formations, on oublie d'insister sur le fait qu'ils vont consacrer leur vie à des êtres humains, instables, imprévisibles et certainement pas réglés sur des horaires particuliers… Pas question, s'il m'appelle pour me dire que ça ne va pas, qu'il sent qu'il va recommencer, de lui répondre : « Désolée, tu appelles en dehors des heures de consultation, à la semaine prochaine pour ta séance, bonsoir. ». Donc, ce boulot, c'est un engagement à 200 %.

De toute façon, le métier de psychothérapeute n'est pas un métier de fonctionnaire où vous travaillez 8 heures d'affilée pour ensuite fermer votre guichet… N'oublions pas que l'on travaille avec des êtres humains, tout de même, et qu'il en va de la vie de certains autres, à savoir des enfants ! Sérieusement, cela m'énerve au plus haut point de voir comment les patients sont traités par certains thérapeutes… Je trouve irresponsable de mettre un patient en larmes à la porte parce que son temps est écoulé. À vous, en tant que professionnel, de vous débrouiller pour qu'il sorte serein, en temps et en heure, et satisfait de sa consultation. Si vous n'y arrivez pas et si c'est pour regarder votre montre toutes les cinq minutes, changez de boulot !

À en entendre certains, vous n'avez le droit d'aller mal que dans les heures de bureau ! Encore une fois, on travaille avec des êtres humains qui peuvent se détruire, dans le cas des victimes, ou en détruire d'autres, dans le cas des criminels !

Les diplômes de « conscience professionnelle » non plus ne sont pas encore homologués…

Vous savez, parfois, je repense à un truc qui m'a vraiment choquée, si l'on parle de conscience professionnelle. C'était pendant l'affaire Kim et Ken[18] ; la maman, Tiny Mast, était bien sûr en mille morceaux… Ne me demandez plus les détails, mais on était dans un commissariat, et, à un moment donné, elle fond en larmes, même pas hystérique ou vindicative, mais ça faisait des mois qu'elle était trimballée et que les choses n'avançaient pas : elle était épuisée… Est-ce qu'en passant à proximité d'un bureau, je n'entends pas deux agents occupés à se moquer et à imiter la maman pleurer, vous savez, comme pour dire : « Allez hop c'est reparti pour les violons... » ? Je ne me rappelle plus les termes exacts qu'ils ont utilisés, mais c'était clairement de la moquerie... Alors, elle commence où la conscience professionnelle ?

Quelle était votre première affaire ?

C'est après avoir examiné mes premiers agresseurs que des avocats ont commencé à entendre parler de moi dans les prisons, et à me contacter pour rencontrer leurs clients pédocriminels.

J'ai commencé avec des histoires d'inceste, puis il y a eu cette fameuse affaire Dewilder. Un homme accusé d'inceste sur sa fille alors que ce n'était pas vrai. À l'époque, ce genre de crime passait encore en assises. Maintenant, c'est la correctionnelle, ce qui donne le sentiment au criminel que son acte n'est pas si grave que ça... Bref, cette affaire était terrible. Lemonsieur risquait une peine à vie pour quelque chose qu'il n'avait pas faite. J'ai pu démontrer que ce n'était pas possible que ce soit lui, il a été acquitté d'ailleurs.

L'histoire, c'est une petite fille de 5 ans, les parents travaillent beaucoup tous les deux, et les grands-parents, à la retraite, adorent s'occuper de la petite. Tous les matins, les parents l'amènent chez les grands-parents, qui se chargent de l'amener à l'école et parfois de lui donner son petit-déjeuner, ou de l'habiller s'ils sont obligés de partir très tôt...

Un matin, la mamie savonne la petite qui est assise sur une armoire basse dans la salle de bains, elle se retourne quelques instants et la petite qui voulait prendre la brosse à cheveux dans le tiroir et qui s'est aidée de son pied savonné pour ouvrir plus le tiroir, gigote, glisse, perd l'équilibre et tombe, toujours assise, sur le coin du tiroir. Un peu le coup de la barre du vélo qu'on a emprunté à notre frère, vous voyez ? Bon là, c'est un coin de tiroir, il y a une blessure qui saigne et que la grand-mère désinfecte avec du mercurochrome, classique... Elle prévient l'école de l'incident du matin. Au cas où il faudrait revenir chercher la petite, si la blessure se rouvrait. La petite rejoint sa classe normalement. Mais quelques jours plus tard, elle fait une grippe et sa mère lui donne des aspirines… La blessure qui est en train de guérir chatouille et la petite, qui gratte un bon coup, se remet à saigner. Les parents constatent que ça saigne un peu fort et paniquent, sans penser qu'elle était bourrée d'aspirine et que, comme tout le monde ne le sait pas forcément, l'aspirine favorise la liquéfaction du sang… Donc, le père décide d'aller à l'hôpital, car il croit qu'elle pourrait être plus blessée qu'ils ne le pensaient. Là, évidemment ils doivent attendre des heures. Le grand-père cherche lui-même des serviettes ou du coton dans un chariot pour soigner sa petite-fille et se fâche en disant que c'est inadmissible, qu'ils attendent depuis trop longtemps, quand une infirmière débarque et les prévient que leur petite va être emmenée en urgence pour être opérée ! La voilà emmenée manu militari sans aucune autre explication. Les parents attendent, s'inquiètent, s'étonnent de la nécessité d'une « opération »… Bon, elle a une blessure, mais elle n'est pas si grave que ça non plus ; un ou deux fils au maximum, OK, à la limite… Une heure ou deux plus tard, ils ne savent toujours pas ce qu'il se passe avec leur gamine. Une femme médecin se pointe alors devant le père et lui annonce sans ménagement : « Vous êtes un criminel, vous avez violé votre fille. Il faut qu'elle reste ici en observation. »

Au bout de 6 mois d'une procédure en dépit du bon sens, ce n'était plus le père, mais le grand-père qui avait violé… Il alla jusqu'à préparer une corde dans le jardin pour en finir, tellement le choc de l'accusation avait été lourd. La mère fût convoquée et encouragée à porter plainte contre son mari si elle voulait récupérer sa fille. Une psychologue avait examiné la petite, l'avait fait dessiner et avait interprété ses dessins comme étant d'influence satanique et à connotation sexuelle…

À 5 ans ?!

Selon la psychologue… Mais vous savez, il arrive, hélas souvent, que le professionnel devienne l'acteur de la consultation, au lieu d'en rester le spectateur. Et il n'est pas rare non plus que des professionnels « interprètent » mal certains signes ou commencent à voir des signes partout !

Dans ce cas-ci, il était question de pénis ou de formes phalliques partout, d'allumettes dans le vagin… Hallucinant. La mère était effondrée, elle aimait son mari et lui faisait confiance. La psychologue l'a convaincue de déposer plainte contre lui, pas le choix : c'était dénoncer son mari ou perdre son enfant ! Elle l'a accompagnée à la police, et le père s'est fait arrêter sur son lieu de travail. Il a fait 11 mois de prison. Au début de l'incarcération de son mari, elle apprend qu'elle est enceinte, elle accouche, et le bébé meurt quelque temps après de mort subite… Pendant ce temps-là, le père, accusé de viol sur sa fille, est toujours en prison en attendant de passer en assises, et 4 jours avant le procès, je reçois ce dossier par l'avocat du père.

Que s'est-il passé ?

J'ai passé de très courtes nuits, *(rires)* et j'ai un peu « secoué » un hôpital de la région bruxelloise avec cette histoire. Il y avait là le siège de « Kind in Nood », qui était à l'époque « le » modèle européen en ce qui concernait le traitement des affaires d'abus sexuels sur les enfants, et ce sont des psys de « Kind in Nood » qui s'occupaient de l'affaire… J'examine le dossier de long en large et là, première erreur : un psychiatre se contredisait quatre fois dans le même paragraphe ! Exemple : on avait affaire à un psychopathe pervers dangereux, mais dont les tendances asociales faisaient qu'il n'était pas dangereux pour la société. Un psychopathe pervers et dangereux qui n'est pas dangereux pour la société… ?! J'ai empoigné mon fluo, et j'ai commencé à souligner et à mettre des points d'exclamation partout où je trouvais des incohérences ou des contradictions, ensuite j'ai refait un dossier avec tous les points qui me semblaient discutables, et j'ai démonté le leur.

Depuis le début du procès, le père « pervers » faisait les titres des journaux, autant dire qu'il était condamné d'avance, et moi je me retrouve avec ce dossier rempli de fautes professionnelles graves et d'interprétations douteuses…. Je savais que ça allait être la mouise totale parce qu'en général, les gens d'une même profession se protègent… On n'attaque pas ses collègues et on ne se mêle surtout pas de leurs fautes…

Ça me rappelle une anecdote quand j'étudiais le Tourisme ; on avait un prof assez réaliste, on parlait des éventuels recours que les gens avaient en cas de non-respect des obligations du tour opérateur, et il nous expliqua dans une boutade que s'attaquer à un tour opérateur équivalait à s'attaquer à un médecin ou à un avocat : c'est long et c'est pas gagné d'avance.

C'est sûr, et en plus c'est mal vu, donc, vous imaginez bien ce qui a pu se passer lors de mon témoignage au tribunal… Je mettais en lumière les manquements de certains acteurs du dossier.

Ça a été super loin, le procureur du roi s'est déchaîné sur « Kind in Nood », il a critiqué vertement leur incompétence, c'était terrible. C.M., la Présidente pourtant très compétente, a démissionné. Le dossier a disparu un moment, car en fait, après mon témoignage et celui d'un policier, un des psychologues a confirmé aux parents qu'il avait vu que ça ne pouvait pas être le père et que d'autres savaient aussi, mais avaient eu peur de s'exprimer, par peur de reconnaître leurs erreurs, peur de dénoncer les erreurs d'un autre ou encore, peur de perdre leur travail, ce qui n'est pas facile, je peux les comprendre… mais pas les excuser.

L'imbroglio dramatique…

Ah oui, dramatique, parce que cet homme dans le box des accusés risquait gros, une lourde peine pour quelque chose qu'il n'avait pas fait… On ne condamne pas un père innocent pour couvrir des fautes et pour sauver une réputation, en l'occurrence celle de « Kind in Nood » qui était, je le rappelle, un modèle européen.

Et pourquoi CM a-t-elle dû démissionner ; vous disiez qu'elle faisait du bon boulot ?

Oui, mais bon, elle était la responsable de « Kind in Nood », elle aurait pu dire : « On a commis une faute, on s'est trompé. » Elle a choisi la démission. C'est dommage, je trouve.

« Kind in nood » se serait vraiment écroulé s'ils avaient admis leur erreur ?

Bien sûr que non, il y aurait eu un nettoyage « naturel » sans doute, mais ça aurait été forcément pour un mieux, et ce n'était pas le but qu'une C.M. soit saquée parce que je l'admirais, et qu'on a besoin de gens qui font du bon boulot. De plus, ce n'est pas elle qui a examiné la petite et son père, mais voilà, ce n'est pas moi qui ai jugé. C'est le juge qui l'a fait. Moi, j'ai tout simplement démontré que le dossier était monté sur des fautes professionnelles, qu'il n'y avait pas de discussions possibles autour de ce fait et je l'ai prouvé. À partir de ce moment-là, le juge ne pouvait pas faire autrement que prononcer l'acquittement, mais le problème est qu'il s'est déchaîné, il a traité l'équipe de C.M. d'imbéciles et d'incompétents, et ça il n'aurait pas dû faire, car après tout c'était le procès du monsieur et celui des responsables directs des fautes qui jalonnaient ce dossier… Pas le procès entier de « Kind in Nood » ou de C.M. C'est ça qui l'a poussée à la démission, et c'est vraiment dommage. Par contre, quelques années plus tard, ça m'a fait rire. Je suis avec un psychiatre pour enfants, on lunche, on reparle de cette affaire et il me dit : « Mais tu t'imagines qu'il y a une conne de thérapeute qui a fait que C.M. a dû démissionner ? » Je le laisse parler, je fais la « conne », puis un moment, n'y tenant plus, je lui dis très calmement : « Tu sais qui c'était cette « conne » de thérapeute ? C'était moi ! Et toi tu ne connais pas le dossier, je le connais et il n'est pas aussi simple que tu sembles le croire… » Il pensait sans doute que ce fut une partie de plaisir ?! Encore une fois, je déplorerai toujours certains dommages collatéraux, mais je n'en suis pas responsable. Moi, j'ai fait mon métier, mon devoir de conscience, de professionnelle et de citoyenne. J'ai vu des fautes graves, je les ai mises au jour et la justice a fait son travail.

Et qu'est-ce que ce monsieur qui a été acquitté est devenu ?

Sa vie était bien foutue, après tout ce qu'il a vécu… Il a perdu sa femme, a été longuement privé de sa fille, a perdu un bébé qu'il n'a jamais vu… Il s'est relevé un peu et a pu recommencer son travail, mais c'était très dur au quotidien, parce que, acquitté ou pas, vous avez le regard des autres et donc il est étiqueté, sa vie ne sera plus jamais la même. Certaines personnes continueront à ne pas le croire. Je me demande s'il n'a pas fini par écrire un livre, je ne sais pas… En tout cas, ce genre de dérive est inacceptable.

C'est ça qui est difficile, non ? « Croire », « Ne pas croire »….

Ce n'est pas une question de croire ou de ne pas croire ! C'est une question de lire un dossier, de prendre le temps de bien le lire. Beaucoup de personnes lisent leurs dossiers en diagonale, l'habitude du « métier » semble les autoriser à faire ça…

Beaucoup se basent aussi sur l'« autre » : un avis est approuvé, c'est un collègue reconnu, donc c'est vrai. Ils ne vont pas prendre le temps de vérifier par eux-mêmes ou le risque de devoir revenir sur leur avis… Regardez en France, ce qui s'est passé à Outreau[19], les proportions que ce truc a prises… Il y a des parents qui ont été acquittés et qui ont mis 3 ans pour pouvoir récupérer leurs gosses : c'est inadmissible ! L'un des accusés à tort s'est suicidé après 17 mois de prison. Le jeune juge et les magistrats ont fait des excuses publiques, mais le mal était fait.

Quand on y pense un peu, les médecins, les avocats, les restaurateurs, les chauffeurs, les pharmaciens, ont des professions où leur responsabilité individuelle est engagée.

Les juges, non. Pourquoi pas ? N'y aurait-il pas une petite réforme aussi à faire de ce côté ? Cela dit, ils ont admis leur erreur et ça, c'est très important qu'un politique, un juge, un magistrat, un policier ou un médecin lâche un instant son ego pour admettre ses erreurs…

Là, on peut déjà éviter quelques dommages collatéraux, et puis, c'est important qu'ils restent honnêtes et qu'ils admettent leurs erreurs, surtout pour nous, la populace… Ça n'arrive que trop rarement.

Cela permettrait pourtant de retrouver une certaine forme de confiance…

Oui, et cela referait d'eux des êtres humains, avec leurs failles, leurs faiblesses et leur réflexion dessus… Leur froideur et leur « intouchabilité » apparente ont fini, en toute logique, par mettre en doute la confiance qu'on pouvait avoir en eux[20].

Dans l'histoire Dewilder, on a eu la chance d'avoir un très bon flic dont le témoignage a beaucoup aidé. C'est lui qui a assisté, dans les locaux de la police judiciaire, à la confrontation entre le père et sa petite. Cet homme a bien senti, fort d'une longue expérience et d'un bon sens de l'observation, qu'il n'avait pas à faire à un enfant ayant subi un quelconque abus sexuel. Il a vu la réaction de la petite face à son père, il les a observés, ensemble, a interrogé la petite et a obtenu l'histoire complète de l'armoire et des questions « bizarres » que les psys avaient posées à la petite… Son témoignage rejoignait certaines de mes observations. Je dis aussi qu'il y a des bonnes et des mauvaises herbes dans toutes les pelouses, mais dans nos professions, que ce soit thérapeute, ou flic, ou médecin, ou juge, il est primordial d'être toujours attentif, sur le qui-vive, car chaque observation a son importance. Paradoxalement, ce sont des professions où il faut manier habilement l'objectivité, la sensibilité et l'instinct, mais ne surtout pas se laisser influencer par l'avis ou les impressions ou les affirmations d'un collègue. Vérifier par soi-même puis approuver, ou, au besoin, contredire, et avoir le courage d'admettre son erreur si on en a fait une.

Vous travaillez souvent seule, malgré que vous soyez en contact avec beaucoup de monde…

Il faut bien se dire que c'est très différent de travailler en groupe aux Etats-Unis qu'ici. Là-bas, comme en Angleterre ou au Canada, vous vous retrouvez avec des gens hyper-formés. Ici on commence seulement à s'intéresser aux nouvelles méthodes, on commence à peine à admettre que c'est indispensable d'être pluridisciplinaire, on doit encore former les gens, on perd un temps fou. Je préfère travailler seule si c'est en Europe et puis, c'est l'un des côtés positifs de mon métier, ça évite de se sentir obligée de « protéger » quelqu'un, de « couvrir » l'une de ses erreurs, parce que c'est un supérieur ou un collègue… Je ne pourrais jamais faire ça, au contraire de certaines personnes qui trouvent un confort dans l'indifférence, je n'accepte pas que l'on nie ses erreurs. On a droit à l'erreur, encore que, dans nos professions, ce ne devrait pas être un droit, mais uniquement une triste probabilité…

Mais ne pas admettre ses erreurs, si par malheur on en fait, c'est de la lâcheté ! Quand ce n'est pas de l'irresponsabilité. Encore une fois, on ne travaille pas avec des colis de café, on travaille avec des êtres humains sur lesquels nos « erreurs » peuvent être catastrophiques…

Être indépendante me protège de ça, je crois. Et cela me permet, en tout cas, de garder une certaine liberté d'action. À aucun moment, je n'accepterais de me faire piéger dans une quelconque association ou structure qui va me dire ce que je peux faire ou ne pas faire, et ce que je peux dire ou ne pas dire. J'ai eu des propositions de ce type, même par la cellule Disparitions de la gendarmerie ; j'ai refusé. Il est hors de question que je trahisse des enfants, comme tant d'autres l'ont déjà fait, sous prétexte d'appartenir à un « corps » ou afin d'être « protégée », ou encore afin d'obtenir une « place » gratifiante. Je suis là pour protéger des gosses, je n'ai pas besoin de me protéger moi-même.

Mais cela vous expose à certains risques aussi… Vous avez failli vous faire tuer tout de même.

Effectivement. J'étais hospitalisée pour une opération et j'ai eu la présence d'esprit de demander à une amie proche et anesthésiste de me « surveiller ». Une idée et une personne qui me sauvèrent la vie, car, juste avant d'être transférée dans la salle de réveil, quelqu'un tenta d'injecter une substance provoquant des hémorragies dans ma perfusion. Intriguée par la présence de cette personne, pourtant en uniforme de médecin, autour de mon lit, mon amie décrocha la perfusion dès son départ, et demanda une analyse du produit que l'on tenta de m'inoculer… Merci.

Je ne compte plus non plus, les tentatives, déjouées heureusement, de sabotage de ma voiture. Vous dérangez beaucoup de monde quand vous tentez de combattre la pédocriminalité.

Ça doit changer le regard sur la vie, … et les priorités ?

Je ne sais pas. Je ne me suis jamais vraiment fait une idée sur la vie en général. Je prends ce qui vient et, si je peux éviter un malheur, je n'hésite pas à faire ce qu'il faut. Je ne tergiverse pas pendant des lustres. Par contre, mon regard sur les « responsables » a changé. Vous ne pouvez jamais savoir à l'avance ce que l'accès au pouvoir va provoquer chez les gens en qui vous avez « relativement » confiance, s'ils venaient toutefois à se hisser en position favorable… Prenez les classiques promesses gouvernementales, ou même au niveau des associations qui luttent contre la pédocriminalité. Combien sont vraiment honnêtes et travaillent vraiment APRES avoir été élus, ou subventionnés ? Très peu ! Malheureusement, une fois que l'argent et le pouvoir sont là, beaucoup d'entre eux oublient les belles promesses ou les grandes idées, et on repart chaque fois à zéro comme ça… Je ne leur fais plus confiance. J'en suis presque au point de les mettre tous dans le même panier, ce qui n'est pas bien non plus, évidemment… Mais à force de côtoyer l'indifférence, ou encore de voir l'énergie mise à bloquer certaines enquêtes, j'ai de plus en plus de mal à trouver de bonnes âmes. Pourquoi ne se bouge-t-on pas plus ? Pourquoi n'y a-t-il toujours aucun programme politique digne de ce nom pour protéger nos enfants et pour mieux contrôler les criminels ?

Pourquoi n'y a-t-il toujours pas de campagnes publicitaires intelligentes qui rappelleraient aux pédocriminels qu'on les observe ?

Chaque fois qu'un enfant est assassiné, une nouvelle « association » est créée... Au lieu de s'organiser en une grande association qui ferait du « lobbying » auprès des dirigeants ! Chaque parlementaire européen a trois lobbyistes derrière lui pour pousser ses idées. Chaque fois, on entend : « Pour que cet enfant ne soit pas mort pour rien ». Mais il est évident que cet enfant est mort pour rien ! Combien sont déjà morts ? Cela a-t-il changé quelque chose ? Non. C'est comme ceux qui disent : « Si mon acte sauve ne fût-ce qu'un enfant, ça vaut la peine ». Non ! Le but de nos actes devrait être de sauver et protéger tous les enfants ! Merde, sinon quoi ?! On parle de quel enfant ? Un enfant noir ? Blanc ? Une petite fille ? Un petit garçon ? On ne va pas y arriver comme ça ! Il y en a des millions à sauver. C'est comme si on mettait chaque fois un sac de sable pour protéger la ville d'une rupture de barrage. *Un* sac ! Ce serait à mourir de rire si ce n'était pas si grave. À force de voir des horreurs et toute cette souffrance, il est évident que j'ai appris à remettre les priorités à leur place, et ce n'est pas facile, car tout est lié dans ma tête. Je m'énerve sur les harcèlements que nos gouvernements exercent sur les citoyens, une amende pour ceci, un avertissement pour cela, et sur LEUR sens des priorités aussi ! Bon Dieu, ne sommes-nous pas un état « policier » Et pourtant, on n'arrive toujours pas à protéger nos plus faibles ni à punir convenablement ou mettre nos criminels en garde !

Carine Hutsebaut dérange parce qu'elle appelle un chat un chat ?

Oui, ça doit être ça, mais ce n'était pas mon but de déranger. Je suis persuadée qu'on me reproche surtout le fait d'être indépendante, donc incontrôlable. Au début de ma carrière, je pensais que plein de gens étaient occupés avec ce problème de pédocriminalité, mais ce n'était pas le cas.

En dehors de Patsy Sörenssen[21], et après, Marcel Vervloesem[22] à un autre niveau, on n'était pas beaucoup en Europe à dénoncer le problème. Humainement, on se dit : ce n'est pas normal, il faut parler de ça, c'est trop grave.

Il faut en parler sans hypocrisie pour qu'on puisse commencer à agir, à prendre des mesures fermes, et, quand vous le faites, on vous tire dans les pattes… Alors, vous vous dites que c'est le monde à l'envers, vous cherchez la bonne personne pour vous aider et vous ne trouvez pas ! C'est à ce moment-là que vous commencez à vous poser des questions… Pourquoi c'est comme ça ? Pourquoi ne réagit-on pas plus rapidement ? Puis, vous vous rendez compte qu'il y a des choses à cacher et que des personnes sont là pour les garder cachées…

Enfin, expliquez-moi pourquoi, quand j'ai un dossier de pédocriminalité qui concerne un quidam de campagne, on me fiche la paix ? Quand je commence à avoir du discrédit et des bâtons dans les roues, même si je n'y ai pas pensé moi-même, cela finit par attirer mon attention. Si bien qu'à un moment, je suis obligée de me dire « Il y a quelque chose là, je ne suis même pas encore rentrée et la porte me claque déjà au nez ? Qu'y a-t-il là de si "normal" et de si "légal" que je ne puisse pas voir, derrière cette porte ? ». En fait, ils se dénoncent tout seuls ! Certaines personnes ont tout intérêt aussi à « produire » quelqu'un de controversé dans ce genre d'affaires.

Souvent cette personne gêne, il est donc primordial d'en faire quelqu'un de peu crédible, cela protège les autres d'une éventuelle « vérité » pouvant sortir, et c'est là que doit intervenir la responsabilité de la population : faire la part des choses, se renseigner, écouter attentivement les deux parties, puis se faire une opinion. Regardez l'Histoire : c'est toujours le vainqueur qui l'écrit de façon unilatérale… N'est-ce pas ce que nous voyons aussi avec les criminels ? Leur histoire, leur version est toujours la « vraie », tandis que la victime, en général, n'est pas crue ou ne peut pas, ou plus, se défendre.

Je n'ai pas de problèmes avec des cas isolés, mais dès que je touche à un dossier qui implique une personne qui a de la « famille » ou des « amis », ou que je me « targue » de faire un profil de Dutroux un an avant que l'on retrouve les petites, là je suis immédiatement clouée au pilori.

Vous faites référence à une affaire en particulier ?

Il y en a plein, mais si vous en voulez une qui m'a particulièrement dégoûtée…

Elle concernait un livreur de meubles dans une grande surface… Il a perdu son travail suite à plusieurs plaintes de femmes qui ont eu le plaisir de se faire livrer un meuble.

Il n'était en effet pas rare que ce monsieur soit retrouvé entièrement nu dans le lit familial, ou occupé à uriner du haut de l'escalier… Sa propre femme avait également porté plainte pour des attouchements sur leur fille. Il n'a jamais été inquiété malgré un dossier fourni et des expertises psychiatriques accablantes. Je me suis dit : « M'enfin, c'est dingue ça : un livreur de meubles qui est protégé maintenant ! Ça veut dire quoi ça ? » Je me suis mise à chercher d'où il venait, de quelle famille, quelles étaient ses habitudes, ses amis, etc. Je n'ai pas dû aller loin, je n'ai eu qu'à vérifier son nom de famille : il s'agissait effectivement du cousin d'un quelconque ministre. Le plus dramatique, c'est que non seulement il n'a pas été inquiété, mais qu'en plus, il a obtenu, par une manœuvre plus que douteuse, la garde de sa gamine… Je n'affirme pas que ce ministre soit intervenu personnellement dans cette affaire, je n'ai pas de preuves, mais je n'écarte pas la possibilité qu'un tiers l'ait fait afin de préserver la réputation et le nom du ministre… Toujours est-il que les manipulations de ce dossier ont été fatales pour deux innocentes. La mère était dévastée. Sachant qu'elle n'avait aucune possibilité de récupérer sa fille, elle a préféré la tuer et se tuer après… Je trouve ça grave. Devoir tuer son enfant pour le protéger parce que toute une société est incapable de le faire à cause de son hypocrisie.

Ils sont responsables de la mort de cette petite fille et de sa maman.

Pour couronner le tout, pendant le procès, le père s'était constitué membre d'une association qui s'occupe de pères en instance de divorce, et au moment de la mort de la maman et de sa fille, cette association, dont je connaissais le responsable, a clamé dans tous les journaux : « Voilà jusqu'où vont les femmes pour empêcher un papa d'avoir la garde de son enfant »... J'étais enragée !

Je lui ai téléphoné sur-le-champ pour lui déverser toute mon estime dans les oreilles. Il ne connaissait même pas le dossier, Bon Dieu ! Il faut être fou pour dire des trucs pareils sans vérifier. Vous imaginez la famille, le choc ?! Ce n'était pas suffisant qu'il y ait eu deux mortes, on a encore sali la mémoire de la mère. Mais où va-t-on comme ça ? Que l'on fasse des déclarations pareilles quand on a vu le dossier et vérifié ses sources, c'est une chose, mais pas quand on n'a rien vu du tout et que l'on ne possède que les affirmations d'une seule personne, à savoir le père incriminé....

De cette façon, tout le monde dit des choses sur tout le monde sans rien vérifier, moi je ne fais pas ça. Je me base sur les faits. Tout ce que je regrette c'est que je n'ai pas eu le temps de les protéger, sinon je lui aurais permis de quitter le pays avec sa gamine et on n'en aurait plus parlé. Elles auraient eu l'occasion de se reconstruire.

Vous faites des trucs comme ça, vous : en douce, hop, on quitte le pays ?

Vous auriez laissé faire ça vous ? Moi aussi j'ai des relations s'il le faut ! Et quand c'est nécessaire, il faut employer les grands moyens. Comme eux finalement... Dans ce cas-ci, je n'ai pas eu le temps, elle s'est tuée.

Long silence

Le plus dur dans votre travail, c'est spirituellement ou émotionnellement ?

Spirituellement, parce qu'émotionnellement j'ai toujours pu extérioriser ma rage ou ma colère... Quand je constatais des fautes, je pouvais passer ma colère en les démontrant, ou dans un livre ou dans une interview, ou je le disais directement à la personne concernée, j'ai toujours expulsé...

Tandis que spirituellement… Avec toutes les informations que j'avais dans la tête, au plus j'avançais, au plus le monde me surprenait dans le mauvais sens.

Vous savez, au plus vous avez de connaissances, au plus vous comprenez les fonctionnements de la vie, des sociétés, de l'être humain, ce qu'il fait de cette vie et de ses moyens… Au plus vous avancez, au plus vous voyez qu'il ne fait que galvauder toutes les possibilités de faire quelque chose de bien avec tout cela. Dans le cas de la pédocriminalité, vous vous retrouvez remplie d'informations, parfois très importantes, avec lesquelles vous ne savez pas, ou plus, où aller. Tout est fermé. Donc forcément à un moment votre soupape lâche…

Et ne pas s'arrêter pour permettre à cette soupape de lâcher, c'est mettre directement en danger des victimes, des témoins, ou vous-même. Je l'ai fait et en quelques mois j'ai récupéré mes billes, tout est revenu dans l'ordre. J'ai été voir un ami psychiatre, je lui ai dit : « Fais quelque chose, moi j'ai l'impression que je deviens dingue, je n'ai jamais été comme ça ! Je suis sûre que j'ai quelque chose de grave comme Alzheimer, il y en a à qui ça arrive tôt… ». Alors, il m'a fait quelques tests de mémoire et autres, mais moi je voulais passer au scanner, convaincue que j'avais une tumeur comme une balle de tennis dans la tête. Il a évidemment conclu très simplement : manque de sommeil, trop de travail, trop de stress… J'avais des maux de tête insupportables, 17 de tension, je sentais une artère battre frénétiquement dans mon cerveau… Rien d'autre que de la fatigue. Je n'étais même pas folle non plus. Donc, ceux qui veulent me discréditer ne peuvent même pas jouer cette carte-là, j'étais seulement surmenée. *(rires)*

Je vais vous surmener un peu plus : à nouveau, en Belgique, deux petites filles ont disparu : Stacy et Nathalie[23]…

Je sais, et ça me trotte dans la tête, même si j'essaye de ne pas y penser. J'ai dit à mon fils : si jamais tu vois quelque chose, préviens-moi. Ma connexion internet est chez lui pour le moment, et effectivement, lorsqu'il a vérifié mes mails, la boîte était pleine.

Vous allez faire quelque chose ?

Non, pour l'instant je travaille vraiment au ralenti. Je commence une vie ailleurs, cela ne se fait pas en deux coups de cuiller à pot. Cela dit, je vais lire les mails à mon aise et puis, si quelque chose, un détail, me dit qu'il y a moyen de faire avancer les choses, là je bougerai. Ce serait criminel de ne pas le faire ! Donc, je suis les infos, je communique avec des personnes informées et j'y réfléchis dans mon coin, mais c'est tout.

Si vous en arrivez à certaines conclusions, où enverrez-vous ces conclusions ?

Les médias, c'est tout ce qu'on a...

On ne vous a rien demandé pourtant...

Je travaille en coulisse, je n'attends pas qu'on m'appelle, je fais mes recherches, je laisse décanter les infos que je reçois... Et je bouge si je dois le faire. Il s'agit d'enfants, ne l'oublions pas. De plus, un enfant est la responsabilité de tout le monde, pas seulement de ses parents.

Vous contactez les parents ?

Certainement pas, si eux n'en font pas la demande eux-mêmes, je ne vais pas risquer d'aller les mettre dans une mauvaise situation. Ils ont déjà assez difficile comme ça.

Dans une mauvaise situation ?

Clairement. Il ne faut pas oublier que ces gens sont très entourés dans ces moments-là, je n'ai pas envie que quelqu'un d'officiel leur monte la tête en leur disant qu'il ne faut pas tenir compte de mes infos, que je suis une sorcière ou quelque chose comme ça...

Ces gens ont besoin de calme, ils n'ont pas besoin d'être mis dans une situation encore plus difficile qu'ils ne le sont. Vous savez, il y a eu des choses pas très jolies qui se sont dites à l'époque de Julie et

Melissa… Ça a fait beaucoup de dégâts des deux côtés et c'est regrettable.

Long silence.

Vous me disiez être capable de faire des planques devant le domicile de pédocriminels aussi…

Oui, si c'est urgent, si j'ai suffisamment d'éléments et que je peux dire « Voilà, c'est celui-là », je vais le chercher moi-même. Je connais tellement le fonctionnement de ces gens-là, que je suis capable de les attendre à la sortie de chez eux et de leur dire d'une façon ou d'une autre : « Viens, on va à la police, c'est la meilleure chose à faire pour toi et pour tout le monde ». C'est rare. En fait, cela se passe en thérapie la plupart du temps, heureusement. Il faut leur faire comprendre que c'est mieux pour tout le monde, même pour eux. Une fois que ça c'est compris, ils vous font confiance. Cette confiance est primordiale et je ne l'ai jamais brisée. Que ce soit avec un agresseur ou une victime.

Vous avez eu le soutien de certaines autorités ?

Bien sûr, des policiers, des journalistes, des sénateurs, des magistrats, des parlementaires aussi, m'envoyaient des infos en cachette…

C'est triste de se dire que des policiers doivent faire ça en cachette….

Vous savez, ce n'est pas différent pour eux, au contraire, moi je ne dépends de personne, eux dépendent de leur structure, de leur hiérarchie, d'obligation de procédures… Ce n'est parfois pas facile du tout pour un policier quand il se retrouve avec des infos précieuses et qu'il n'a nulle part où aller avec ces informations… J'en ai vu combien d'excellents flics se retrouver en psychiatrie ou au cimetière. J'en connais qui ont dû « démissionner », à qui des enquêtes ont été retirées parce qu'ils allaient trop loin, certains ont eu un « accident » de moto, d'autres ont disparu…

Ne serait-ce pas mieux d'alerter des médias étrangers dans des cas pareils ?

C'est ce qu'on fait, mais en même temps c'est un peu bouché partout.

Chaque gouvernement, chaque structure, a ses amateurs de lolitas, et souvent les médias ne mettent en lumière que les parties « croustillantes » d'une affaire, pas le « fond ». Je me souviens de cette histoire en Hollande : le sénateur Brongersma[24], pédocriminel notoire, qui est décédé maintenant, mais qui, malgré sa condamnation, fut autorisé à reprendre sa fonction… Tout juste s'il ne fut pas porté aux nues pour son « travail »… C'est criminel, des attitudes pareilles. Après sa mort, on a trouvé une masse impressionnante de documents pornographiques et d'écrits de sa main. Les médias m'ont contactée à l'époque pour avoir ma réaction sur le fait que le gouvernement hollandais veuille garder ces documents pour les mettre dans le musée de sa fondation ! Il tenait un journal intime depuis ses 16 ans ; avant cela c'était sa mère qui notait tout, depuis son premier cri. Chaque mouvement, chaque évènement de sa vie étaient notés. À l'adolescence, il prit la plume à son tour jusqu'à sa mort. Il notait tout obsessionnellement. J'ai des extraits de ses descriptions de viols commis sur des petits garçons. Il déplorait que les enfants ne jouissent pas pendant qu'il les pénétrait ! Texto : « Il continuait de regarder la télé pendant que je faisais tout pour qu'il jouisse »… Et on a frôlé le musée ! Je n'en reviens toujours pas. C'est une guerre éternelle à tous les niveaux. Et les médias, quand ils ne cautionnent pas ce genre de démarche, sont parfois corrompus ou asservis. Donc…

J'ai l'impression que c'est de plus en plus difficile de faire son boulot convenablement. Dernièrement, je sursautais devant le journal : on parle d'une « moyenne » de vingt policiers (pas forcément confrontés à la pédocriminalité) qui se suicideraient par an, ça m'a choquée ; c'est énorme… Maintenant, ils ont mis en place une structure d'aide. Ils veulent voir si ces suicides sont liés au métier, donc, ils sondent les policiers et comptent mettre en place des groupes de travail qui pourraient apporter des solutions et réfléchir à des mesures de prévention…

Quand vous mettez une structure pareille en place, vous « reconnaissez » qu'il y a un problème, c'est déjà bien, on avance… Mais vont-ils dire la vérité sur leurs constatations ?

Imaginons que beaucoup ne supportent plus la vie parce qu'ils savent que leur supérieur cache des choses, ou a une autre façon de mesurer les crimes ? Est-ce que cette vérité sortira ? Je connais beaucoup de flics qui sont écœurés par le fonctionnement, ou dysfonctionnement plutôt, de leur hiérarchie. Pas mal d'entre eux souffrent des pressions qu'ils vivent au jour le jour. D'autres que l'on empêche de faire leur travail, ou d'approfondir les enquêtes. J'en connais qui, au lieu d'être soutenus par leurs supérieurs, ont été détruits. Beaucoup de policiers sont fatigués de risquer leur vie pour faire justice. Mettons-nous à leur place deux secondes, souvent ils arrêtent un criminel et ils ont à peine terminé leur rapport que ce dernier court déjà dans la nature ! Moi je comprends qu'ils préfèrent remplir des carnets d'amendes. D'ailleurs, on le sait, la presse a publié, il n'y a pas longtemps, un dossier « secret » sur les quotas qu'ils seraient *obligés* de remplir… C'est dire qu'il y a de quoi devenir dépressif, non ?

Quelles sont les difficultés principales auxquelles vous devez faire face dans votre travail ?

L'incompétence chaque fois, la mauvaise foi souvent, le manque d'humanité toujours, la justice est stérile, volontairement aveugle aussi. Beaucoup, bien que professionnels en charge d'un dossier, ne veulent pas être confrontés aux parents, ils ne veulent pas « voir » la souffrance, car ils ne savent pas la gérer. Le mépris est pénible aussi. Ce n'est pas que dans le boulot, c'est partout en général.

Et puis, il faut sans arrêt se battre contre l'absurdité du système, vous savez, quand il y a un projet de loi, cela prend en moyenne sept ans pour que ça devienne une loi, et il y a une dizaine ou quinzaine d'années, je ne sais plus, il y avait une discussion sur les bananes Chiquita… L'importation des bananes Chiquita…

(rires)

Aïe, je sens que…

Mais oui, vous pouvez rire. La loi a été proposée, votée et était effective en 24 h… 24h pour des bananes ! *(rires)*. Et bien, j'aimerais parfois que la loi aille aussi vite pour leurs bananes dans leurs pantalons ! Merde. Je ne comprends pas, ne me le demandez pas, j'ai aussi besoin qu'on m'explique…

Notes

(1) Écrit en 1890 et traduit par les éditions Michel Laffont en 1956

(2) Médecin et auteur anglais (1859-1930)

(3) Joseph Bell (1837-1911), fut le professeur de AC Doyle en 1877, il apprit à ses élèves à reconnaître leurs patients au moyen de l'observation et de la déduction, il notait tout afin de déterminer les caractères humains au départ de détails comme le style vestimentaire, la démarche, l'accent, la manière de s'exprimer, les gestes, les mimiques…

(4) (1840-1902)

(5) Donatien-Alphonse François de Sade (1740-1814), voir profil succinct en page…

(6) (1836-1895) Diplômé en droit, il sera journaliste et écrivain. Ses écrits ont souvent pour héroïne une femme dominatrice ou sadique. Le terme masochisme décrit une prédilection pour un érotisme avilissant. La recherche de souffrance et de déchéance permet au masochiste de jouir.

(7) Auteur de « Case book of a crime psychiatrist », paru chez Grove Press en 1968

(8) Federal Bureau of Investigation. Ce Bureau Fédéral d'enquête est la police judiciaire fédérale qui se charge des affaires criminelles internes aux différents États américains, à ne pas confondre avec la CIA, Central Intelligence Agency, sbire du gouvernement américain,

cette agence est chargée de fournir des informations sur tous les gouvernements du monde. Elle est à l'origine de beaucoup de coups d'État (Iran, Guatemala, Congo), de tentatives d'assassinats (Sur Fidel Castro, notamment). Beaucoup de ses actions ont été jugées illégales.

(9) Éminent « profileur » et auteur, avec Mark Olshaker, du très intéressant « Affaires non classées », paru aux éditions du Rocher en mars 2006, dans lequel il repasse sur les pas de Jack l'Éventreur, de Lizzie Borden, et de la petite Jon Benet Ramsey, dont l'assassin présumé fût retrouvé en août 2006, mais innocenté en septembre, car son ADN ne correspondait pas à celui prélevé sur le corps de la fillette.

(10) Qui sera par la suite consultant sur le célèbre « Silence des agneaux », réalisé par Jonathan Demme en 1991, et interprété par Jodie Foster et Anthony Hopkins.

(11) Le terme géomatique fût créé dans les années 1960 par le scientifique Français Bernard Dubuisson. En 1986, l'université de Laval au Québec mit au point le premier programme de géomatique qui en fit une discipline à part entière. Définition officielle selon l'Office de la Langue française : « Discipline ayant pour objet la gestion des données à référence spatiale et qui fait appel aux sciences et aux technologies reliées à leur acquisition, leur stockage, leur traitement et leur diffusion. La géomatique fait appel principalement à des disciplines comme la topométrie, la cartographie, la géodésie, la photogrammétrie, la télédétection et l'informatique.» Source : Département des sciences géomatiques.

(12) ADN, ou acide désoxyribonucléique : macromolécule biologique formée par deux chaînes complémentaires qui s'emboîtent et s'enroulent l'une autour de l'autre pour former une double hélice droite. Il renferme le code génétique qui est propre à chacun. Le relevé de sa trace sur un corps, une scène de crime ou une arme, peut servir à distinguer un coupable potentiel.

(13) (il ne commercialisa pas cette autopsie) Décédée le 5 août 1962, d'une overdose forcée, intentionnelle ou accidentelle de *Nembutal*, un puissant neuroleptique. Elle était en possession d'un petit

agenda compromettant pour la famille Kennedy. Le soir de sa mort, Robert F. Kennedy est passé à son domicile accompagné du psychiatre de la star. Ils eurent des mots et elle en eut, probablement, un de trop…

(14) Dans *Catch Me A Killer : A Profiler's True Strory* (paru en 2000 aux éditions Penguin), elle écrit sa vie, son parcours, ses doutes, elle aborde les enquêtes sur lesquelles elle a travaillé. En français par contre, c'est Stéphane Bourgoin qui lui rend hommage à travers l'ouvrage : *Micki Pistorius, une femme sur les traces d'un serial killer* (paru aux Éditions nº 1, en 2000).

(15) Christian Jambert est le gendarme qui, en 1981, a insisté pour que l'on s'intéresse de près à Émile Louis dans l'affaire des disparues de l'Yonne (1975-1979), son enquête très approfondie sur le personnage le fit remonter jusqu'à quelques têtes haut-placées dans le domaine de l'aide à la jeunesse française. L'enquête fût rouverte, mais il se suicida la veille de son témoignage auprès du juge d'instruction, en août 1997. Suicide qui posa problème, car l'homme se serait tiré 2 balles mortelles dans la tête. Sa fille vient de faire rouvrir le dossier. Les détails de cette affaire sont consultables en ligne sur le site : www.affaires-criminelles.com

(16) Jean-François Abgrall, maréchal des logis en chef de la gendarmerie de Relecq-Kerhuon (F), est l'auteur de « Dans la tête du tueur, sur les traces de Francis Heaulme », paru chez Albin Michel en 2002. Amer par rapport à la gendarmerie, il est persuadé que la place d'Heaulme est dans un asile et non en prison.

(17) De 1984 à 1991, il fit une dizaine de victimes, femmes, hommes et enfants, qu'il rencontrait fortuitement et tuait impulsivement dans toute la France. Alcoolique, minimisant ses actes, il faisait preuve d'une violence inouïe, le petit Joris Viville, 10 ans, fût poignardé 83 fois avec un tournevis. Le pire est qu'Heaulme se réfugia régulièrement dans des asiles psychiatriques (85 fois en 5 ans, tout de même) et y avoua quelques meurtres qui furent tus par le secret professionnel ! En dépit de ses 130 hospitalisations, on ne remarqua qu'il souf-

frait du syndrome de Klinefelter qu'au moment de son arrestation, en 1992. Ce syndrome est une anomalie génétique et chromosomique qui affuble l'homme d'un gène sexuel féminin (X) supplémentaire. Les experts nuancent toutefois une corrélation possible entre le syndrome et le passage à l'acte du criminel. Les motivations d'Heaulme étaient bien à caractère sexuel, malgré son impuissance. Manipulateur et mythomane, il n'a jamais exprimé le moindre remords pour ses victimes. Il est actuellement (février 2006) mis en examen pour les meurtres de Cyril Beining et Alexandre Beckrich (1988), meurtres pour lesquels Partrick Dills a purgé 15 ans de prison.

(18) Disparus à Anvers le 4 janvier 1994 en allant jouer au football. Quelques semaines plus tard, dans un coin sordide du port, on retrouve la petite Kim (11ans). Son corps est soi-disant dans un tel état (Carine constatera le contraire en voyant les photos) que la maman ne pourra pas le voir. Peu après, et au même endroit, c'est le blouson de Ken (8ans) qui est retrouvé. Tiny Mast recevra ensuite les gants de foot de son fils dans sa boite aux lettres avec un message très clair, mais l'enquête en restera là, truffée d'absurdités. Exemple : une enquête poussée sur un suspect incarcéré à l'époque des faits, une autre arrêtée dès que le suspect répondit « Non, je ne les ai pas tués » ; sans parler des cinq pages de procès-verbal dressées à l'encontre de Tiny Mast pour outrage à magistrat, car celle-ci traita la juge d'instruction de « grosse tête ». Actuellement, l'affaire est reprise en mains par un juge semblant humain et déterminé... Mme Mast, nous croisons tous les doigts avec vous.

(19) Sur base d'accusations calomnieuses émanant d'une mère de famille voisine, plusieurs personnes de la localité furent inculpées en 2001 pour pédocriminalité et participation à un réseau.

(20) à ce sujet, le professeur Jean-Yves Hayez (ULB), pédopsychiatre, a écrit une intéressante réflexion, « Pourquoi le peuple belge n'a-t-il plus confiance en sa justice ? », consultable sur le site www.observatoirecitoyen.be

(21) Une euro-parlementaire belge qui a remué beaucoup de choses au niveau du trafic de prostituées. Elle fût accusée par une certaine presse de se livrer au trafic de femmes, les faisant travailler pour elle dans des maisons closes, pendant que Carine, de son côté, était accusée de trafic d'enfants et de leurs organes…

(22) voir « Le réseau Zandvoort »

(23) À l'heure où j'écris ces pages, nous savons qu'Abdallah Aït Oud, qui se dit toujours innocent, sera entendu aux Assises en automne 2007.

(24) Edward Brongersma (1911-1998) était juriste et homme politique en Hollande. En 1979, il crée la Fondation Brongersma, afin de préserver sa collection d'ouvrages sur la sexualité et la rendre disponible au public. Son travail s'intéresse principalement à l'éphébophilie, la pédophilie, la pornographie et… la majorité sexuelle. Il considérait la pédophilie comme uniquement pédérastique. Peu avant de mourir, il avait été au cœur d'un débat télévisé houleux, car il avait insisté sur la distinction à faire entre violences sexuelles et « relations amicales ». On brisa les fenêtres de sa maison dès le lendemain. En plein scandale Dutroux, sa réflexion avait de quoi énerver certains. À sa mort, sa villa et sa bibliothèque furent vendues et l'argent réinvesti dans la recherche sur la sexualité des adolescents…

Chapitre III

Profil d'un profileur

Fiche de renseignements*

*d'après les fiches de travail de Carine Hutsebaut

Nom : HUTSEBAUT
Prénom : Carine
Sexe : F
Nationalité : Belge
Race : Caucasienne
Date de naissance : 17/06/1956
Lieu de naissance : Vilvoorde
Maladies infantiles : Asthme
Allergies : À l'injustice et à l'hypocrisie qu'elle assimile à la diplomatie ou à l'expression « politiquement correcte » utilisée à toutes les sauces.
Caractéristiques internes : Éruptions cutanées sur les bras, dues aux morsures d'une espèce d'insecte encore non identifiée ; elle en a capturé un spécimen entre deux morceaux de papier collant pour la présenter à un ami passionné de petites bêtes.
Caractéristiques externes : Ronde, grands yeux, longs cils, longs cheveux noirs, souvent ramenés en chignon faussement négligé, aspect soigné, démarche assurée.
Relevé caractériel : Révoltée, passionnée, entière, humaine, aime rire, créative.

Passe-temps : Lecture, bricolage, études permanentes
Sports : Natation
Camarades : An, Anne, Marie-France, Linda, Danielle-Marie, Claire, Annemie, Abel, Marise, Eliseo, Étienne et sa belle épouse ... puis, Maske, Ushi, et Marcel, le dernier arrivé dans la famille
Vêtements portés au moment de la disparition : Longue jupe ample noire, top beige, gilet noir, bottines noires montantes à lacets
Lunettes : Oui, mais uniquement pour lire
Tatouages : Non
Situation familiale : Concubinage, 3 enfants : 2 filles, 1 fils
Situations conflictuelles : Différends avec un mauvais vendeur de panneaux solaires, avec un délégué général aux Droits de l'Enfant, avec quelques journalistes
Mois de la disparition : Avril
Année de la disparition : 2006
Endroit de la disparition : Vilvoorde, Belgique
Description de l'infrastructure des environs : Rue résidentielle attenante à grande artère menant au ring de Bruxelles
Quand a-t-elle été aperçue pour la dernière fois ? : Dans l'après-midi
Par qui ? : Sophie Mesquin
Conditions météorologiques au moment de la disparition : Drache nationale
Qu'a-t-elle mangé en dernier lieu ? : Des mélocakes
Qu'a-t-elle bu en dernier lieu ? : Un grand verre de lait froid au chocolat
Coupables potentiels de sa disparition : L'État belge, l'état de ras-le-bol, ou la complicité des deux...

Contexte familial

La pomme ne tombant jamais loin de l'arbre, Carine Hutsebaut semble être un bon mélange de ses deux parents. De son papa, lui viennent cet amour de son prochain et une volonté de fer ; de sa maman, cette facilité à être disponible pour les plus faibles ou les moins nantis, ainsi que, peut-être, une certaine coquetterie. Mais si la dame sait se faire jolie, elle attend le moment approprié pour le faire : « On ne marche pas sur une scène de crime comme sur un catwalk ! ».

Mariée durant 20 ans, elle est à présent divorcée. En 2005, elle fait la connaissance d'un homme *via* un forum de débat sur le net : « Cris est arrivé au moment où je levais déjà un peu le pied question boulot, il n'a donc pas vraiment souffert des obligations de mon travail. Il n'a pas connu ces nuits blanches, entrecoupées d'appels au secours ou les déplacements à l'étranger. » Pas du genre non plus à lui demander de faire des concessions sur son travail, Cris reste philosophe : « De toute façon, j'aurais préféré la voir révoltée et débordée, plutôt qu'impuissante et frustrée. »

*

* *

Quelle enfance avez-vous eue, Carine ?

Heureuse et stable. Je suis issue d'une famille de cinq enfants, parfois plus… Comme dans toutes les grandes familles il y a des clans, mon frère Philippe et moi en formions un. Il n'y avait que 11 mois de différence entre nous, nous étions hyper complices, nous avions installé un laboratoire expérimental à la cave, on se demande encore comment on a jamais fait tout explosé tellement on a fait des mélanges là en bas ! Je me souviens d'un jour où ma mère excédée par les crasses qu'on faisait avec nos expériences nous a sommés de la nettoyer à fond. On a versé des seaux d'eau et nettoyé ; mais on a oublié qu'il n'y avait pas d'égout d'évacuation… On s'est retrouvé à aspirer l'eau avec des seringues ramenées du boulot par maman… Tout était prétexte à s'amuser. Ça a duré des heures et des heures ! On soignait aussi les bobos des gosses du quartier avec nos mélanges « pharmaceutiques », jusqu'au jour où les parents de nos camarades sont venus demander des explications à nos parents... ! La fête ! Quand ce n'était pas le fermier du coin avec la police, parce qu'on essayait de faire de l'équitation sur ses vaches ! À la manière de l'Ouest bien entendu, l'un amenait la vache près de l'arbre que l'autre avait escaladé, et on se laissait tomber sur le dos de la pauvre bête ! *(rires)*

Je vois le genre. J'ai aussi grandi à la campagne...(rires) Vous dites cinq enfants, et parfois plus... ?

C'est parce qu'autant que je m'en souvienne ma famille s'est toujours occupée d'enfants moins favorisés et en a toujours accueilli. Il y a d'abord eu Jean-Pierre, un petit Vietnamien qui a vécu un an avec nous, à l'époque c'était la guerre dans son pays et certaines associations envoyaient des enfants en vacances dans des familles d'accueil. Mes parents ont pensé que nous allions ainsi pouvoir apprendre la compassion et l'empathie, mais aussi la langue française[1]. Les deux premiers points ont été une réussite. La langue s'est avérée plus catastrophique, du moins pour nous...

Car Jean-Pierre, lui, parlait parfaitement le flamand en rentrant au Vietnam ! Ensuite, il y a eu Sandra. Une petite orpheline de 2 ans, qui est restée avec nous quinze ans.

Que faisaient vos parents ?

Ma mère, qui avait été très active dans la Croix-Rouge et qui ne travaillait plus qu'à mi-temps dans les cosmétiques, se rendait régulièrement à Paris pour y récupérer des enfants issus de familles très pauvres et leur offrir un peu de vacances hors de leur misère. Mon père était officier de l'armée belge et était très actif dans plusieurs associations d'aide aux enfants défavorisés. De par son métier et les voyages qu'il a été amené à faire, il a souvent été touché par la pauvreté et l'injustice dans le monde. Après un long séjour au Congo, il prit sa prépension et travailla encore pendant dix ans comme bras droit de Miet Smet, la ministre du Travail à l'époque.

Il était très humain, quand il y avait de la place pour six personnes, il y en avait pour dix… C'était un arbre, il était très grand, très charismatique, une force de la nature. Son décès subit a été un choc pour tout le monde, il y a presque deux ans, et pourtant j'ai toujours l'impression qu'il va rentrer de promenade…

Quelle était l'ambiance à la maison ?
Sévère et disciplinée, mais juste, du moins la plupart du temps. On riait beaucoup, aussi.

Quel enfant étiez-vous ?
J'étais bourrée d'énergie, hyperactive. Je faisais donc beaucoup de sport, natation, équitation, volley, mais ce qui me passionnait le plus était la danse classique. Sa discipline me forçait à contrôler mon trop-plein d'énergie. J'en ai fait de mes 6 ans à mes 17 ans. J'adorais les autres sports aussi, mais née avec de l'asthme, je ne pouvais m'y adonner à fond. Dans ma jeune enfance, je me suis souvent retrouvée à l'hôpital, sous tente à oxygène pour des semaines. J'écoutais beaucoup de musique, j'aimais aussi le théâtre, j'en ai fait plus tard, d'ailleurs.

Etiez-vous une enfant révoltée ?
La rage et la révolte sont venues plus tard, cela dit, j'ai été très vite consciente du monde autour de moi, consciente du pouvoir que les soi-disant plus forts exerçaient sur les plus faibles. Que ce soit à l'école, de la part de l'éducateur sur l'élève ou plus tard, du pouvoir des systèmes sur la « populace »… Disons que j'étais une enfant passionnée, j'aimais l'art, les antiquités, les animaux, la protection de la nature, nommez-les et ça m'intéressait.

Quelle a été la première injustice qui vous a frappée ?
Frappée… C'est le cas de le dire ! *(rires)* Le jour où j'ai pris une baffe pour quelque chose que je n'avais pas faite. Mon frère voulait prendre du sucre dans l'armoire, il est monté sur un petit banc qui a

commencé à vaciller… Il est resté accroché à l'armoire qui a, bien sûr, basculé, et toute la porcelaine a volé en éclat… Je n'étais même pas là quand ça s'est passé et ce n'est que plus tard que j'ai pu expliquer que ce n'était pas moi. Heureusement, nous pouvions nous exprimer à la maison, j'ai eu de la chance de ce côté-là, mais, en attendant je l'avais quand même prise, la baffe *(rires)*.

Que vouliez-vous faire comme métier étant petite ?

En dehors de vouloir faire disparaître toute forme d'injustice de la terre, mes rêves de gosse étaient sans doute influencés par le métier et les activités de mon papa, car je voulais travailler dans les pays sous-développés, mais je voulais aussi écrire des histoires, ce que je faisais d'ailleurs. J'adorais lire et écrire des histoires d'aventure.

Le journalisme me venait plus tard en tête, mais à l'époque mes parents pensaient que ce n'était pas un métier pour une femme, de plus, les tests scolaires me situaient plus dans le « social ».

J'ai donc commencé la psychologie à l'université, mais j'ai vite compris qu'en dehors d'une certaine théorie, on ne vous y apprenait pas grand-chose.

Quelles ont été les réactions de votre entourage par rapport à votre travail ?

Je n'en parlais pas, car j'ai compris très vite que ce sujet dépassait complètement les gens, quand il ne les dérangeait pas. Bien sûr, mes parents et mon entourage savaient ce que je faisais quand je partais par exemple en France pour interroger Van Geloven[2], un tueur terriblement cruel, dont je parle dans mon premier livre, *« Les enfants n'aiment pas les crocodiles »* et qui était en prison pour l'assassinat de deux petites filles de 10 ans. Leur réaction était toujours la même : « Enfin, pourquoi tu t'en occupes, il y a quand même la police pour faire ce boulot ?! » Hélas, je me suis vite aperçue que peu, très peu de policiers, s'intéressaient vraiment à ce genre d'affaires…

On l'a vu dans l'affaire Dutroux, Michaux[3] lui-même disait que les disparitions d'enfants étaient souvent traitées comme le vol d'un vélo… Il a fallu tout cela pour que l'on commence à ne plus systématiquement traiter chaque disparition comme une fugue ou des allégations de parents hystériques et sûrement coupables…

Parcours

Après une scolarité primaire et secondaire traditionnelle, Carine Hutsebaut entame des études de langues à Malines puis de psychologie dans une université hollandaise.

Confrontée à une certaine réalité et à un sentiment de stagnation, elle va abandonner son parcours universitaire pour se lancer dans l'étude analytique des victimes et des criminels, et se rendre compte qu'elle pratique le profiling depuis des années sans le savoir.

En 1993, elle va se former au « Gracewell Institute » de Birmingham en Grande-Bretagne, ce centre fondé en 1988 par Ray Wyre[4] et Derek Green, un spécialiste, entre autres, de l'évaluation des risques pour les individus accusés d'abus, mais ayant pu ne pas les avoir commis…

Les récents évènements d'Outreau sont là pour attester de la gravité de certaines fausses accusations et de l'impact psychologique et social qu'elles peuvent avoir sur les « accusés ». Leur travail était très complémentaire. Ensemble ils ont encore créé la « Ray Wyre's Associates », un cabinet privé, regroupant une batterie d'experts spécialisés dans les abus et autres infractions à caractère sexuel. Cet homme a passé des années à parler avec eux, à les étudier, à essayer de comprendre. « Selon lui, et je ne peux qu'être d'accord, il est nécessaire de ne pas se contenter d'enfermer les pédocriminels pour une durée X ou Y en pensant que de cette façon on protège la société. Nos systèmes judiciaires condamnent l'acte, mais ne font rien pour soigner la source ou la dangerosité d'un criminel. Le traitement et l'étude des criminels et de leurs dysfonctionnements mentaux sont primordiaux et urgents, tant dans la prévention, que dans l'établissement de banques de données internationales. Car un criminel n'a pas de frontières. »

À l'Université de Liverpool[5], elle aborde la « Psychologie d'investigation » : « Là, nous avons littéralement appris comment commettre des crimes. On a fait, par exemple, des jeux de rôles en groupe. Chaque groupe comportait maximum dix étudiants. Dans le nôtre, il y avait un chef de police japonais, deux policiers norvégiens, deux policiers suédois, deux psychologues anglais, une psy française et moi, psy belge. Notre travail consistait à organiser le cambriolage de la Poste Nationale de Londres. Le but étant de déterminer la façon dont chacun allait approcher le crime. On a pu se rendre compte que ce n'était pas facile du tout. Chacun dut prendre un rôle, celui d'un spécialiste des coffres, d'un spécialiste d'armes et d'un expert en contrôle de la foule. Les autres prirent les rôles de policiers. Bilan de notre "coup" : trois morts, un blessé chez les braqueurs et l'argent détruit par de l'encre (procédé encore utilisé aujourd'hui ; un petit dispositif est placé dans la mallette ou le sac et qui, à son ouverture, projette de l'encre indélébile sur l'argent et au visage du criminel). Du côté des rôles de policiers, on avait quatre morts et un blessé grave.

Comme quoi, un crime ne se commet pas aussi facilement qu'on le croit. Il faut de l'organisation, de la créativité, du cran (on pouvait mourir sous les balles à tout instant), de la confiance au sein de l'équipe et surtout une connaissance irréprochable. La préparation demande beaucoup de temps, d'argent, de fantaisie et de connaissance dans le domaine criminel. ».

Elle passe ensuite par l'École de la Magistrature de Paris et continue sur sa lancée jusqu'au CISCP (Centre International des Sciences Criminelles de Paris V)

À l'Université René Descartes, toujours à Paris, elle fait un an de victimologie, qu'elle complète avec un stage au FBI et au « National Centre for Missing and Exploited Children »[6] à Arlington en Virginie (US).

Elle y entame la rédaction d'un mémoire intitulé « Les victimes des victimes », car elle se rend compte de l'importance de consacrer du temps à l'étude du passé d'un criminel.

Elle repart encore aux États-Unis, à l'« Academy of Behavioral Profiling » de Californie (Académie de profiling comportemental) d'où elle sort avec ce qui équivaut chez nous à une « grande distinction » et dont elle devient membre en 1999. Elle fera aussi un court stage de « Crowd Control » à Washington. Littéralement « contrôle de la foule ». Dans nos écoles de police, c'est également l'une des premières formations que le futur agent recevra ; il y apprendra notamment que ce n'est pas parce que l'on est petit ou frêle que l'on n'est pas capable de contenir des manifestants « motivés ». Une application supplémentaire de la psychologie, puisque c'est elle qui permettra aux agents de ne pas en venir tout de suite au gaz lacrymogène, à la matraque ou à l'auto-pompe… Elle fera en même temps une immersion dans les patrouilles de nuit de la police de Washington, dans le 5e district, l'un des plus dangereux. Là aussi tout va très vite ; à peine arrivée au poste de police, présentation de l'équipe, « briefing », et la voilà embarquée avec deux policiers pour quelques nuits. Au menu : toutes les « joyeusetés » que peut rencontrer une patrouille de nuit de Washington… Et bien entendu, première recommandation : tenter de rester entière et en vie pour l'évaluation du lendemain ! Carine constate, une fois de plus, qu'on est bien peu de choses avec nos théories face à une réalité aussi brutale qu'imprévisible. Une petite Flamande « dans la chaleur de la nuit américaine », cela peut frimer pour certains, pour elle cela ne constituait qu'une étape nécessaire et pas vraiment glamour dans son évolution et son apprentissage au sein de forces de police. En 1995, elle foule le sol de Quantico, un centre d'apprentissage du FBI spécialisé dans le profiling dont l'adresse est tenue discrète. Là-bas, elle fait un stage intensif sur les pas de Clarisse Starling, héroïne du « Silence des agneaux » et profileur. Si aujourd'hui elle s'amuse une seconde et demie de la comparaison, à l'époque, elle réalise très vite les enjeux et l'investissement personnel que nécessite le métier.

Comment avez-vous atterri à Gracewell ? Ce centre de formation, anglais, qui s'occupe de former des thérapeutes et de « soigner » des pédocriminels ?

J'en avais entendu parler, deux ou trois ans auparavant dans un reportage. Ray Wyre, l'un des fondateurs du centre, a beaucoup travaillé dans les prisons avant cela. À un moment donné, il s'est rendu compte que le taux de récidive chez les pédocriminels était énorme : 97 % d'entre eux revenaient en prison dans les mois, voire les semaines qui suivaient leur libération !

Il s'est dit qu'il fallait créer une structure pour étudier ces cas et essayer de parer à ce problème de récidive. Leur système était très intéressant. Ils conscientisent le criminel, ils le rééduquent complètement. Et les résultats parlent d'eux-mêmes, taux de récidive : 3 % !

La récidive est donc évitable dans une belle mesure…

Prenez les résultats de Gracewell et expliquez-moi aussi comment ça se fait qu'en vingt ans je n'ai pas eu une récidive ? Je suis convaincue qu'on peut apprendre à certains pédocriminels à respecter un enfant et à ne pas le toucher. Je suis effarée quand j'entends certaines personnes dire que tous les pédocriminels récidiveront toujours parce que c'est génétique ! Non !

Si je veux bien admettre que l'on ait découvert un gène de l'homosexualité quelque part dans une amygdale du cerveau, je ne suis pas d'accord que l'on essaye (les pédocriminels surtout) d'expliquer leur déviance par un gène du même type.

C'est logique : si vous êtes homosexuel, vous aimez toujours les personnes du même sexe, point. Si vous êtes bisexuel, vous aimez les deux sexes. Si vous êtes pédosexuel, un jour vous pouvez aimer un enfant, le lendemain, une femme, ou un homme, vous n'aimez pas forcément QUE des enfants. Et vous n'aimez pas toujours tous les enfants, car dès qu'ils ont un peu de poils ou de poitrine c'est terminé. Tous les pédos ne sont, hélas, pas repérables à leurs psychopathies flagrantes. Ils cachent très bien leur jeu et arrivent à sauver les apparences admirablement.

On ne me fera jamais avaler que c'est une maladie, ou que c'est génétique. C'est un « jeu » pour eux, ils aiment ce jeu, le maîtrisent et deviennent de plus en plus habiles avec le temps... Ils me l'ont tous avoué. Tous. Et les thérapeutes, qui n'ont pas obtenu ce genre d'aveu, doivent avoir raté quelque chose dans la relation de confiance qu'ils ont établie avec le criminel.

En quoi consiste un stage à Gracewell ?

Ils fonctionnaient sur la confrontation. Le matin la théorie, l'après-midi la pratique. On était directement confrontés avec un groupe de pédocriminels. Les séances de travail étaient filmées, puis nous avions un « debriefing » avec les instructeurs, où l'on y analysait les comportements de chacun, autant celui des pédocriminels que celui des élèves. Il s'agissait d'analyser nos réactions afin de déterminer les moments où l'on avait, entre autres, failli être déstabilisés par l'un d'eux. Nous n'étions que deux élèves et les évaluations d'entrée sont très pointues, on vérifie toutes vos compétences, les études que vous avez faites, votre expérience, votre motivation.

J'étais la seule Belge. L'autre élève était une fille aussi, mais pour son nom, la mémoire me manque. Il faut dire que j'étais tellement impressionnée par leur système, j'étais comme une éponge ; il y avait tellement à apprendre, à emmagasiner ; je ne me rappelle pas d'anecdotes en particulier, si ce n'est qu'au milieu des thérapeutes se trouvait aussi une fermière...

Pardon ?! Que vient faire une fermière dans tout ça ?

Une femme à l'acuité exacerbée, forte d'un rapport à la nature humaine et aux choses de la vie incroyables. Elle avait de très, très bons résultats avec les criminels.

Chez nous, on ne verrait jamais les analyses d'une fermière prises au sérieux… J'ai l'impression qu'aux États-Unis, au Canada et même en Angleterre, il y a beaucoup moins de préjugés par rapport au statut d'une personne.

C'est tristement évident… Vous savez, on reproche toujours aux Américains d'être superficiels et arrogants ; j'ai remarqué que c'était le contraire, au niveau professionnel en tout cas… *(rires)* Bon, je ne parle pas de leurs secrets militaires ou autres, non plus. *(rires)*

Mais, j'ai constaté qu'aux États-Unis, quand des professionnels savent quelque chose, ils partagent… Au niveau de la science de la connaissance de l'être humain, au niveau du traitement des pathologies, ils partagent, ils communiquent volontiers leurs connaissances avec d'autres professionnels dans d'autres disciplines afin d'affiner leur point de vue.

Chaque discipline en criminologie est complémentaire, c'est ce qui fait la richesse de cette science.

Prenez le livre que vous lisiez tout à l'heure, « Forensic Art and Illustration » de Karen T.Taylor[7], vous disiez vous-même qu'il était remarquablement clair, accessible et très complet…

En effet, cette « bible » de la reconstruction faciale reprend des tonnes d'autres informations sur les sciences criminelles de façon tout à fait compréhensible pour tout le monde. Pas seulement pour tel ou tel professionnel pointu, non, pour tout le monde. C'est une « mentalité »…

Taylor aurait pu choisir de ne s'adresser qu'à des pros de la reconstruction faciale, dans leur jargon, et ne se limiter qu'à « son » art. Au lieu de ça, elle a choisi de reprendre beaucoup d'autres points des sciences criminelles, elle a choisi de rencontrer d'autres professionnels dans d'autres disciplines reliées à la sienne… Résultat, son bouquin est une mine d'informations accessibles à tous. Il n'y a qu'en Europe que l'on aime se limiter, se ranger dans un tiroir bien spécifique, ou utiliser un jargon que seule une élite peut comprendre ; aux États-Unis, ils sont bien plus ouverts sur ce genre de choses. En Europe, la connaissance est un « pouvoir » et se paye. C'est grave parce que, pendant ce temps-là, des victimes paient cette attitude de leur vie...

Comment expliquez-vous qu'une fermière puisse obtenir de tels résultats avec des criminels de ce gabarit ?

Fermière ou autre, peu importe. L'intelligence de quelqu'un ne se mesure pas au poste qu'il occupe ou au statut que le système lui octroie... Dans ce cas-ci, cela vient simplement du fait que la personne ne « juge » pas le criminel. Cela vient aussi du respect que cette personne a pour la vie, autant que pour une victime ou pour un agresseur, elle ne juge pas, il y a des juges pour cela...

À force de respect, elle oblige l'agresseur à prendre « conscience » que ce qu'il fait n'est pas bien, donc à respecter l'enfant. En fait, il s'agit, dans cette forme de thérapie, de rééduquer l'agresseur au respect de l'enfant. Il DOIT le respecter, ce n'est pas un choix et il faut lui apprendre cela, puisque, apparemment, on ne le lui a pas appris. Il n'est jamais trop tard pour apprendre et quand l'état mental d'un pédocriminel permet ce travail c'est le devoir du thérapeute de l'accomplir s'il y a « suivi ». Il est donc primordial et prioritaire de commencer à bien former les personnes qui seront en contact avec des agresseurs. Il y a des formations, mais elles sont encore trop pâles, nous avons un retard de trente ans à ce niveau-là.

Pourquoi cette lenteur ?

Je crois que l'on est trop paresseux pour changer nos manières d'agir, d'écouter, de parler. On a déjà du mal à le faire entre amis ou collègues, alors, quant à changer nos approches et notre communication avec des criminels ou des victimes... C'est apparemment trop en demander. Cela fait vingt ans que je travaille à des solutions, que je dis que nous avons besoin de formations plus pointues, plus spécifiques et cela fait vingt ans que j'entends : « Ce n'est tout de même pas d'une tarte pareille qu'on va l'apprendre » *(rires)*. Ils s'imaginent peut-être que je me prends pour un dieu qui va les former ! Tout ce que je dis, et je suis loin d'être la seule, c'est qu'il faut commencer à agir, que l'on prenne enfin conscience qu'il est grand temps d'abandonner nos peurs et nos préjugés et que l'on commence à travailler autrement. En ce moment, la France s'aligne sur les États-Unis et le Canada. On a vu récemment l'efficacité de cette méthode appliquée en cas de disparition d'enfant. On diffuse partout une « alerte enlèvement » sur toutes sortes de supports (panneaux de signalisation électroniques comme aux entrées des villes ou des tunnels et sur les autoroutes) et il vient de faire ses preuves avec deux enfants français. On les a retrouvés vivants. En Belgique, nous devons encore « réfléchir » à son application[8] ! Je n'y vois que de la mauvaise foi. Ou est-ce autre chose ?

Vous avez arrêté l'université car vous vous y ennuyiez ?

On peut le dire, j'avais besoin de concret. J'ai très vite eu envie de quitter les bancs de l'école pour rencontrer des victimes et parler avec des agresseurs. Je me rendais compte que si beaucoup de professionnels, professeurs, autres personnes représentantes de l'autorité publique ou psys échouaient, c'était clairement dû à un manque de « pratique ».

Combien de nos profs avaient déjà rencontré une victime ou un pédocriminel dangereux en « vrai » ? Très peu. Et malheureusement, avec une victime ou un criminel, la théorie est une lettre morte… Je ne dis pas que l'on n'a pas besoin de théorie, mais je constate que la pratique est bien plus concrète pour se donner les meilleures chances d'aider une victime, surtout qu'elle concerne des êtres humains en perpétuelle évolution. On se repose trop sur des « études » et des « théories » qui datent de Mathusalem, et qu'on ne remet en aucun cas en question : c'est dans les livres, on le dit à l'unif, donc, c'est que c'est vrai pour toujours ! Déjà, au sein même des universités, ils ne sont pas d'accord entre eux, sur telle ou telle « école ». Freud[9], Lacan[10], c'est la tendre guerre depuis des siècles, alors bon… De plus, dans ces cours, on ne parle jamais des agresseurs ou des victimes. J'ai donné cours à l'université de Bruxelles et de Gand ; vous seriez surprise de constater le nombre de médecins en dernière année qui n'ont jamais entendu parler de la problématique de la pédosexualité. Finalement, les plus importantes écoles, pour moi, furent sans aucun doute, les prisons et les hôpitaux. Je reste persuadée que le meilleur de mes diplômes n'est pas un de ces papiers officiels qui traîne au fond de mon tiroir, mais bien celui de l'université du « terrain » que j'arpente maintenant depuis vingt-cinq ans. Et puis, imaginez-vous vouloir apprendre la mécanique. Juste après avoir étudié votre manuel du parfait petit mécanicien, ne vaut-il pas mieux aller au plus vite voir un mécanicien dans son garage afin qu'il vous montre « concrètement » les subtilités du fonctionnement d'un moteur et ses sonorités spécifiques ?

Cela me paraît logique...

Ah oui, c'est logique ! Mais ce n'est pas cette logique-là qui fait avancer les choses apparemment dans nos pays « développés » *! (rires)* Comment, sur votre banc d'école, apprenez-vous à reconnaître convenablement le bruit de tel ou tel souci mécanique ?

Pour analyser des criminels, c'est pareil... Mieux vaut les rencontrer directement. On a toujours besoin de théorie bien entendu, et pour cela il y a les livres. Mais je n'ai pas besoin que l'on m'apprenne à lire un livre, et s'il y a des termes qui m'échappent, il existe un autre livre que je peux consulter à cette fin : cela s'appelle un dictionnaire. Quant à parfaire mes connaissances théoriques, j'ai toujours préféré faire spontanément des stages ou des formations spécifiques qui répondaient directement aux besoins que j'avais au fur et à mesure que j'avançais dans mes recherches. Et ne pas me limiter à la pratique d'une seule discipline, sachant que mon métier de thérapeute et de profileur impliquerait de travailler avec le « matériel » le plus complexe et diversifié qui soit, à savoir l'être humain. Il ne faut pas oublier non plus que cette problématique, ce phénomène de pédocriminalité, est « nouveau »... Dans nos pays, on ne parle d'inceste que depuis 1985. Avant, on n'en parlait pas, personne ne voulait rien savoir à ce sujet. On n'en apprenait pas grand-chose de plus à l'université. Ce n'est que dix ans plus tard, depuis Dutroux qu'on commence à se rendre compte. En Espagne, il a fallu attendre 2006 pour voir naître la première association de lutte contre l'abus sexuel !

Comment avez-vous commencé à travailler sur la pédocriminalité ?

En fait, ça s'est fait « naturellement », suite à la disparition d'un enfant de ma région : Gevrije Cavas[11]. C'était en février 1985. Un après-midi, en plein centre-ville. Il avait le même âge que ma fille et je ne comprenais pas que le monde ne s'arrête pas de tourner pour chercher cet enfant !

Quand j'ai demandé, à l'occasion, à un policier quelles étaient les démarches en cours pour retrouver le petit, il m'a répondu : « Il n'y a rien à faire, on attend. » Un autre avouait dans la foulée avoir dû renvoyer la mère chez elle, car elle n'avait pas sa carte d'identité sur elle ! J'étais estomaquée ! Je ne savais pas non plus par où commencer à chercher, mais je voulais « comprendre », et il devait sûrement y avoir quelque chose à faire, ce n'était pas possible autrement. Je me posais plein de questions. Son grand frère lui avait interdit de sortir de la maison, mais Gevrije, impatient de les rejoindre pour jouer dehors, est quand même sorti. Quelques instants plus tard, il avait disparu ! Envolé ! Est-il monté dans une voiture, l'a-t-on fait entrer dans une maison ? Cela s'est passé très vite en tout cas, et s'il avait été enlevé de force en pleine journée et jeté dans une voiture, quelqu'un avait dû forcément voir quelque chose…

Cela a-t-il été le cas ?

Un témoin a effectivement vu un garçon lui ressemblant suivre un couple, il y a même eu un portrait-robot, si je me souviens bien… Si c'était bien Gevrije et s'il suivait gentiment le couple, il les connaissait peut-être. Vous savez, un enfant, quand il voit quelqu'un deux fois, c'est suffisant pour le « connaître » ; donc il se pouvait que ce soit des voisins… Pourquoi n'avait-on pas fouillé toutes les maisons du voisinage ? Parce que la police n'a pas les moyens de le faire ? Parce qu'elle n'a pas le temps ? Vous me direz qu'elle est trop occupée à mettre des amendes sur les voitures garées en double file... J'étais révoltée, je suis une maman aussi. J'ai donc commencé à me demander comment ça se faisait qu'on enlevait des enfants, et pour quoi faire surtout, puisqu'il n'y avait pas de demande de rançon dans la plupart des cas de disparitions... À l'époque, on parlait de trafic d'enfants par les gitans, on ne faisait plus peur aux enfants avec le père Fouettard, mais bien avec les gitans... *(elle lève les yeux au ciel*). Je me suis donc renseignée sur ce que l'on possédait comme informations dans ce domaine en Belgique, et il n'y avait rien, ou presque. Contrairement à l'Angleterre, par exemple, qui était déjà assez loin dans tout ce qui concernait le traitement des affaires de pédocriminalité.

Qu'avez-vous fait ensuite ?

J'ai continué à me renseigner sur le sujet dans les pays environnants et c'est là que je me suis rendu compte de l'ampleur et de la gravité du problème. On pourrait presque dire que c'est un problème comme le sida ; avant qu'il n'apparaisse au grand jour, le nombre de victimes était déjà considérable... Bon, pour le sida, une fois qu'on a constaté des milliers de cas, on a commencé à bouger, j'aurais aimé qu'on en fasse autant contre la pédocriminalité et ce n'est pas le cas...

C'est vraiment comparable à l'Holocauste : tout le monde sait, mais personne ne bouge.

À l'époque où j'ai commencé à faire des recherches dans le domaine, nous étions quasiment les seules avec Patsy, à nous demander pourquoi, en Europe continentale, on ne faisait rien, ou très peu, par rapport à la pédocriminalité, et on a commencé à travailler là-dessus... On a poussé des portes, on a questionné, on a réfléchi, on a proposé... On ne comprenait pas le laxisme des gouvernements, leur lenteur. Notez que, vingt-cinq ans plus tard, on ne comprend toujours pas. Mais peut-être craignons-nous seulement de comprendre, en fait...

Qu'entendez-vous par là ?

J'en suis arrivée au point de me dire que tout ceci est voulu. Que certaines personnes y ont un intérêt. Ce n'est pas possible autrement. Je refuse de croire qu'il ne s'agit que d'un « simple » désintérêt. Cette idée m'est insupportable. C'est possible, mais alors il s'agit de plusieurs pays frappés en même temps d'un virus de « je-m'en-foutisme » dans sa forme la plus aiguë. Ce n'est même plus de l'ignorance, avec les informations que nous avons aujourd'hui à notre disposition. On ne peut pas nier l'horreur lorsqu'on est en possession de dizaines de CD-Rom avec des dizaines de milliers d'enfants dans des poses horribles. Cela va de la « simple » caresse à des tortures et des mises à mort, même des bébés de quelques heures ! Je sais que le trafic d'enfants rapporte plus que la drogue. Ça draine beaucoup d'argent et on peut s'y livrer sans craindre trop de poursuites. Cela dépend, en fait, de qui l'on est ; c'est ce que j'ai constaté. C'est peut-être aussi parce qu'ils sont eux-mêmes pédocriminels ou bien parce qu'ils ont un intérêt financier à fermer les yeux sur l'énorme mal infligé chaque jour à des milliers d'enfants.... Je ne sais pas, mais je cherche... Il ne faut surtout pas oublier que nous avons de très bonnes lois pour protéger nos enfants. J'aimerais que l'on m'explique pourquoi on ne les applique pas.

En quoi ont consisté vos premières recherches ?

À l'époque, je ne savais pas que les recherches que je faisais étaient du profiling, j'ai commencé dans mon coin, en interrogeant des personnes de mon entourage ou des inconnus.

Je leur demandais : « Tiens, ça te fait quoi un enfant ? ».

Les réponses étaient diverses, parfois surprenantes, ça allait de : « Oh, c'est chouette un enfant, c'est l'avenir, c'est sympa, c'est mignon. » à : « Pff, c'est chiant les enfants, ça bave, ça pleure... »

Jusqu'au moment où quelqu'un osa me dire carrément qu'il trouvait les enfants excitants, sexuellement... Là, une fois la stupeur passée, je me suis dit que, pour vraiment comprendre comment ces gens fonctionnaient, il fallait que je m'attaque à la source, c'est-à-dire à l'analyse des plus dangereux d'entre eux. J'ai arrêté l'université pour me consacrer à plein temps à cette tâche. À l'époque, il y avait plus de facilité pour les rencontrer dans les prisons. J'ai commencé à travailler seule sur plusieurs d'entre eux, éparpillés en Europe, une dizaine.

J'étais constamment en route. J'avais l'avantage de parler plusieurs langues, ce qui a facilité l'approche et la communication. Cela aurait été une perte de temps considérable si j'avais dû travailler avec un interprète, car l'agresseur ne se serait peut-être pas autant confié si j'avais été accompagnée. J'aurais peut-être raté des nuances aussi, et Dieu sait si les mots choisis par les criminels ont leur importance... Les mots en disent beaucoup sur les fantasmes des criminels, sur leur façon de voir la vie, de considérer « l'autre ». Prenez l'exemple de Francis Heaulme... Chaque fois qu'il a tué quelqu'un, il a dit : « Ah, là, il y a eu un "pépin" ». Il faut chercher à savoir ce qu'il entend exactement par « pépin », pourquoi ce choix de qualificatif ? Beaucoup de criminels se confient à leur entourage, ils ne disent pas directement : « J'ai tué quelqu'un. » Ils vont plutôt utiliser des expressions comme : « J'ai fait une bêtise »... Et, généralement, que répond l'entourage à ça ? « Ah ben oui, qui n'en fait pas ? » sans se poser ou lui poser plus de questions...

C'est tout ça qui a fait que vous avez décidé de devenir profileur ?

Pas du tout ! Ce n'est pas parce qu'un enfant disparaît que vous décidez du jour au lendemain de faire ce métier... Si vous voyez d'autres personnes le faire, à la limite vous pouvez dire : « OK, je vais faire ça comme métier. », mais qui parlait de profiling au début des années 1980 ? Personne à Vilvoorde, en tout cas ! *(rires)* Je n'avais, moi-même, aucune idée de ce que c'était. En fait, ce n'est pas vous qui choisissez ce métier ; c'est le métier qui vous choisit. Je ne savais pas ce que c'était, mais mon intérêt pour cette déviance sexuelle et ses conséquences désastreuses sur les victimes alla croissant. Au plus je rentrais dans ce sujet, au plus il y avait de choses à apprendre, à comprendre... Je ne me suis jamais dit : « Tiens, je vais être profileur ! »

En fait, c'est un peu comme apprendre une langue. Au début, vous ne comprenez rien, puis, petit à petit, vous avancez, vous connaissez un mot, deux mots, une phrase...

C'est pareil dans ce boulot. Vous vous y intéressez, vous avancez dans le sujet, vous rencontrez des gens, vous vous faites un « dictionnaire », et, de fil en aiguille, vous commencez à connaître le langage des criminels, vous découvrez que leurs actes ont un « sens », qu'ils découlent d'autres actes ou d'un vécu précédent. Avec les criminels, vous apprenez tous les jours, car un criminel n'est pas un autre, ils n'ont pas la même façon de vivre, ils n'ont davantage pas la même façon de tuer. De plus, ils évoluent en même temps que notre société. Vous n'arrêtez donc jamais d'apprendre, de remettre les choses en question... Vous ne pouvez pas « justifier » un crime, mais vous pouvez essayer de « comprendre » pourquoi il a été commis et quand vous comprenez quelque chose, vous pouvez alors commencer à travailler à des solutions pour empêcher que cela se reproduise. C'est ça, mon travail. Rien d'autre. Ce sont les médias qui m'ont proclamée « Profileur », puis qui ont mis en doute ce même titre... Pas de chance, j'en ai rien à faire des titres ou de la célébrité ! *(rires)* Si, encore, cela pouvait vraiment aider à changer des choses, alors oui, à la limite... Mais être célèbre ou titré ne sert à rien en pédocriminalité, et si c'est juste pour faire vendre des journaux... En plus, quand vous voyez comment les médias vous « créent », pour vous détruire la minute d'après, ça fait peur. Il ne faut pas avoir eu son nom dans un journal pour savoir ça ! Donc, les titres, la soi-disant célébrité, je m'en fiche complètement !

Je fais mon travail, c'est tout. Je n'ai fait que me profiler moi-même puis, quand j'ai appris à connaître mes possibilités et mes limites, j'ai mis mes capacités au service d'une recherche, la recherche de compréhension, la recherche de vérité. Pensez-vous que si j'avais dirigé mes recherches sur l'expansion de la culture des pommes de terre dans le monde on aurait fait autant de foin autour de moi ? Je n'en aurais pas été moins utile à la communauté pourtant. Mais là, on touche à un milieu que les gens redoutent et dont la curiosité ne sera jamais assouvie, il suffit de regarder ce que la presse sensationnaliste en fait, les « passions » que cela déchaîne. La criminalité fascine les foules depuis des siècles. Je ne suis pas une « star » des scènes de crimes, je suis une maman qui a décidé de comprendre la pédocriminalité et qui est déterminée à trouver des solutions pour l'enrayer. Après ça, à chacun son interprétation de mon statut. Moi, je sais qui je suis.

C'est à la mode aussi d'être « profileur », non ?

Évidemment, depuis « Le silence des agneaux » et l'affaire Dutroux, tout le monde veut devenir profileur. J'ai l'impression que tout le monde veut être profileur pour être « quelqu'un ».

Mais, à la base, tout le monde est quelqu'un ! Ils veulent seulement devenir quelqu'un d'autre… C'est très grave. Parce que ça veut dire qu'ils ne se connaissent pas eux-mêmes ou ne s'acceptent pas tels qu'ils sont. Pour être un bon profileur, il faut d'abord être capable de se profiler soi-même, sans complaisance. Si l'on n'est pas en paix avec soi, il ne faut pas faire ce métier.

Je reçois des dizaines de lettres : « Je veux devenir profileur, qu'est-ce que je dois faire ? ». Et cela uniquement parce qu'ils ont vu ça à la télévision.

Car, quand je discute un peu avec certains d'entre eux par téléphone, ils finissent toujours par se trahir sur leurs réelles motivations ou se tromper sur leurs réelles capacités… Cela m'attriste énormément quand je vois quelqu'un qui ne cherche pas ou n'exploite pas son potentiel. Je leur réponds alors systématiquement qu'ils doivent d'abord commencer par évaluer leurs propres qualités. Chacun sur cette terre est « doué » pour quelque chose ; il faut trouver cette chose et l'exploiter… Je pense que c'est l'une des clés principales de l'épanouissement. Je ne manque pas non plus de leur rappeler que, si c'est vraiment leur créneau, il y a un tas d'autres métiers liés à la criminologie. Pourquoi vouloir absolument être profileur ?! Il manque tant de gens talentueux sur les scènes de crimes, des photographes, des dessinateurs… De ceux-là on ne parle jamais et pourtant leur art a son importance aussi dans une enquête. On ne photographie pas une scène de crime et on ne dessine pas un portrait-robot n'importe comment, cela demande des qualités d'observation et une sensibilité aux détails énorme… Il y a des spécialistes qui font des portraits aussi vrais que des photos. C'est très intéressant et très minutieux aussi comme travail. Non, « Profileur » c'est mieux, ça en jette plus ! Ça me dépasse. *(rires)*

La « signature » Hutsebaut

Nous avons tous une manière de travailler dans laquelle se reflète souvent notre caractère.

Avec le document qui suit, je comprends enfin ce qui agace le plus les détracteurs de Carine Hutsebaut, et toute l'essence de son travail par la même occasion.

À première vue, on pourrait penser qu'à travers ce document qu'elle envoya à l'avocat d'une des parties, Carine cherche encore une fois la petite bête en ajoutant ses remarques sur l'analyse criminologique d'une consœur : « Vu la situation à l'époque, je ne pouvais pas la fermer. C'était trop grave. Un an pour fournir ce torchon ! Moi, j'estime qu'un rapport pareil est exemplaire de la légèreté avec laquelle des affaires sont encore trop souvent traitées. Il est crucial de mettre de tels manquements en lumière si l'on veut commencer à travailler autrement. Encore une fois, on travaille sur des faits graves, on se doit de le faire dans le respect et dans l'intérêt des victimes ! Tant pis pour l'ego des uns et des autres.»

Je mesure aussi concrètement l'importance pour les parents des victimes d'avoir accès à leur dossier. Le fait d'écarter les « civils » de leurs dossiers sert à les garder en respect, en contrôle, et permet surtout d'éviter qu'ils n'osent remettre en question les observations des professionnels, ou ne se mettent à poser des questions que les autorités ne se seraient pas posées. Cette procédure tend à prendre ces mêmes civils pour des abrutis incapables de comprendre une enquête, ou de relever des incohérences dans un dossier[12].

Afin de ne froisser aucune susceptibilité, nous avons masqué les noms des différents acteurs de cette affaire. En noir, les extraits du rapport de l'autre profileur consulté, en bleu, les remarques de Carine Hutsebaut :

Analyse criminologique du dossier

Je n'ai trouvé aucune « analyse criminologique du dossier », mais bien un résumé (très résumé) d'un dossier de huit tomes. Dans une analyse criminologique, on recherche des éléments sociaux et personnels du ou des auteur(s) des faits, dans le but d'aider la police à identifier un criminel.

Il conviendra notamment de faire toutes observations utiles à la manifestation de la vérité. Ceci n'a pas été fait dans la mesure où Mme Z. ne s'est pas rendue sur les lieux des crimes, qu'elle n'a pas interrogé les victimes ni les témoins, alors qu'elle en avait l'autorisation.

Ce dossier est indissociable de celui des homicides de *Régine* et *Gérard*. Un rapport distinct est rédigé concernant ce double homicide.

La lecture des huit tomes de ces deux dossiers a mis en évidence l'énorme travail effectué tant par les magistrats instructeurs que par les enquêteurs affectés à ces recherches.

Premier paragraphe, le rapport concernant les enfants Anaïs, Anne, Claire et Marie aurait dû être rajouté, s'agissant du même criminel ; dans le deuxième, les expressions de son admiration pour le travail effectué par les enquêteurs ont leur place dans une lettre personnelle aux concernés, pas dans un profil, ni dans une analyse criminologique.

Déplacement non sur les lieux des crimes, mais devant les immeubles. Il n'est pas possible à l'expert qui n'est pas OPJ (Officier de

Police Judiciaire) de pénétrer dans un immeuble, et, les faits remontant à 19XX, tout l'environnement des immeubles et des locaux ayant changé, évolué, été modifié, etc., ne peut plus apporter d'éléments signifiants ou spécifiques aux faits.

Mme Z. avait le droit de se rendre sur place. Elle aurait vu à cette occasion que rien n'avait changé. On parle d'un endroit dans lequel pratiquement personne ne venait. Lors de ma visite des lieux, j'ai constaté que rien n'avait bougé.

Le même ADN sera identifié dans tous les cas, y compris les homicides de *Régine* et *Gérard*, et l'on retrouve des éléments communs dans le mode opératoire.

Il n'y a pas que le mode opératoire qui est commun. La signature est la même dans toutes les agressions.

Seul le dossier F. amène quelques interrogations. L'entretien avec Monsieur F.(père d'Anaïs) et la nouvelle Madame F. confirme certaines questions. Quelles interrogations ? Et dans quel contexte le mot « la nouvelle » Madame F. est-il utilisé ici ? À preuve du contraire, ce mot résonne méprisant dans mes oreilles. Je n'ai jamais vu dans un rapport « la nouvelle » Madame Untel ou Untel. J'identifie un manque de respect par rapport à Mme F.

Monsieur F. est une personnalité spécifique dont les traits ont sans doute été accentués par le meurtre de sa fille. Il n'a pu en faire le deuil et s'est engagé dans la création d'associations, analyse de réseaux pédophiles, recueille les adresses des pédophiles avérés, travaille sur le réseau Spartacus, écrit et parle beaucoup et n'écoute pas ce qu'on lui dit.

Il est vrai qu'il avait appris la veille de notre rencontre, la mort de *Régine* et *Gérard* avec la similitude d'ADN de l'auteur, ce qu'il ignorait depuis 19XX, et s'est trouvé un peu écarté du dossier.

M. F. s'engage dans des choses où la justice devrait s'engager. Il n'est pas le seul à agir ainsi. Des centaines de citoyens responsables ont compris qu'il y a un grave problème que ni la justice, ni la police n'arrivent à maîtriser : la protection des enfants. S'il y avait eu communication entre les deux parties (familles des victimes et autorités) dès le départ, il n'y aurait pas eu d'immenses frustrations de la part des victimes et de leurs familles.

Quant à avoir été « un peu » écarté du dossier, il est important de noter qu'il l'a été « totalement » durant dix-sept ans.

M. F. évoquera notamment un réseau antisémite que l'on peut sans doute évacuer (les autres adolescentes ne sont pas juives) et les réseaux pédophiles. Hypothèse peu probable, mais que l'on ne doit pas totalement écarter… En effet, différents éléments recueillis dans la procédure de l'homicide d'*Anaïs* pourraient aller dans ce sens : le fait qu'il y ait un matelas dans l'endroit. Que faisait ce matelas ? À qui appartenait-il ? Des clochards, des ouvriers, des prostituées, des squatters… ou des pédophiles ? Est-ce M. F. qui a fait l'enquête ou la police ?

Il y avait deux matelas. Ce n'est pas parce qu'il y a matelas qu'il y a « réseau ». Dans l'affaire Claire, il y avait aussi un matelas : plus précisément un lit pliant. Des matelas préparés en de tels endroits appartiennent essentiellement aux « rape-gangs » (groupes de violeurs). Mais à l'époque, les « rape-gangs » n'existaient pas encore. Il doit donc y avoir une autre explication.

Les pédosexuels n'ont pas l'habitude de se faire un « nid » dans de tels endroits. De plus, une enquête aurait révélé d'autres victimes à cet endroit. Ce qui n'était pas le cas. Anaïs est la seule victime trouvée dans ce « nid »… Sur quelles bases Mme Z. avance-t-elle un réseau de pédosexuels ?

Dans le dossier de Claire, on retrouve des interrogations qui peuvent aussi conduire à la suspicion de réseaux pédophiles. Le lieu où l'adolescente a été séquestrée (et qui est appelé tantôt une usine, tantôt une ferme) était sans doute préalablement connu de l'auteur. Peut-être d'autres individus ? Qui s'y rendait ?

Le lieu est une ferme désaffectée. Il fallait s'y rendre pour le savoir. Les questions posées peuvent être vérifiées par la police locale, ce que Mme Z. ne semble pas avoir sollicité.

Claire n'est pas une adolescente. C'est une petite fille de 11 ans. On entre dans la préadolescence à 12 ans. C'était donc une enfant.

Pourquoi les hommes qui ont cherché et trouvé, ont-ils trouvé *Anaïs* aussi vite ? L'analyse de l'audition de l'un d'entre eux ne conclut pas obligatoirement à sa crédibilité, mais la reprendre maintenant est trop tardif et n'apporterait sans doute rien. L'un des hommes à avoir découvert le corps était policier ; cela a-t-il influencé les témoignages ? Qu'est-il devenu ?

Si, à titre d'hypothèse, on avait affaire à réseau pédophile, l'un des hommes aurait-il pu servir d'indicateur ? Deux sont gardiens. Il n'est pas indispensable d'être soi-même pédophile pour appartenir à un réseau, les indicateurs et les chefs ne sont pas habituellement des pervers sexuels.

Mme Z. pose des questions dans son coin. Des questions qui ont été posées depuis longtemps par la police. Elle ne connaît visiblement pas le fonctionnement des réseaux pédocriminels. Pour être « membre » d'un tel réseau, il faut passer à l'acte avec un enfant. On ne parle pas de dealers de drogue, mais d'abuseurs d'enfants. Eh oui, les chefs ou indics de ces réseaux sont habituellement pervers, même s'ils ne passent pas toujours à l'acte, car il faut vraiment être pervers pour ne pas dénoncer des viols ou des meurtres d'enfants. Les indicateurs et les chefs de ces réseaux livrent des enfants : par conséquent, ils sont pervers !

Anaïs est tuée le XX et disparaît à 8h45 alors qu'il fait déjà jour depuis longtemps. Enfant calme, studieuse, talentueuse, on ne retrouve avec la jeune *K.*, comme point commun, que le fait d'aller tel jour à la piscine. Il serait exceptionnel qu'il y ait un lien. En revanche, elle est ciblée comme les autres victimes, sur son âge, son sexe, la vulnérabilité qui en découle et l'opportunité de se trouver au mauvais moment avec l'agresseur, qui, soit rencontre ses victimes de manière fortuite, soit les suit dans un laps de temps court avant les faits, comme c'est quasiment toujours le cas dans les agressions pédophiles violentes.

Il est évident qu'il fait jour à 8h45 au mois de mai. Précision totalement inutile ici.

Il y a beaucoup de points communs chez les différentes victimes. On retrouve ces points dans le mode opératoire et dans la signature du criminel.

Il est totalement faux que les victimes se trouvaient au mauvais endroit au mauvais moment. Sauf Claire, qui est une « random victim » (une victime d'opportunité).

Dans le profil d'un criminel, il est extrêmement important de distinguer la différence entre un criminel qui suit ses victimes et un criminel qui choisit des victimes d'opportunité. Soit il les suit, soit il ne les suit pas. C'est au professionnel d'analyser TOUS les éléments avant de conclure.

On ne demande pas comment cela se passe dans d'autres affaires. On cherche à savoir ce qui s'est passé dans celle-ci.

Pourquoi a-t-elle perdu ses matières fécales, alors qu'elle n'a pas été analement violée et qu'il n'y a pas béance ? Peur, souffrance ? La rate et le foie étaient-ils congestionnés par la terreur ? Quelques éléments d'interrogations auxquels il est maintenant trop tard pour répondre.

Désolée, mais là… Je n'en reviens pas. Il ne faut même pas être professionnel pour savoir que quelqu'un qui décède perd automatiquement les urines et les fécales parce que les muscles se relâchent au moment de la mort ! Je me permets de remettre sérieusement en doute les compétences de Madame Z…

Hypothèse de travail de l'auteur

Ces conclusions et la construction virtuelle d'un profil d'auteur s'appuient non seulement sur les dossiers du Juge A., mais aussi sur ceux du Juge *B.*, puisque l'ADN prouve qu'il s'agit dans les deux cas du même individu (Groupe sanguin A type sécréteur).

Ceci n'exclut pas l'hypothèse de deux auteurs dans les homicides *Régine* et *Gérard*, un seul auteur ayant pu laisser ses empreintes génétiques.

Cela n'exclut pas non plus l'hypothèse de trente auteurs dans les homicides Régine et Gérard.

Il s'agit d'un homme de type européen, qui est décrit grand (1m80, 1m85 environ), brun, athlétique, propre. Ses sourcils sont épais, foncés et ses yeux marron. Il avait à peu près 25 ans en 19XX (donc maintenant une bonne quarantaine). Il est droitier, dit l'une des adolescentes (*Marie*) (alors que les brûlures de cigarettes laissent à penser qu'il s'agit d'un gaucher, mais que le tisonnier indique un droitier).

Il est gaucher et droitier, « ambidextre » quoi. Beaucoup de mots pour un.

Il n'est pas circoncis, n'est donc vraisemblablement pas de confession juive. Il y a d'ailleurs très peu d'agressions sexuelles sur mineurs, que ce soit incestueuses ou pédophiles, dans les communautés juives.

Sur quelles études relatives à la communauté juive Mme Z. se base-t-elle ?

On ne cherche pas non plus ce qu'il n'est pas, on cherche qui il est. La persistance de l'utilisation de cordelettes, rallonges électriques, cravates, ceinture trouvées sur place entre dans sa signature, car toutes les victimes sont ainsi attachées. On peut éventuellement discourir sur le symbolisme de ces liens et sur les éventuels fantasmes de l'auteur, sur la relation entre les liens et la camisole de force…

« Cravates, ceinture, trouvées sur place, entrent dans sa signature » : faux. Cela n'est pas la signature, c'est son mode opératoire. Il faut connaître la différence entre la signature et le mode opératoire. Le reste du paragraphe est totalement inutile car freudien. Nous avons autre chose à

faire que de discourir sur le symbolisme. Son mode opératoire est très clair, il ne faut pas philosopher, il faut amener des éléments de travail.

En effet, tout laisse à penser, y compris par la rupture de X ans dans les agressions, que l'on a affaire à un homme qui, soit était à l'étranger pendant cette pause des passages à l'acte (hypothèse peu probable), soit en prison (la police a beaucoup travaillé, en vain, sur cette hypothèse), soit enfermé dans un milieu psychiatrique.

En effet, en 19XX, son allure a changé, ses cheveux sont longs et il est sale. Ce que confirmerait son comportement imprévisible et le mode opératoire différent. L'évolution serait alors due autant à l'enferment, peut-être en raison d'une toxicomanie, de comportements violents ou de troubles de la personnalité, qu'à la prise de psychotropes.

Les premières descriptions de l'auteur ne donnent pas l'image d'un toxicomane ni celle d'un malade mental, notamment pas celle d'un psychotique au comportement incohérent. Il est parfois bizarre, mais semble posséder pleinement son discernement et mène ses agressions de façon paisible sans stress marqué.

Le premier paragraphe est le seul avec lequel je peux être d'accord dans l'ensemble de ce rapport. Par contre, le dernier est à nouveau incroyable. Je suppose que dans la tête de certaines personnes, l'assassinat et la violence – au point de laisser une victime pour morte – ne montrent pas « l'image d'un malade mental ». De plus, ce crime montre des indications claires que l'agresseur panique, donc qu'il est stressé. On peut parler d'« overkilling ». Il y a quatre différents types d'agression sur cette petite fille !

Tout au long des dossiers, il présente des troubles de la sexualité. Deux des victimes ne seront pas déflorées, la dernière ne sera pas violée.

Si. Il y a viol dans le cas de la dernière, car il y a fellation

Les troubles peuvent être innés en raison de difficultés de maturité face à des images et/ou des relations pathologiques au père, ou acquis, soit par la prise de drogue, de psychotropes, ou de séjours en maison d'arrêt.

Je suis d'accord avec la prise de neuroleptiques, ceux-ci donnent le genre de changement de peau comme décrit par les victimes (pendant usage : peau grêlée, après usage : peau lisse) Par contre, les troubles ne viennent pas que du côté paternel, ils viennent surtout du côté maternel. Mère ultra-autoritaire qui rejette l'enfant. De là viennent les problèmes sexuels et la peur des femmes adultes. Le criminel vit dans le fantasme et prend des victimes plus faibles. Il a moins peur d'elles parce qu'il peut plus facilement les contrôler ; il a besoin de dominer. Il les considère comme des pseudo-adultes. Il s'agit d'un pédosexuel en régression.

Il n'est pas impossible de penser que c'est l'échec de la sexualité qui entraîne chez lui une frustration, du dépit, de la colère et enfin de l'agressivité, c'est-à-dire le passage à l'acte meurtrier très violent : strangulation, brûlures de cigarettes, arme blanche.

Ce n'est pas l'échec de la sexualité qui entraîne chez lui une frustration, c'est la frustration qui entraîne les problèmes sexuels. Il exige le consentement de sa victime. Dès que la victime résiste, elle est condamnée.

Il montre un côté très narcissique : « Une femme ne lui résiste jamais » (selon ses dires à l'une des victimes). Pour lui, cela signifie rejet. Il en a marre d'être rejeté. Dans son fantasme, il est l'homme tout puissant. Donc, dès qu'il y a résistance, il perd le contrôle.

Il utilise son arme blanche pour poignarder, des liens, des cordelettes et des cravates pour étrangler. Il torture ses victimes avec des cigarettes : on parle donc bien d'un psychopathe narcissique.

Il présente apparemment une anesthésie affective, ne montre pas d'émotion, sauf dans le dernier dossier où il apparaît fragilisé.

Il ne présente pas d'anesthésie affective, et SI, il montre des émotions. Une des émotions les plus fortes de l'être humain est la colère. L'individu que l'on recherche est une boule d'émotions : il a peur, il craint le rejet, il veut qu'on l'aime, il fuit lorsqu'il y a des témoins, il a honte (il couvre à plusieurs reprises le visage des victimes), il panique, il se met en colère.

Les victimes sont toujours des adolescentes rencontrées dans les escaliers (sauf la dernière et, bien sûr, le dossier *Régine* et *Gérard*, si différent).

La dimension pédophile est indéniable, ce qui diffère du dossier *Régine* et *Gérard* et va plutôt dans le sens de deux auteurs pour ce double homicide. En revanche, l'auteur de l'agression sur Anne qui a le même ADN suit le même mode opératoire. Comme si les meurtres de *Régine* et *Gérard* étaient une parenthèse différente dans la biographie de l'auteur. Sauf s'ils sont deux.

La dimension pédosexuelle n'est PAS indéniable. Dutroux n'était pas un pédosexuel. C'était un psychopathe narcissique aussi. Ils prennent tous deux des victimes facilement contrôlables, donc, a fortiori, des enfants. Mais ils ne prennent pas uniquement des enfants (Dutroux avait séquestré et torturé des adultes avant).

Les meurtres Régine et Gérard ne sont pas une parenthèse différente dans sa biographie. Il y a une explication plausible pour cet acte.

Il n'y a pas deux auteurs. Notre criminel est seul, il n'a pas d'amis et n'en a probablement jamais eu.

Les pulsions pédophiles et agressives sont premières.

Pas d'accord. Il n'est pas pris de pulsions. Il planifie très bien ses actes. Il est à 80 % méthodique et à 20 % impulsif.

Il présente des traits pathologiques pervers (il recherche de jeunes adolescentes, il demande à *Sabrina* de le lécher).

Ce n'est pas pathologiquement pervers de demander d'être léché, sinon 90 % de la population est perverse ! Les traits pathologiques pervers se trouvent ailleurs :
- cibler une victime ;
- suivre une victime ;

- la voir comme un objet docile et consentant à toutes les perversités ;
- dépersonnaliser la victime ;
- torturer, menacer, ligoter, forcer, bâillonner, préparer ses actes, exercer du voyeurisme sur ses victimes.

Il ne cible pas ses victimes pour les tuer, mais pour les violer. La mort est secondaire et il ne semble pas en tirer jouissance. D'autres fois, il est décrit comme gentil, pas brutal (affaire *P.*). L'habitude et l'accoutumance aux agressions ainsi que l'absence d'identification lui donnent confiance en lui.

Je suis tout à fait d'accord.

Il laisse des indices, court des risques (bien qu'à l'époque, l'ADN n'était pas connu et que les auteurs ne prenaient pas, en l'occurrence, de précautions). Il laisse des empreintes digitales ou génétiques, il raconte sa vie, réelle, mensongère ou fantasmagorique, fait preuve d'un aplomb considérable, fait la vaisselle, passe des disques), a des comportements parfois curieux, imprévisibles, peut parler avec ses victimes afin de les séduire avant de les agresser.

Le monde est plus grand que la France, Mme Z. Le traitement de l'ADN existait déjà depuis 15 ans à l'époque ! La police ne s'en sert que depuis 1998 ! Le juge A. était au courant de ce système par Damien, le frère d'une des victimes, qui avait demandé à plusieurs reprises de s'en servir. Il a fallu des dizaines de victimes avant que la France ne se réveille !

Ce dossier sera un jour élucidé, d'une part en raison du travail exceptionnel des enquêteurs, mais aussi des éléments scientifiques incontestables tels que l'ADN, une empreinte exploitable, une description précise qui feront que, s'il n'est pas mort, hypothèse parfaitement plausible, il ne peut que recommencer ; un tueur en série ou un pédophile ne s'arrête jamais.

Sans doute. Mais pas grâce à un document pareil.

Conclusions

- Mme Z. n'a pas fait de « mapping » (indispensable dans les crimes en série).
- Elle ne s'est pas rendue sur place (les lieux n'ont pas changé).
- Son rapport ne contient pas de victimologie ni de profil de chaque victime.
- Il n'y a pas d'examen météorologique des jours de crimes.
- Elle n'a pas réécouté les témoins.
- Il n'y a aucune observation concernant les lieux des crimes.
- Le rapport est très mal structuré.
- Elle n'a pas examiné les preuves scientifiques.
- Elle n'a pas examiné les rapports d'autopsies, ni les photos des constatations.
- Il n'y a pas de profil du criminel.

Par contre, il y a :
- Des questions sans réponse.
- Des suppositions.
- Des contradictions graves : une fois le criminel est stable, une autre il est imprévisible, une fois les victimes sont suivies, une fois elles ne le sont pas.
- Un profil du père d'une des victimes, ainsi que des frères d'une des victimes.

Ce rapport peut se résumer comme suit :

« En effet, tout laisse à penser, y compris par la rupture de X ans dans les agressions, que l'on a affaire à un homme qui, soit était à l'étranger pendant cette pause des passages à l'acte (hypothèse peu probable), soit en prison (la police a beaucoup travaillé, en vain, sur cette hypothèse), soit enfermé dans un milieu psychiatrique.

En effet, en 19XX son allure a changé, ses cheveux sont longs et il est sale. Ce que confirmerait son comportement imprévisible et le mode opératoire différent. L'évolution serait alors due autant à l'enfermement, peut-être en raison d'une toxicomanie, de comportements violents ou de troubles de la personnalité, qu'à la prise de psychotropes. On peut donc imaginer qu'il a bénéficié de soins en maison de santé, est sorti, ne prend plus son traitement et repasse à l'acte.

Des antécédents de traitement par des neuroleptiques sédatifs tels que le Tercian, ou la prise de substances toxiques, donnent ce type de comportement et de tableau clinique avec trouble de la sexualité. La libido n'est pas touchée, mais la réalisation sexuelle est difficile, souvent impossible. Il ne cible pas ses victimes pour les tuer, mais pour les violer. La mort est secondaire et il n'en tire pas une jouissance. D'autres fois, il est décrit gentil, pas brutal. L'habitude et l'accoutumance aux agressions ainsi que l'absence d'identification lui donnent confiance en lui. »

Et Carine ajoute, dans son contre-profiling :

« On peut me demander beaucoup de choses : d'être polie, bien éduquée, gentille, « politiquement correcte », professionnellement fidèle… Mais il y a des limites.

On parle ici d'enfants. De viols, de tortures et de meurtres d'innocents.

Un rapport pareil est une honte pour ma profession.

C. Hutsebaut
Vilvoorde 2002 »

Telle mère…

À l'époque où elle décide de se consacrer pleinement à l'analyse des abuseurs et assassins d'enfants, elle a 22 ans, se destine à la psychologie, a déjà un enfant et en fera deux autres par la suite. Ses filles sont journaliste et criminologue, et son fils, fraîchement diplômé en Marketing, s'est installé il y a peu à l'étranger, est sur le point d'ouvrir une petite école de langues. En attendant, il fait du baby-sitting, mais avec une attention toute particulière… Il est en fait « accompagnateur » d'un enfant en bas âge et au comportement difficile, que l'école n'accepte pas sans chaperon.

Si ses proches comprennent, respectent son investissement et la soutiennent, ils ne se gênent toutefois pas pour la charrier sur le temps qu'elle consacre à son travail : « Maman. Tu ne peux pas t'occuper de tout le monde 24h sur 24.Si tu veux continuer à le faire, il faut que tu te ménages un peu aussi. Tu n'as plus vingt ans en plus ! Regarde-toi… Et regarde-nous, abandonnés à notre triste sort d'enfants de guerrière idéaliste… T'es rude. Qu'est-ce qu'on mange ?… »

« Les saligauds, vous les entendez parler à leur mère ? Je rêve ! Qu'est-ce que je ne dois pas entendre, en plus de tout ce que j'entends déjà ! » Et toute la famille de partir dans un échange de gentillesses. Ça lui rappelle les joutes verbales autour de la table familiale, avec son père…

D'accord, elle lèvera le pied. Promis ? : « Juste après les travaux de la nouvelle maison, pas si nouvelle d'ailleurs, puisqu'il faut faire plein de travaux ! Mais, dans cette région, des choses commencent à bouger concrètement au niveau de la lutte contre la pédocriminalité, alors j'ai pensé à quelques trucs et … ». Et la voilà déjà repartie dans le travail.

Une cigarette à la main, un marteau ou un pot de peinture dans l'autre, des caisses de dossiers sur la table, un plan de la ville qui traîne et qu'il ne faudra pas oublier de donner à Bert, téléphone et ordinateur allumés, et la tête qui continue à réfléchir, à recouper, à chercher, à questionner…

Qu'y a-t-il d'autre à faire de toute façon ?

C'est évident, sa famille et son boulot ne font qu'un : sa vie.

*

* *

Pour en revenir à cette histoire de fermière et de qualification… Cela me fait penser à votre fils… Je n'en reviens pas…

Je n'en reviens toujours pas non plus *(rires)* ! Bert a 20 ans. Pour l'instant, il étudie le marketing à l'étranger, il parle quatre langues, presque cinq, et, pour se faire de l'argent de poche, il travaille comme « travailleur clé », comme il dit. Vous me direz, à part les langues, rien de mirobolant… Sauf que le petit garçon dont il s'occupe n'est pas vraiment comme les autres. Un jour, Bert revient à la maison pour quelques jours de vacances en me disant : « Maman, je crois que O. est autiste. Il a 3 ans, il ne parle pas, et l'école exige qu'il soit en permanence accompagné par un tuteur à cause de son comportement, sinon ils ne l'acceptent pas… Tu n'aurais pas quelques tuyaux ? »

Bert n'a aucune formation de pédopsychologie bien évidemment ; donc, je lui dis : « Je serai chez toi dans quelques jours, tu me l'amènes et on va voir ce qu'il en est exactement. » Je constate, dès les premières minutes, que cet enfant est effectivement problématique.

Il n'est attentif à rien, passe du mutisme à la surexcitation, ne regarde jamais dans les yeux, met ses doigts dans chaque prise de courant et ne supporte aucun contact physique. Même les mots « maman » ou « papa », il ne les disait pas !

Je demande alors à Bert quelle est l'ambiance familiale dans laquelle O. évolue. Les parents sont très aisés, chacun d'eux possède un restaurant, dont l'un à l'étranger. Depuis sa naissance, O. est baladé de nourrice en nourrice ; il voit ses parents très rarement. Parents qui n'ont d'ailleurs aucune photo de lui, ou très peu et qui « oublient » parfois son prénom… Mais le petit ne manque de rien ! Si ce n'est, bien sûr, de l'essentiel : l'amour et l'attention…

Bert était complètement perdu, il se sentait tellement impuissant face à ce petit bout. Je lui ai préparé un programme de travail et l'ai prévenu que l'investissement personnel serait considérable s'il voulait tenter d'aider ce gosse. Mon fils passant plus de quatre heures par jour avec O., nous étions convaincus qu'il y avait moyen de faire quelque chose. Il fallait tout d'abord installer un contact, parvenir à focaliser son attention sur quelque chose. Bert a commencé avec de la pâte à modeler. Je peux vous garantir qu'au début il a beaucoup joué tout seul et O. a mangé beaucoup de plasticine aussi. *(rires)* Je le formais par mail et par téléphone, étape par étape, et en fonction des résultats sur le petit O. Au bout de 6 mois, il a fait des progrès considérables. Il dessine, il est pendu au cou de Bert, il dit bonjour et au revoir aux gens, il papote ; la plupart du temps c'est incompréhensible, mais c'est normal aussi, vu qu'il a trois langues dans les oreilles. Il se dandine sur la musique. Certes, il accuse encore un petit retard par rapport aux enfants de son âge, mais il progresse tous les jours. Bert a pu instaurer une véritable relation.

O. respecte les limites qu'il lui impose, et vous avez pu constater vous-même leur complicité... Entre-temps, la relation avec sa maman s'est beaucoup améliorée aussi. Voyant les progrès de son petit garçon, elle a pu lui refaire une place dans son cœur, leur relation est redevenue normale et O. recherche à nouveau le contact avec elle. La boucle est bouclée.

Il faut savoir que même les psychologues de l'école étaient d'avis d'enfermer O. un temps dans un asile, car il était soi-disant gravement attardé... Rien de tout cela !

C'est certain, mais je suis sidérée de voir l'investissement de Bert, car il aurait pu se contenter de prendre ses sous et dire « Je ne suis pas psy, c'est pas mon boulot », à l'instar de certains psys qui prennent leurs sous, mais ne font pas leur boulot !

Vous allez aussi vous faire des amis ! *(rires)* Mais c'est vrai, Bert s'est « investi » dans son travail de baby-sitter ; en plus de l'attention, il a ajouté de la patience et de l'amour... Et avec ça on soulève des montagnes. Alors voilà, quand je vois les résultats qu'il a obtenus avec ce petit bout, grâce à son attention et à sa réelle volonté de l'aider, les « qualifications homologuées » et autres ronflements autour de titres officiels, ça me fait vraiment rire. Il en faut, je suis d'accord, mais cela ne suffit pas ! J'ai toujours dit à mes enfants qu'ils devaient avoir un diplôme, mais je les ai toujours mis en garde de ne pas se reposer sur celui-ci et de toujours se reformer, se rééduquer, remettre en question ce qu'ils ont appris, garder un esprit critique, ne jamais prendre tout ce qu'on leur dit pour argent comptant, chercher à vérifier par eux-mêmes les informations… Tout va, évolue et change tellement vite de nos jours… Le principal est de rester concernés et humains par rapport à tout ce qui nous entoure, de ne pas se laisser aller à une attitude blasée en se disant : « Oh, si je ne le fais pas, ce n'est pas grave un autre le fera bien à ma place ».

Le mot « famille » résonne particulièrement pour vous ?

Oui, on l'aura compris *(rires)*, mais ma famille ne se limite pas qu'à mes enfants. Il y a des amies et des amis qui sont de la « famille » aussi.

Nous attachons beaucoup d'importance à notre « famille » de cœur. Nous avons toujours profité des différentes fêtes du calendrier pour essayer de nous réunir.

Comme on aime se voir, mais qu'on a tous des obligations familiales, traditions obligent, c'est toujours difficile de rassembler tout le monde à Noël ! Alors, une année, nous avions organisé un « Christmas Drive-In ». Chacun pouvait arriver et repartir quand il voulait. Même s'il ne restait que le temps de déballer son petit cadeau, car chacun avait emballé et amené une connerie bricolée ou trouvée aux puces pour chacun. L'important était d'être ensemble. La maison était pleine, au final, car personne ne voulait partir, et comme chacun avait fini par emmener d'autres amis ou parents, je ne vous dis pas le joyeux foutoir ! La maison a toujours été un moulin où tout le monde rentre et sort… Parfois, les gens me disent « Chez toi, c'est comme au café du coin, on sait quand on rentre, mais on ne sait jamais quand on va sortir. »

En voyant vos enfants et en vous écoutant discuter ensemble, j'ai le sentiment que vous avez réussi à les « élever » dans tous les sens du terme... Votre secret ?

Je l'espère, je ne sais pas, j'ai fait de mon mieux. Personne n'est parfait, une maman non plus sans doute. J'ai seulement essayé d'être toujours à l'écoute.

Vous savez, pour peu qu'une pathologie ne nous empêche techniquement de le faire, avoir des enfants c'est facile, c'est à la portée de tout le monde...

Mais avoir de « bons » enfants, c'est clair que c'est une autre histoire, et c'est du boulot aussi ! Aucun secret, j'ai trois enfants merveilleux et j'en suis incroyablement fière, évidemment ! *(rires)* Je les ai protégés, parfois j'étais limite mère poule, mais je leur ai toujours appris la différence entre le bien et le mal. Je leur ai appris l'empathie aussi et je ne leur ai pas expliqué le monde en couvrant ses sales côtés. Je peux être critique aussi par rapport à mes enfants.

S'ils m'emmerdent, ils m'emmerdent ! *(rires)* Et ils peuvent être critiques envers moi aussi. Tant qu'il y a du respect, ça va. Chez nous, tout est « discutable ». Parfois, cela choque un peu les gens qui n'y sont pas habitués. Mais, par-dessus tout, je ne considère pas mes enfants comme une propriété sur laquelle j'ai tous les droits. Ils ne sont pas là pour combler mes vides, mes rêves, mes besoins. Ce sont des individus à part entière. Je peux les guider, les conseiller, les corriger, pas physiquement, on s'entend *(rires)*, mais surtout les aimer.

Parlons-en tiens, de faire la différence entre le bien et le mal, ça me rend dingue, dès qu'on parle de « faire le bien », on est taxé de démago, de moralisateur à deux balles, de donneur de leçons... Ça n'encourage pas non plus à remuer ciel et terre pour que les gens commencent à faire le « bien »...

Ça, j'en ai rien à balayer ! *(rires)*

Oui, mais le problème c'est que… (Elle m'interrompt.)

… ce n'est pas un problème ! Qui a dit que c'était un problème de faire le bien ? Ceux qui trouvent que c'est un problème, ce sont eux qui ont un problème. Ce n'est pas plus compliqué que ça ! *(rires)*

OK, mais ça en décourage plus d'un, et on se dit que si c'est pour être le seul à le faire, c'est pas la peine. Le leitmotiv : « c'est pas moi qui vais changer le monde »…

Ah non ? Mon père disait toujours : « Als iedereen voor zijn eigen deur keert, is heel de straat proper » (« Si tout le monde balaye devant sa porte, toute la rue est propre »)… Il a raison. Pourquoi toujours attendre les autres ou nos gouvernements pour faire quelque chose ?

Faites ce que vous savez que vous devez ou pouvez faire, et faites-le du mieux que vous le pouvez. Ça a été toute la leçon de ma vie, j'avais de très bons parents qui me disaient toujours « Fais du bien et ne regarde pas derrière toi, n'attends surtout personne pour t'approuver et ne te laisse pas décourager, n'attends pas un merci, n'attends pas un applaudissement, ne t'arrête pas pour admirer le bien que tu fais, tu n'as pas le temps pour ça parce qu'il y a encore plein d'autres choses à faire… ». Vous savez, quand je suis attaquée, je pense parfois qu'ils ont bien du temps, ces gens-là… Ils n'ont vraiment rien d'autre à faire que m'attaquer ou de taxer ceux qui ont envie que les choses changent de démagos ? Je trouve ça triste.

Votre travail n'a pas dû être facile à vivre pour vos enfants au quotidien…

C'est un fait et il m'a fallu, comme n'importe quel parent travaillant, gérer au mieux mes absences et le manque qu'elles suscitaient chez moi ou mes petits. J'ai fait mes choix en connaissance de cause et en étant consciente que ce ne serait facile ni pour eux, ni pour moi… J'ai eu beaucoup de chance qu'ils comprennent mes choix et aussi qu'ils soient sensibles à la souffrance des enfants qui n'ont pas eu les mêmes chances qu'eux. Cela dit, en dehors de certaines absences, mon métier a également eu des côtés positifs pour eux, il leur a permis de voyager. Ils ont aussi eu souvent l'occasion de rencontrer des gens intéressants, ainsi, des équipes de télévision campaient parfois à la maison pour quelques jours, des Français, des Hollandais, des Américains, des Allemands. Alors, évidemment, ils ont parfois pesté pour le désordre que cela occasionnait dans leurs petites habitudes, mais ils se sont toujours intéressés aux gens qu'ils rencontraient et n'hésitaient pas à leur poser trente-six mille questions…

J'ai toujours gardé aussi une belle anecdote en tête. Nous avions organisé une conférence pour notre association (l'ICMAC)[13] et ne voilà pas qu'au sortir de celle-ci, mon fils disparaît !

Je me mets à chercher comme une dingue aux alentours, quand, tout à coup, je le vois dans un coin en pleine discussion avec Janet Warren, une psychiatre qui, entre autres, compose des modèles de profil pour le FBI à Quantico. Mon gamin, âgé de 9 ans à l'époque, avait été trouver Janet – qui pour lui, faisait le même boulot que maman – afin de lui faire part du fait que j'étais souvent absente à cause de mon travail et il se demandait si c'était le cas pour ses enfants à elle aussi… Quel culot quand j'y repense… *(rires)* Mais, j'ai adoré voir mon fils plongé dans les yeux de Janet qui lui expliquait comme il n'aurait peut-être jamais accepté l'entendre de ma part : « Je comprends tes problèmes, moi aussi je suis une maman avec un travail difficile et je ne peux pas toujours être là pour mes enfants. Par contre, le temps que je leur consacre, c'est à chaque fois du bon temps. Tu passes du bon temps avec ta maman ? » Bert fût un peu forcé d'admettre à son tour qu'il passait toujours de bons moments avec moi lorsque j'étais là. J'ai toujours essayé de rendre le temps que l'on passait ensemble le plus riche possible…

On faisait des fêtes, on se déguisait avec des vieux brols, on voyageait, on bricolait, on lisait, on observait la nature et les gens, on parlait des heures de choses sérieuses, puis on essayait de trouver leurs côtés absurdes et dérisoires, on refaisait le monde, on testait de nouvelles recettes de cuisine, on chantait, on riait beaucoup aussi, mais rien d'exceptionnel finalement par rapport à ce que des parents sont censés partager avec leurs enfants… Je serai toujours là pour eux, et je suis sincèrement admirative devant leurs choix. Les voir épanouis est la plus belle récompense pour ma mission de maman. Quand je vois mon fils qui n'a que 20 ans, je ne peux que constater qu'il a une maturité que peu de jeunes de son âge ont…

Les filles, c'est normal qu'elles soient plus matures, ce sont des filles ! *(rires)*

Vous savez, mon père disait toujours : « S'ils sont bien semés, ils vont bien pousser », et il avait raison. Quand je les regarde, mes jeunes pousses ont fait de jolies fleurs, je crois…

Je manque parfois d'indulgence face à ceux qui disent qu'ils n'ont « malheureusement » pas le temps de faire tout ça, n'auraient-ils pas dû, à la base, chercher le moyen d'accommoder leurs ambitions avec leur rôle de parents ? On ne peut pas tout avoir. Quand on choisit de passer 60 à 70h par semaine hors de chez soi parce que l'on a peur de perdre un gros salaire, il ne faut pas se plaindre ensuite de ne pas avoir de temps pour ses enfants… (Absente de mon corps depuis un an, la nicotine, réabsorbée exagérément depuis le début de nos enregistrements, me rend irritable.) La société nous culpabilise parce qu'on ne s'occupe pas bien de nos gosses, démission des parents, etc., et nous oblige à bosser comme des malades, jusqu'à ne plus penser qu'à subvenir aux besoins qu'« elle » a créés pour nous, c'est un comble !

(Carine me toise avec un sourcil levé.) À nous de choisir de nous laisser imposer nos « besoins » ou pas, à nous de redéfinir nos priorités. C'est quand même simple, non ?!

Il faut avoir beaucoup d'imagination pour s'en sortir avec peu d'argent. C'est triste. On n'a pas, ou plus, l'habitude de faire avec peu, ou de se contenter de ce que l'on a.

Je dis souvent que je ne joue jamais au Lotto parce que j'ai peur de gagner et de devenir une pauvre larve, de ne plus devoir me dépasser ou faire un effort pour obtenir ce que je désire, de m'habituer à trop de facilité et de tomber dans le piège de la surconsommation et de la sustentation directe... J'ai l'impression que, si je me retrouve hyper riche du jour au lendemain, cela va tuer ma créativité, que ma vie et mes actes n'auront plus de sens, plus de réelle valeur. J'ai vu tellement de gens pourris ou abêtis par l'argent... À l'époque des vaches maigres, et je peux vous dire qu'il y en a eu, vu que j'ai sponsorisé mes études, mon travail et mes 3 enfants seule, j'ai néanmoins toujours réussi à amuser et à éduquer mes gosses sans moyens astronomiques.

On réparait au lieu de jeter, on récupérait et on transformait, on fabriquait, nous n'avons jamais été esclaves de l'argent ou d'une quelconque « mode » ou du système.

Pourquoi absolument vouloir chaque année la télé dernier cri qui va coûter deux mois de salaire quand la vôtre fonctionne encore ? Pour être au même niveau que votre voisin ? Pour être branché ? Je refuse d'être esclave de ça ! L'argent, c'est bien, si l'on sait ne pas en devenir complètement dépendant. Mes enfants connaissent la valeur de l'argent. On apprécie quand il y en a, comme tout le monde, mais il ne nous a pas fait perdre la tête ou le cœur jusqu'à maintenant.

Le nerf de la guerre

Certains, à la manière de Don Salluste dans sa folie des grandeurs, auront peut-être un peu trop vite pensé : « Mais tout de même, une thérapeute-profileur-auteur-consultante, ça doit gagner beaucoup d'argent, ça... ». Loin de moi l'idée d'être insistante sur de pathétiques questions d'argent, il s'agit juste de ce que l'on pourrait appeler mon *modus operandi* pour bien saisir les mobiles de Carine Hutsebaut... Nous donneriez-vous une signature ? Pas celle qui nous unirait dans un crime, mais celle qui nous unirait sur l'autel d'un retour aux vraies valeurs d'une profession de foi ?

Carine Hutsebaut parle évidemment d'argent sans complexe et sans détour : « C'est un moyen, pas une fin en soi ! », et lorsque des personnes se permettent d'en parler à sa place, allant parfois jusqu'à l'accuser de gagner sa vie et sa notoriété sur le dos de victimes, elle ne s'énerve même pas.

Elle se contente de rappeler qu'elle aurait pu faire un autre choix, beaucoup plus simple et plus lucratif, celui-là. Pour lot quotidien, en lieu et place de bébés sodomisés, de petites filles prostituées, de petits garçons cassés, d'intimidations, de menaces directes quand elle met son nez où il ne faut pas, ou encore d'adultes démolis à vie par des criminels ou une justice trop complaisante, sa vie aurait pu, effectivement, être autre chose… Un parcours un peu plus traditionnel et certainement moins éprouvant, spécialisation dans une branche pas trop traumatisante qui n'expose pas à trop d'horreurs et de faire un simple calcul qui coupe court à tout commentaire : « vingt-cinq patients par semaine, à minimum 35 euros la consultation, plus trois thérapies "longues" deux fois par semaine, à raison de 30 euros la séance pendant minimum cinq ans, je m'assure un ordre permanent pour un 8 heures par jour… Byzance ! ».

Aucune ambition ou envie d'aisance matérielle ? : « Je crois que je n'ai jamais eu d'ambition, à part être heureuse et voir des gens heureux autour de moi… Mais ce n'est pas de l'ambition ça. Je lie l'ambition aux choses matérielles, et comme je ne tiens pas vraiment à ces choses…

Je tiens plus aux choses essentielles, les souvenirs, les émotions, les relations humaines, le rapport à la nature… Peut-être ai-je été favorisée par une éducation, le temps et les circonstances dans lesquelles je suis née, peut-être est-ce mon choix de vie et les rencontres que j'ai faites en chemin… Ai-je l'ambition de faire un meilleur monde pour les enfants ? Oh que oui ! Mais je n'en ai pas les moyens. Je fais ce que je peux avec mon travail d'analyste. Puis, je croise les doigts pour que l'on soit de plus en plus nombreux à vouloir protéger nos enfants.»

« Je suis psychothérapeute. Si j'avais voulu être riche et célèbre, j'aurais tenté d'inventer un produit sans danger qui nous débarrasse définitivement de nos poils sur les jambes ! Pas de rencontrer des assassins d'enfants pour les étudier et tenter de remettre des victimes sur pieds. Souvent bénévolement en plus ! »

N'étant pas encore reconnue comme « profession », avec tout ce que cela comporte comme structures et rétributions officielles, la pratique du métier de profileur tient, en effet, plus de la vocation bénévole que de l'affaire lucrative du siècle. Si, lors d'expertises demandées par un tribunal on la paye pour son travail, la plupart du temps, appelée par des victimes ou des parents, elle est obligée de chercher d'autres solutions pour trouver les moyens de continuer. Ceux-ci ne pouvant pas forcément se permettre de couvrir tous les frais (recherches, essence – elle faisait jusqu'à 30 000 km par an –, photocopies, envois de dossiers, développement des photos, déplacements à l'étranger...). « Pourquoi pensez-vous que je me tue à écrire des livres dérangeants qu'on relègue de gré ou de force (en Belgique) au fond des librairies et à donner des cours ? ».

Elle refuse également tout soutien de quelconques organisations ou associations, privées ou d'État : « Je ne veux en aucun cas risquer de me compromettre, d'accepter des sous, puis d'être contrôlée, ou pire, de protéger quelqu'un en reconnaissance de dette... ».

Elle refusa ainsi quelque 300 000 euros d'un homme soi-disant très motivé à aider des victimes et à sponsoriser son travail et son association. Bien évidemment, elle enquêta un peu sur ce généreux mécène... Il s'avéra être propriétaire d'un bordel en Allemagne et avoir déjà été inquiété par la justice de son pays dans des affaires de mœurs impliquant des mineurs... « Où cela aurait-il mené ? Je préfère manquer de moyens, quitte à devoir freiner mes activités plutôt que de risquer d'être tenue par quelqu'un et son pognon. ».

Contre toute attente, un moyen de joindre l'utile à l'agréable va se présenter à elle en 1997...

TF1, la chaîne française, la contacte afin de lui proposer d'être consultante sur une série de téléfilms policiers : « Brigade spéciale ». Dans un premier temps, elle répondit, tout naturellement débordée : « Ah non ! Encore du boulot en plus, il me faudrait déjà des journées de vingt-quatre heures, c'est impossible, désolée ! ».

S'il est vrai que les premières séries télé américaines ont contribué à mythifier un peu le métier en nous narrant les aventures de ces enquêteurs pas comme les autres à coups de jolies blondes pomponnées, en talons aiguilles sur la scène du crime et en proie à des hallucinations révélatrices sur le meurtre, la victime et le criminel, Carine Hutsebaut n'a jamais été dupe et ne compte pas laisser ce mythe duper les autres… Tout bien réfléchi, cela pourrait être une occasion de plus pour partager ses connaissances, car en acceptant de servir de consultante aux auteurs de scénarii, non seulement elle s'assure que de grossières erreurs d'incohérence descriptive ne soient commises, mais en plus, comme il s'agit de fiction, elle peut se permettre d'y partager ses idéaux de justice et d'efficacité. Comme une idée fixe : « Plus on sera nombreux à vouloir cette justice et cette efficacité, plus nous aurons de chances de l'avoir un jour… », et parce qu'elle est du genre optimiste aussi, cela lui permet de partager ses rêves d'enquêtes parfaites et de coopération entre les autorités avec un maximum de gens. Elle s'acquitte de cette tâche de consultante comme d'autres pratiqueraient un sport ou un hobby, pour se détendre, se vider la tête, faire de nouvelles connaissances et vivre d'autres expériences.

Quand je lui demande de me faire une estimation de l'argent qu'elle a déjà investi dans son travail, la réponse fuse : « Vous êtes folle ou quoi ?! Je ne peux pas vous dire ça sinon mes gosses me tuent ! Le nombre de fois où je leur faisais la morale sur leurs dépenses exagérées ou que je leur refusais une babiole que j'estimais trop chère ! » (rires)

Elle garde l'humour, il ne l'a jamais lâchée. Il le faut, car au quotidien, la réalité de ses différents métiers est loin d'être légère. « Quand vous voyez les choses que je vois tous les jours, vous faites vite la différence entre l'utile et le futile. »

L'argent déchaîne des passions louables et des perversions et il arrive qu'il déchaîne ou enchaîne ses plus dévoués adorateurs. La pédocriminalité, elle, enchaîne ses détracteurs et des enfants. Tout en déchaînant horreurs et ignorance ... Points communs, les deux sont tabous et génèrent les fantasmes les plus fous. Parler d'argent ou de pédocriminalité semble aussi dangereux, aussi outrancier et aussi impudique de nos jours, que parler des dégâts que leur interaction cause à notre avenir. Il était pourtant évident qu'un jour ou l'autre, ces deux sujets se fréquenteraient volontiers au détour de notre indifférence polie.

Si l'on considère que le prix moyen d'un film porno mettant en scène des enfants avoisine les 20 000 euros (le prix grimpe s'il y a mise à mort) et qu'une fellation pratiquée par un bébé de 5 mois coûtera en moyenne 300 euros (le prix peut doubler s'il y a pénétration et prise de clichés), on peut imaginer la part de marché... Il y a un créneau indéniable pour qui ne sera pas trop regardant à ce qu'il commercialisera ni à qui il le vendra.

D'aucuns me répondront, à non juste titre, que c'est comme la fourrure : s'il n'y avait pas de sottes inconscientes pour vouloir la porter... La loi de l'offre et de la demande, en fait. Décidément, cette excuse servira éternellement tous les débordements. Cette « loi absolue » serait-elle une fatalité génétique (im)propre à l'être humain ? Ceci expliquerait donc cela ?

Pourquoi n'avons-nous jamais vraiment réfléchi à des solutions d'éducation afin de combattre cette loi fatale ? Ces questions semblent aussi compliquées que celle de savoir si l'œuf était là avant la poule. A la différence que nous avons inventé l'argent et, par là même, décidé de sa valeur, contrairement à l'œuf ou à la poule qui ne sont pas là grâce à (ou à cause de) nous...

En tant qu'« inventeur de la monnaie », l'être humain n'a-t-il pas le pouvoir de revoir sa valeur ? Pardon, j'oubliais : l'égoïsme, la cupidité et le capitalisme... Gros morceaux à attaquer en premier lieu sans doute puisqu'ils sont les conséquences directes de notre irresponsabilité face à une invention que nous ne maîtrisons plus. Persuadés « que nous ne pouvons rien y faire, que c'est la vie qui veut ça », on en profite tant qu'on en a, pendant que d'autres en manquent, et d'autres encore en trafiquent jusque sur le dos de nos enfants. On laissera donc faire jusqu'au moment où il sera trop tard, comme d'habitude. Tous nos problèmes actuels sont liés à notre rapport à l'argent et à la valeur que nous donnons aux gens, aux choses. Quel avenir pour une humanité qui ferme les yeux sur la souffrance de ses enfants, mais qui ouvre son portefeuille aux deniers qu'elle lui rapporte ? Décidément, c'est récurrent. Nous sommes vraiment les choix que nous faisons…

NOTES

(1) Le Vietnam étant une ancienne colonie française, la langue y est enseignée

(2) Christian Van Geloven, originaire d'Eindhoven, aux Pays-Bas, et cadre supérieur, fut arrêté en 1991 et condamné en 1994 à la réclusion à perpétuité pour le meurtre crapuleux de deux fillettes dans la région de Perpignan. D'après les légistes, il s'agissait de « jamais vu » au niveau des tortures qu'il infligea à ses victimes. Criminel sexuel multirécidiviste, il fût condamné une première fois en 1984, pour agression sexuelle et encore plus tard, pour attentat à la pudeur. En 1984, il ne sera condamné qu'à 4 ans de prison, car les magistrats n'ont pas repris en compte la déposition éloquente de sa sœur adoptive, victime de ses 5 à 12 ans des viols répétés de Van Geloven. Ne disposant pas de cette déposition (pourquoi ? Une négligence sans doute), les experts le considèrent comme un simple névrosé, et non comme le pervers qu'il est. En 1990, il récidive, mais cette fois, il massacre Ingrid et Muriel, 10 ans.

(3) René Michaux, maréchal des logis-chef à la BSR de Charleroi à l'époque de l'affaire Dutroux, est l'homme qui avait entendu des enfants chuchoter, mais avait pensé que cela provenait de la rue. Il est également présent lors de la perquisition du 13 décembre 2005 où des centaines de cassettes vidéos appartenant à Dutroux furent saisies. Cassettes dont on n'entendit plus jamais parler. À l'occasion des

« 10 ans de l'affaire », Jean-Denis Lejeune (le papa de Julie) demanda à nouveau à Michaux de ne pas emporter ses secrets dans la tombe...

(4) Il travailla dans la Marine, avant de devenir un travailleur social et un expert qualifié.

(5) Pour avoir accès à leur formation, on ne peut pas être diplômé d'une autre université en psychologie. Il faut arriver vierge de tout programme commun.

(6) Centre National pour enfants disparus et exploités.

(7) paru aux CRC Press LLC en 2001

(8) Cette conversation a du être entendue, car, aujourd'hui (mai 2007), la loterie nationale met ses écrans présents dans les commerces à disposition de Child Focus. Seules les disparitions considérées comme inquiétantes bénéficieront de ce support inattendu.

9) Sigmund Freud (1856-1939), père de la psychanalyse. Il définit le fameux complexe d'Œdipe en 1910, qui par la suite « excusera » souvent l'inceste.

(10) Jacques Lacan (1901-1981) Psychanalyste français, génie pour les uns, imposteur pour les autres, il fût à l'origine de l'« École freudienne de Paris » fondée en 1964, mais était controversé pour son côté provocateur et iconoclaste. Leurs théories se discutent encore au sein des universités.

(11) En mai 2004, des fouilles ont été entreprises dans une demeure de Molenbeek (commune bruxelloise), mais malgré quelques pistes, dont celle d'un pédocriminel déjà condamné en 2002 pour des faits similaires, on apprenait, en février 2005, que l'enquête n'avait pas abouti. De plus, les faits sont prescrits... Ne serait-il vraiment pas possible de lever les prescriptions pour ce genre de crimes ?! En est-on incapables ou n'en a-t- on pas assez envie ? !Bien que Child Focus ait encore diffusé, en ce même février 2005, des photos de Gevrije au moment de sa disparition ainsi que des photos retravaillées, estimant le visage qu'il aurait aujourd'hui, les parents de ce petit garçon n'ont plus que leurs yeux pour pleurer... Auront-ils un jour la possibilité de

faire complètement leur deuil ? Si toutefois on peut tourner la page un jour dans ce genre de cas…

12) NDA : On l'a bien vu dans le cas de Carine Russo (la maman de Melissa) qui se retrouva devant le tribunal pour avoir « osé » remettre en question certains aspects du dossier.

(13) International Center for Molested and Abused Children (Centre International pour enfants disparus et maltraités)

ASBL, fondée en 1994. Parmi les premiers à faire partie du groupe se trouvent Marie-Noëlle Bouzet, la maman de la petite Elizabeth Brichet, Annemie Janssen, une juriste, ainsi que des professionnels confirmés, des étudiants et des volontaires soucieux d'apporter leur contribution à la mise en place de ce « carrefour ». En plus de l'accueil de victimes et de l'écoute offerte aux agresseurs, le centre se veut une synthèse d'informations et de solutions d'aide, accessible à tous. Il s'agit pour Carine et ses collaborateurs d'assurer, par ce vecteur, une permanence pour quiconque confronté à un problème de pédocriminalité, ainsi qu'une banque de données destinée à tous les professionnels et consultable à tout moment. On y traite également des disparitions d'enfants, de criminels en cavale, d'enfants nés sous X et « volés » à leurs mamans (Carine parle de cette problématique dans son livre *Kleine zondaars*).

Actuellement, l'ASBL est en « pause ». Carine travaille cependant à une nouvelle dynamique pour l'ICMAC. J'eus beau essayer de la manipuler pour lui soutirer quelque information, c'est une thérapeute-profileur, je n'avais aucune chance.

Chapitre IV

Le fléau

La source

Évidemment, ça paraît simple : les racines du mal sont notre ignorance et nos définitions très personnelles de la liberté individuelle. Nos définitions « tout court », du reste… Car si l'on prend le mot « enfant », on peut déjà se faire une vague idée de la considération que l'être humain avait pour sa descendance. « Enfant » vient du latin « infans » qui signifie « celui qui ne parle pas »…

Celui qui ne sait pas parler ? Celui qui ne peut pas parler ? Celui qui doit se taire ?

En tout cas, celui que l'on n'entend pas.

On n'en sait pas beaucoup sur la condition ni la sexualité des enfants des cavernes, mais, durant l'Antiquité, l'enfant est à peine considéré, car petit, fragile et improductif.

En Grèce, on lui apprend tout de même le sport et la lecture, mais il a souvent faim et froid.

À Rome, le père possède tous les droits sur lui : le vendre, le renier, l'exposer, et bien entendu, le tuer. À cette époque, les enfants étaient aussi souvent des esclaves sexuels.

Il faudra attendre Romulus pour que tuer des enfants de moins de 3 ans soit interdit…

Au Moyen-âge, guère d'évolution, si ce n'est que les parents pouvaient faire don de leur enfant à l'Église. Cela s'appelait une oblation.

Si cela permettait à certains d'échapper à la mort, cela n'en était pas moins une contrainte précoce, voire une vocation quelque peu forcée. Parmi les futurs serviteurs de Dieu : des enfants handicapés, illégitimes ou orphelins. Les autres entraient en apprentissage, les filles à 6 ans (servantes par exemple), les garçons dès 7 ans. Les filles se mariaient à 12 ans, les garçons à 14. Dans le Larousse de 1970, oblation veut dire : offrande d'une victime à Dieu, dans le Petit Robert 2006 on a enlevé le mot victime, il reste : action d'offrir à Dieu.

Sous l'Ancien Régime, on voit apparaître une loi. Les violeurs sont condamnés par pendaison, mais les degrés de punition varient en fonction des victimes et de la fortune de l'agresseur. Il est moins grave de violer une jeune fille pubère qu'une fillette, car, une fois déflorée, elle ne représente plus un bon parti. Les textes de loi précisent aussi qu'une atteinte à un esclave sera moins grave qu'une atteinte à une jeune fille de bonne famille. Tout comme à notre époque, beaucoup de victimes se taisent, il n'y a pas beaucoup de procès pour ce genre d'affaires, et souvent les juges doutent de la victime. Lorsqu'une plainte aboutit, elle est réglée « à l'amiable » par le versement d'une somme compensatoire. Le viol est banalisé, minimisé, on préfère traiter les affaires de vol, car l'atteinte au bien d'autrui peut amener le trouble dans l'ordre établi...

La Révolution française verra naître un premier code civil obligeant les parents à surveiller et protéger leur enfant. L'école primaire devient obligatoire et gratuite en 1793.

À partir de là, nous prenons, semble-t-il, de plus en plus conscience de la nécessité de donner à nos enfants le droit d'être une personne à part entière, mais il faudra attendre jusqu'au 20 novembre 1989 pour qu'il soit protégé dans son intégrité par une Convention internationale. Les pays signataires s'engagent à changer leurs lois afin qu'elles y correspondent. La Belgique la ratifie en 1991. Malgré tout, des millions d'enfants sont toujours abusés et très timidement défendus de par le monde. Finalement, on a appris à écrire et à signer des petits papiers, mais on ne comprend pas encore bien ce qu'on écrit, quant à nos obligations, pardon Madame, mais nous avons un marché à surveiller. Et comme nos enfants en font toujours partie à part entière… Non seulement ils participent encore activement à la production d'articles que nous affectionnons, mais ils sont eux-mêmes encore et toujours un produit de consommation directe pour certains.

Est-ce la pédocriminalité ou notre mauvaise foi, le fléau ? Toutes deux gangrènent notre société aussi insidieusement l'une que l'autre.

Quant à chiffrer exactement les dégâts conséquents qu'elles peuvent occasionner sur nos enfants, la tâche demeure aléatoire. Tout comme nos statistiques sur la question : « On sait combien de vaches, de poules et de cochons on a, on sait où, quand et comment ils meurent, mais on ne sait pas chiffrer exactement combien d'enfants sont abusés ou disparaissent ou meurent, ou les trois en même temps ! ». Ce qui suit est extrait du rapport (1988) d'Anna Salter, Docteur en Psychologie clinique et pratique. Également auteur de livres[1] et de vidéos[2] éducatives (non traduits encore, hélas), elle est experte dans le domaine de l'abus sexuel de l'enfant, du traitement des victimes et des criminels.

L'abus sexuel est le secret le mieux gardé. Malgré le fait que des études montrent, à partir de 1920, que l'abus sexuel était un grave problème, l'information a été largement ignorée par les professionnels et ces études ont rarement été exposées au grand public. Une théorie accommodante a été utilisée pour expliquer le nombre de femmes adultes qui se plaignaient d'abus sexuels pendant leur enfance. Elles étaient victimes, non pas des criminels sexuels, mais des fantaisies d'Œdipe (Masson, 1984). Ces adultes et enfants, dont on savait qu'ils étaient fréquemment abusés, se voyaient accusés et responsables pour les attaques qu'ils avaient subies. Abraham écrivait en 1927 que : « Les hystériques femelles, en particulier, sont à la recherche permanente d'aventures. Elles sont violées en plein public, des agressions sexuelles extrêmes sont commises sur elles, etc. C'est dans leur nature de s'exposer aux influences externes traumatisantes. Il semble y avoir en elles un besoin d'être constamment le sujet de violences externes.

Ici nous reconnaissons une caractéristique psychologique généralisée des femmes, mais dans une forme exagérée. »

À cette époque, les enfants victimes ont souvent été décrits comme « séduisants » et/ou « provocateurs » (p. ex. Morh, Turner, & Jerry, 1964 ; Revitch & Weiss, 1962. Virkkunen, 1975)

Les bases cliniques de ces observations reposaient parfois seulement sur des interviews d'agresseurs sexuels. Revitch et Weiss (1962) notaient que : « Nous n'avons eu que rarement l'occasion d'examiner des victimes de pédophiles ; malgré cela, nous avons l'impression clinique que très souvent l'enfant-victime est agressif et séduisant et invite l'adulte-agresseur à commettre l'acte criminel. » Dans un article (1981), Virkkunen déclarait que : « la parole du criminel devait être prise plus au sérieux que celle de la victime si, dans des rapports officiels, il y a avait un récit contradictoire au sujet de la participation de la victime ».

Il est évident que, dans des circonstances pareilles, il y avait peu d'intérêt à traiter les criminels sexuels. Certains professionnels suggéraient que «la victime participante» avait plus besoin de traitement que le criminel : « Contrairement aux autres crimes sexuels, les agresseurs masculins n'ont pas une pathologie spéciale et la fille victime est plus en besoin d'aide psychiatrique ou d'autres formes d'attention » (Slovenko, 1971)

Il est clair que le déni professionnel et le déni social étaient marquants pour ce siècle.

Florence Rush (1980), Judith Herman (1981), Jeffrey Masson (1984) et d'autres ont documenté ce déni de long en large. Grâce à leur travail et leurs efforts et grâce aux survivants adultes qui commençaient à parler de l'impensable à voix haute, ce déni a commencé à se réduire. Malheureusement, avec la reconnaissance de la nature exponentielle de l'abus sexuel sur l'enfant, un « backlash »[3] fut installé par ceux qui continuent à prétendre que le problème est exagéré. Le silence a été remplacé par l'opposition vocale. (Hechler, 1987). Mais l'indicible a été dit, et tout le monde n'allait pas l'étouffer. Des études crédibles ont avancé que le nombre de femmes victimes dans leur enfance se trouve entre 28 et 38 % de la population, dépendant du fait que vous examiniez des filles en dessous de 14 ou 18 ans. (Russel, 1984). Presque la moitié (44 %) des femmes adultes dans l'étude méthodologique de Russell a été victime de viol ou de tentative de viol.

Des études d'Abel et coll. (1987), il ressort que le pédophile moyen orienté vers les filles et le pédophile orienté vers les garçons, faisaient respectivement 20 et 150 victimes durant leur vie.

Dans une étude confidentielle et bénévole, 232 violeurs d'enfants avouaient avoir fait 17 000 victimes en dessous de 14 ans. Ce qui fait environ 73 victimes par criminel.

Pris en considération aussi, pour tous les autres types d'actes (allant de la masturbation à l'attouchement) 561 autres criminels sexuels avouaient avoir commis 291 000 actes déviants avec un total de 195 000 victimes. Ce qui fait une moyenne de 347 victimes par criminel.

De là à dramatiser un peu, il n'y a qu'une raison…

*

* *

D'où viennent ce déni et cette minimisation pour les dégâts réels sur nos enfants ?

Je ne sais pas moi. *(rire plutôt désespéré)* Peut-être parce que le système est freudien ? C'est- Freud-qui-le-dit-alors-c'est-vrai… Je ne sais pas, mais je me suis un peu renseignée sur Freud. Il était apparemment amoureux de sa belle-mère et il se posait quelques questions sur l'inceste et les dégâts éventuels que cela pouvait causer. Fliess[4], qui était un très bon ami à lui, lui a vivement déconseillé d'en parler ou de faire du vent autour de ça. Il craignait que Freud ne perde les subsides qui lui étaient octroyés pour ses recherches. On pourrait y voir la source de ce virus de négation, de dire que ce sont des fantasmes d'enfant, etc. Ça vient de Fliess. Parce que Freud était sur le bon chemin en ce qui concerne tout ce qui touchait aux dégâts que l'abus sexuel dans l'enfance pouvait occasionner… Mais d'un jour à l'autre, au cours d'un passage à Paris pour un de leurs « congrès », il tourne son avis de 180 degrés, se range totalement du côté de Fliess, et hop, le déni s'installe insidieusement… Ce sont des fantasmes de gosses hystériques en quête d'attention… Mais, il y a trois ou quatre ans, le petit-fils de Fliess a dit « Mon grand-père, c'était un pédophile »…

Je vois… Mais Freud, pourquoi ce revirement subi ?

Fliess était son ami, il l'aura écouté sans imaginer à mal.

Sans doute aussi à cause de la pression sur ses subventions, et parce que, dans le monde où il évoluait comme éminent psychiatre, on risquait de le laisser tomber… Encore une fois, il y a toute une vérité derrière Freud que l'on ne veut pas voir. (Encore que cela commence petit à petit à évoluer, j'ai l'impression, tant mieux). Mais, si on me demande à moi, qui est le plus dangereux criminel en série que j'ai connu, je dis Freud ! *(rires)*

Carrément ?!

Ah oui et je ne reprends pas un mot, parce qu'à cause de lui il y a des millions d'enfants qui n'ont jamais été crus ! Et le virus s'est propagé dans les tribunaux, parce que, dans ces cas-là, ils font venir un psychiatre qui, bien trop souvent encore, va remettre en question le discours de l'enfant.

En France, attaquer Freud, c'est presque comme attaquer Dieu ! Alors, quand je dis que pour moi, c'est le plus grand des criminels, je sais que je me mets une bonne partie de tous les psys à dos. Uniquement parce que je remets en question leurs théories, et ça : outrage ! « On a un diplôme, on a appris comme ça, on va le faire comme ça ! » Ils ne sont même plus critiques, ils ne veulent même pas savoir si le système qu'ils appliquent sur les victimes c'est le bon système…

Pourquoi ? Parce que si ce n'est pas le bon, cela implique qu'il faille en changer, et ça, le changement, quelle angoisse ! Et je l'admets, le changement c'est parfois angoissant, là je vais m'installer dans un pays dont je ne parle pas la langue et que je ne connais pas, c'est angoissant, mais c'est un choix que je fais. Quand vous choisissez de travailler avec des victimes, avec des enfants, vous n'avez pas le droit de mettre en avant votre angoisse personnelle, vous ne pouvez pas avoir peur de changer ou d'explorer d'autres possibilités. Vous n'avez pas le droit de n'appliquer qu'une seule théorie ! Comment voulez-vous bien faire votre travail si vous ne vous remettez pas en question et si vous ne remettez pas en questions les théories que l'on vous a apprises ? C'est comme ce fameux complexe d'Œdipe… À l'unif, je me souviens avoir interrogé mes compagnes de classe : « Tiens, tu as sincèrement voulu faire l'amour avec ton père, toi, quand tu étais petite ? ». On a vraiment bien réfléchi à tout ça, et je vous jure qu'on a été loin dans l'auto-analyse. *(rires)* Jamais aucune de nous n'avait éprouvé le complexe œdipien ! Je ne dis pas que ça n'arrive jamais. Je dis simplement que chez les enfants équilibrés cela n'arrive pas. Il y a, certes, une admiration pour le père ou la mère, un grand amour bien sûr, mais aucune envie sexuelle.

Un enfant recherche et attend la protection, pas la pénétration !

Certaines théories trop ancrées peuvent aussi amener facilement à des débordements, vous en avez en tête ?

Combien de professionnels adopteront par lâcheté des théories qui vont à l'encontre de leur éthique ? Pour bien appliquer le « système », pour faire comme les collègues ? Kinsey[5] est un exemple en la matière ! J'ai son livre, c'est une pièce d'anthologie et d'antiquité. J'ai aussi pu mettre ma main sur la vidéo du reportage[6] d'un groupe d'Américains qui a complètement démonté tout son système il y a une dizaine d'années.

En fait, ils ont été revoir tous ceux qui ont travaillé dans ce centre et ils ont découvert que la plupart des auteurs de ces études étaient pédocriminels ou complices… Il faut voir leurs « tableaux » : un bébé de trois mois, autant d'orgasmes par heure, ça prend autant de secondes, est pris de convulsions tellement il est excité…

Peut-on m'expliquer, à la base, l'utilité de cette « étude » ? Vous me direz qu'à l'époque d'Hitler, on a aussi fait un tas d'expériences abominables… Mais Hitler a été bien cadré[7] par la suite, et ses théories ne sont pas enseignées à l'université, nous sommes bien d'accord. Alors, quelle est la différence entre un Kinsey et ses perversions, et un Hitler et les siennes ?

Pour moi, ces « chercheurs » étaient des pédocriminels subventionnés, point barre. Et personne n'est intervenu. En attendant, pendant des années, ce sont des enfants de 3 mois à 15 ans qui ont été « testés » comme ça… Heureusement, plus tard, quelques personnes se sont dit : « Mais attendez, c'est quoi ces études alors que la loi interdit, normalement, ce genre d'actions ?! ». Des « professionnels » payés par l'État américain pour masturber des gosses toute la journée ! Qui étaient ces enfants ? Que sont-ils devenus ? Les parents étaient-ils vraiment au courant de ce que ces scientifiques faisaient à leur bébé ? On n'en parle jamais de tout ça, et ceux qui osent s'y frotter sont mal vus. Kinsey et Freud sont toujours enseignés à l'université sans aucune remise en question claire. Notre enseignement est le même depuis 120 ans, et le pire c'est que, lorsque ça tourne mal pour une victime, le parapluie est à nouveau idéal : « Moi, j'applique ce que j'ai appris »… pour ne pas prendre de responsabilité personnelle. Je ne fonctionne pas comme ça, si je commets une faute, diplôme ou pas, je vais en taule, point. J'assume, donc je n'ai pas le droit à l'erreur.

Vous vous remettez tout le temps en question…

Tout le temps, de minute en minute, c'est un boulot éternel, une formation continue, c'est de l'« auto-profiling » permanent, voilà ! *(rires)* Mais aussi avant d'appliquer quoi que ce soit. Je remets tout en question. Hors de question d'aller expérimenter des théories, si « fondées » soient-elles, sur des victimes.

En fait, vous faites en même temps le profil de la société, celui du « système », des comportements humains, de la nature…

Mais c'est ça la vie, non ? Ce sont toutes ces choses qui auront une influence directe ou indirecte sur nos comportements, donc sur celui des criminels. Je n'ai pas le droit de ne m'y intéresser qu'un peu, si je choisis ce métier… Ce serait comme être « un peu » enceinte. On est enceinte ou on ne l'est pas, non ?! *(rires)*

Différentes formes de pédocriminalité

La pédocriminalité est présente à tous les niveaux sociaux, riches ou pauvres, cultivés ou ignares ; on trouve des pédocriminels partout et de toutes sortes. Leurs infractions vont de l'attouchement, au viol, pour aboutir parfois à la torture lourde, puis au meurtre. Elles sont motivées par les frustrations de l'agresseur, son éventuel état de victime, son orgueil, ses problèmes relationnels, son ingérence émotionnelle… Les raisons peuvent être multiples. Chaque agresseur, chaque victime, chaque crime sont uniques.

On distingue quatre grandes formes de pédocriminalité :

La pédocriminalité *isolée*, où le pédocriminel s'attaquera à un enfant qui ne sera pas le sien, selon l'occasion. Sans pour autant les stigmatiser, il est évident que la pédocriminalité sera plus présente ou plus concentrée dans certaines professions et dans certains contextes. Logique, puisque les pédocriminels vont plutôt chercher à travailler, ou à évoluer dans des sphères où ils auront des chances de se retrouver en contact avec des enfants.

Il y a ensuite la pédocriminalité *familiale*, où, par définition, le pédocriminel s'attaquera à son propre enfant ou à un enfant de son entourage familial.

Nous avons aussi la pédocriminalité *sectaire*. Malgré qu'elles soient toujours interdites par la loi, nous savons que certaines sectes ont pignon sur rue et, s'il ne faut pas aveuglément accuser toutes les sectes d'être pédocriminelles, il faut admettre qu'elles peuvent malgré tout, comme n'importe quelle autre société, compter leur lot de pédocriminels.

Il est aussi intéressant, sinon effrayant, de constater que certaines d'entre elles vont jusqu'à prévoir une « éducation sexuelle » à leur programme d'« éveil »… En d'autres mots : entretenir des relations sexuelles avec son ou un enfant est indispensable afin de lui permettre de s'épanouir.

On ne chiffre pas non plus combien d'enfants sont ainsi lobotomisés, asservis et abusés, ou tués, lorsqu'il s'agit d'une secte à tendance sataniste violente. Tous les jours, leur souffrance et leur prison sont camouflées par notre indifférence et notre culte de la liberté individuelle.

Le profil des victimes de sectes est le suivant :

- Personnes en recherche d'identité.
- Personnes en errance.
- Adolescents en difficulté.
- Personnes recherchées par les autorités.
- Personnes faibles, manipulables et influençables.
- Enfants dont les parents sont déjà adeptes de la secte.

Quant à leur mode opératoire, elles donnent l'impression à leurs victimes que celles-ci vont trouver la protection ainsi qu'un sens à leur vie. À la recherche permanente de nouveaux membres, elles traquent, puis isolent leurs proies. N'ayant plus de contact avec l'extérieur, les liens familiaux et amicaux étant petit à petit cassés par la secte, les victimes n'ont plus personne pour les ramener à la réalité. Commencera alors le lavage de cerveau, dans le but d'obtenir une totale docilité des victimes.

Grâce au progrès, les pédocriminels peuvent aussi s'organiser *en réseaux.*

Il y a trois différentes formes de réseaux :

- L'enfant est partagé par différents criminels.
- Un criminel viole différents enfants.
- Différents criminels violent différents enfants.

Le réseau du « Zandvoort »

Il y a, par l'intermédiaire de l'Internet, des échanges de photos et autre matériel pornographique mettant en scène des enfants seuls, entre eux, avec des adultes ou des animaux. Le plus connu d'entre eux est probablement le « Zandvoort » (du nom d'une région hollandaise). Cinq livres supplémentaires seraient sans doute nécessaires pour en décrire l'historique, l'étendue et la complexité. Il est illustré par 2 656 répertoires de 77 463 fichiers de photos ou vidéos impliquant des mineurs. On y passe de la pédopornographie « douce » (un bébé de 3 mois se faisant « doigter » ou pratiquant une fellation), à la lourde (une fillette de 6 ans pendue par les mains, un sac sur la tête, des pinces dans les tétons et une bouteille de bière dans le vagin...) Ce réseau, lié au « Temse », « Madère », « C.R.I.E.S. », « Spartacus », et autres « Coral », est tentaculaire et gigantesque. Cela fait 11 ans que les autorités belges, françaises, néerlandaises sont en possession de CD-Rom contenant les images de 90 081 victimes. Images sur lesquelles on peut, pour beaucoup, situer des lieux, ou identifier des victimes, ou des agresseurs.

Marcel Vervloesem, du Werkgroep Morkhoven[8], est à l'origine de la saisie des Cd-Rom. Certes, Vervloesem opéra de façon peu orthodoxe pour récupérer les CD chez Gerit Ulrich, l'une des têtes du réseau, mais il le fit surtout au nez et à la barbe des policiers en faction devant le domicile d'Ulrich...

Sur le net, le site du Morkhoven est régulièrement attaqué par d'agressifs virus informatiques.

Néanmoins, ses membres continuent officieusement leurs recherches sur les réseaux, pendant qu'officiellement les enquêtes piétinent.

Plusieurs personnes se sont encore et inlassablement inquiétées, en 2005, des fameux CD-Rom. Notamment auprès de notre ministre de la Justice, Laurette Onckelinckx[9].

Après avoir invoqué le secret de l'instruction, Madame la Ministre a rappelé à Zoé Genot[10] qui l'interrogeait gentiment mais fermement, que tous les CD n'avaient pas encore été examinés et qu'elle ne pouvait pas donner de réponse précise concernant des « dossiers individuels ». Ce à quoi Genot répondit qu'elle n'avait pas posé une question sur un dossier individuel, mais bien sur 20 CD étant en possession du gouvernement belge depuis 2001. Laurette précisa que c'était bien ce qu'elle disait : « un dossier précis »... Plus tard, à la télévision, elle ajoutait : « De toute façon, il n'y a aucun enfant belge concerné ! ». Ainsi donc, tous les CD n'ont pas encore été examinés, mais on connaît la nationalité des enfants dans, au moins, deux des pays concernés....

Car du côté français, c'est Yvon Tallec[11] qui se distinguait par sa naïveté (ou son culot) vis-à-vis de notre bon sens, je le cite : « Un certain nombre de ces clichés sortent de revues où les mineurs ont été photographiés, la plupart du temps avec non seulement leur accord, mais l'accord de leurs parents. Certaines des photos sont des matériaux très anciens. Il faut minimiser, en tout cas en France, la portée de cette affaire, dans la mesure où de nombreux enfants présentés ici ne sont pas des enfants français. »

Pour sa part, lors de pointus articles, Vincent Decroly[12] s'interrogeait aussi en 2005 : « À quand des actions prioritaires contre la dimension mafieuse de cette criminalité ? », « À quand les arrestations des criminels visibles sur ces films, et des têtes de réseaux qui commercialisent le produit ? », et enfin « À quand le traitement méthodique de tout ce matériel ? ».

Notre FCCU (Federal Crime Computer Unit) semble se préparer à utiliser les moyens en sa possession. Il ressort, hélas, que ces moyens sont plus utilisés comme « moyens d'appui » que comme une unité directement opérationnelle. On y traite les données recueillies sur les détenteurs de matériel et sur les constats de diffusions, mais on ne se penche pas sur l'identification des victimes et donc des agresseurs. De plus, il semblerait qu'en dehors de cela d'autres missions préoccupent les employés de cette structure composée de quatre sections :

- « La Gestion » : qui s'occupe de tout ce qui est « technologies d'information et de communication » (ICT Information & Communication Technology), aide à déterminer des standards et des méthodes, et est en charge de l'achat du matériel spécifique et des formations...
- « L'Assistance opérationnelle et l'analyse légale » : qui fournit l'appui spécialisé aux services de recherches centraux et aux CCU régionales pour les recherches dans les ICT dans le cadre de la criminalité « traditionnelle ».
- « La lutte contre la criminalité ICT » : qui assiste les CCU régionales dans le traitement des dossiers de la criminalité informatique et des fraudes aux télécommunications. Elle étudie également le phénomène.
- « La recherche sur internet » : elle gère le PCCPFI (Point de Contact Central de la Police Fédérale sur Internet), où arrivent toutes les dénonciations de pornographie enfantine. Elle travaille étroitement avec le Service TEH de la police fédérale. Elle est également l'appui technique des projets proactifs de la lutte contre la criminalité sur internet.

Comme le souligne encore Vincent Decroly : « Les moyens mobilisés pour cet utile travail descriptif ne sont donc pas disponibles pour des investigations opérationnelles tout aussi utiles. On comprend mieux pourquoi les résultats obtenus en matière d'identification de victimes et de tortionnaires demeurent maigres en regard du nombre d'arrestations de consommateurs d'images pédopornographiques ».

La dimension de « crime organisé » passe au second plan, du coup. On arrête le consommateur d'images, mais on ne se préoccupe pas de celui qui a filmé ou photographié, ni de celui qui est filmé ou photographié, ni de la victime...

Depuis 2005, la France possède son centre national d'analyse d'images pédopornographiques à l'Institut de recherche criminelle de la gendarmerie nationale. Leur base de données comporte un demi-million de photos. Tout ce qui est sur l'image est traité, analysé, décrypté, et permet de déterminer d'éventuelles correspondances entre des affaires afin de démanteler les réseaux d'échanges de photos. Chez nous, il y a plus de 8 ans qu'une commission d'enquête adoptée par la Chambre des Représentants demandait l'investissement de moyens pour acquérir ce type de base de données. Les milieux policiers et judiciaires l'attendent également. Il y eut même des pétitions par l'ASBL « La Voix du Silence ». Curieusement, personne ne semble avoir entendu ses doléances. La machine ne se met en route que très timidement.

Une tolérance tacite

Dans la cuisine, ce midi, un air mélodieux et bien connu depuis sa sortie en 1972…

Je me surprends à chantonner quand Carine me lance un de ses regards au sourcil levé : « C'est ça ! Vous savez ce que vous chantez au moins ? » Évidemment, mimé-je d'un mouvement d'épaules. « Eh bien, écoutez bien les paroles et on en reparle ! »

Pour la peine, je vous les traduis (comme je peux, et sûrement sans le côté « poétique » de l'auteur…) Il s'agit d'une ballade de Gilbert O'Sullivan :

Clair, the moment I met you I swear
Claire, au moment où je t'ai rencontrée, je le jure,
I felt as if something somewhere had happened to me
J'ai senti que quelque chose quelque part m'arrivait
Which I couldn't see and then the moment I met you again
Que je ne pouvais pas voir et puis lorsque je t'ai revue
I knew in my heart we were friends
J'ai su, au fond de mon cœur, que nous étions amis
It had to be so. It couldn't be no
Il fallait que ce soit ainsi. Cela ne pouvait être « non »
But try as hard as I might do I don't know why

Mais essaye aussi fort que moi, je ne sais pas pourquoi
You get to me in a way I can't describe
Tu viens à moi d'une façon que je ne peux décrire
Words mean so little when you look up and smile
Les mots ne veulent plus rien dire lorsque tu me regardes et souris (en anglais "look up" veut dire regarder vers le haut : première petite subtilité).
I don't care what people say, to me you're more than a child
Je me fous de ce que les gens peuvent dire, pour moi tu es plus qu'une enfant (là, il n'essaye même plus de faire subtil…)
Oh ! Clair, Clair, Clair, if ever a moment so rare was captured for all to compare
Claire, si un moment si rare était capturé pour le comparer aux autres
That moment is you. It's all that you do
Ce moment c'est toi. C'est tout ce que tu fais
But why in spite of our age difference do I cry
Mais pourquoi je pleure, de dépit sur notre différence d'âge
Each time I leave you I feel I could die
Chaque fois que je te quitte, j'ai l'impression que je pourrais mourir
Nothing means more to me than hearing you say
Rien n'est plus significatif pour moi que de t'entendre dire
I'm going to marry you. Will you marry me Uncle Ray ?
Je vais me marier avec toi. Tu veux te marier avec moi, Oncle Ray ?
Oh ! Clair, Clair, Clair, I've told you before, don't you dare
Claire je te l'ai déjà dit. N'ose pas
Get back into bed. Can't you see that it's late
Retourne dans ton lit. Tu ne vois pas qu'il est tard
No you can't have a drink
Non tu ne peux pas avoir à boire
Oh ! all right then but wait just a bit
Oh d'accord alors, mais attends juste un peu
While I, in an effort to baby sit,

Quand dans un effort de te garder
Catch of my breath what there is left of it.
Je reprends mon souffle, du moins ce qu'il en reste
You can be murdered at this hour of the day
Tu peux être assassinée à cette heure du jour ?
But in the morning this hour will seem a lifetime away
Mais au matin, cette heure paraîtra très loin
Oh ! Clair, Clair

« On ne fait vraiment plus attention à rien, tout est normal. Au nom de la liberté d'expression. Depuis le temps que les pédocriminels s'expriment et clament leur "amour" de toutes les façons possibles et imaginables. Vous verrez, on n'est pas loin d'une tolérance sociale… »

Et l'anecdote qu'elle me narre en rajoute une couche en même temps sur notre sens des valeurs…

Elle surprit un jour un ministre lors d'une émission de télévision où le débat concernait cette nouvelle « mode » de grandes surfaces : le string taille 7 ans. À ce monsieur qui minimisait le concept en scandant qu'il ne fallait pas pour autant se laisser aller à voir des pédosexuels fleurir partout parce que les petites filles portaient des strings, elle proposa un petit exercice d'empathie et de réflexion :

C.: Fermez-vous votre voiture à clé ?
M.: Évidemment.
C.: Votre voiture dispose-t-elle d'une alarme ?
M.: Oui.
C.: Pourquoi tant de protection pour une bête voiture ? Vous voyez donc des voleurs partout ? Moi, ce que je vois, c'est que ce que vous pouvez faire pour votre paquet de métal, vous refusez de le faire pour des enfants…

On peut continuer à inventer des lois qui protègeront nos enfants et à ne pas appliquer celles que l'on possède déjà, ou on peut aussi décider de limiter les « provocations » inutiles… Mais comme dit

Carine : « On ne peut pas empêcher les gens de fabriquer des strings pour gosses s'ils doivent faire vivre leur famille, mais, par contre, on peut peut-être les aider à se recycler… De quoi vivaient-ils avant de fabriquer des strings pour enfants ? »

Nous subissons un marché du tout et n'importe quoi, des décisions, des lois, des règles de toutes sortes, sans plus broncher. « On constate une lutte, voire même une agression contre la cigarette. À quand contre l'addiction au sexe avec des enfants ? Où sont les affiches (non explicites pour les enfants, mais claires pour les adultes) ? Où sont les peines et avertissements exemplaires ? Je trouve que c'est quand même plus grave de tuer un enfant que de fumer une cigarette. Du moment qu'on ne fume pas sous son nez, évidemment ! Quand je vois le tapage anti-tabac, et les amendes que l'on risque pour fumer, et quand je vois celles infligées aux pédocriminels et le non-investissement de l'État dans des campagnes de prévention sur la pédocriminalité, je trouve les proportions douteuses ! C'est quoi ces valeurs ? »

Comment, évidemment, ne pas réaliser que derrière toute problématique se cache de la mauvaise foi, de l'hypocrisie, ou de la peur, du moins un manque crucial de discernement, et se rappeler, comme une évidence ou une intime conviction, que décidément, nous avons une réelle responsabilité individuelle par rapport aux choix que nous faisons de subir ou pas toutes ces « agressions » à notre bon sens… J'ai toujours pensé qu'en étant adultes et responsables, on cherchait à tout prix à donner un « sens » aux choses et une valeur aux personnes que l'on se targue de considérer. Parce que, sinon, il me semble que cela n'a pas de sens et que, du coup, si ça n'a pas de sens, plus rien n'a de sens, et on finit par se persuader que tout est excusable.

J'étais encore à mille lieues d'imaginer jusqu'où nous étions capables d'aller…

Un nouveau parti politique

Dans la plupart de nos démocraties, la pédocriminalité et la pédosexualité sont considérées comme illégales.

Il semble vraiment triste de devoir rappeler que, depuis 1989, les enfants ont des droits et sont, notamment, censés être « protégés » de toute atteinte à caractère sexuel jusqu'à leur majorité sexuelle. Chez nous, elle est considérée à 16 ans. Certains politiques aimeraient la voir baisser à 14 ans, et d'autres, ailleurs, à 12 ans.

Ainsi, le 31 mai 2006, nous apprenions qu'un nouveau parti politique faisait son apparition en Hollande. Le NVD, ou « Naastenliefde, Vrijheid en Diversiteit »[13]. Président : Marthijn Uittenbogaard (34 ans). Trésorier : Ad Van Den Berg (62 ans). Secrétaire : Norbert de Jonghe (28 ans). Profil des jeunes hommes : gendres idéaux, l'un au look sportif, l'autre intello. Profil de l'aîné : bonne vieille tête de tonton. Leur portrait est visible sur le site du parti : www.pnvd.nl.

Il ne s'agissait pas d'un canular, quelques semaines plus tard ce parti était officiellement reconnu par ce pays. Son programme :
- suppression du Sénat et de la fonction de premier ministre ;
- prison à vie en cas de récidive pour assassinat ;
- punitions uniquement pour les relations sexuelles forcées ou dangereuses ;
- majorité sexuelle à 12 ans, avec autorisation de participer à des productions pornographiques ;
- élimination à long terme de cette majorité sexuelle ;
- légalisation de la pédopornographie à usage privé ;
- drogues douces autorisées à 12 ans, drogues dures à 16 ;
- prostitution autorisée à 16 ans ;
- légalisation de la zoophilie, mais punition lorsque les animaux sont maltraités.

Si 82 % des Hollandais rejettent ce parti, la Justice hollandaise, elle, ne l'a pas interdit.

Au nom de la sacro-sainte liberté d'opinion et de la démocratie. Certes, il faudra à ces nouveaux hommes politiques la signature d'au moins trente sympathisants pour pouvoir se présenter, et soixante mille pour avoir un élu. Mais on est en droit de trembler, même si les sondages locaux ne leur assurent que mille voix[14].

Chez nous, à peine un petit encart dans le journal et un titre sans reportage au JT…

La boîte mail de Carine explose bien évidemment, car quelques personnes sont curieuses de connaître son avis sur cette ultime (?) expression de la démocratie.

Dans ses réponses, j'ai choisi sa première réaction. Celle qu'elle a eue à chaud ce matin-là, juste avant son café. Cette réponse contient une petite annonce éloquente trouvée sur le net.

Elle vient d'un site heureusement fermé aujourd'hui. Mais combien en reste-t-il encore actifs ?

Âmes sensibles… éprouvez-vous quelque peu ! Pensez à l'épreuve endurée par la « marchandise » concernée…

Réponse de Carine Hutsebaut à l'annonce de la création du parti pédophile hollandais

À toutes les victimes et victimes à venir, sachez que nous ne le tolèrerons pas.

À mon grand étonnement, loin de tout pays « politiquement correct », j'ai appris la création d'un nouveau parti politique aux Pays-Bas. Pas si étonnant que ça du reste, il n'y a pas pire aveugle que celui qui ne veut voir. Et ce n'est pas ce genre d'aveugles qui semblent manquer dans notre Europe d'aujourd'hui.

Il y a, ce mois-ci précisément, onze ans que les petites Julie et Melissa étaient enlevées par Dutroux. Le monde entier était choqué. On aurait pu s'attendre à ce qu'enfin les choses bougent par rapport à toutes ces horreurs subies par des millions d'enfants. Et je ne cite pas les millions d'adultes qui se traînent dans leur vie après avoir été violés.

Cela fait des années que je prêche dans le désert, que nous ne sommes pas loin de la légalisation de la pédocriminalité. Je continue à la définir ainsi, car c'est de la criminalité. Et tous ceux qui s'obstinent à parler de pédophilie (aimer les enfants) en font certainement partie.

Bref, nous en sommes là. Les pervers estiment qu'il est temps pour eux de s'exprimer et de transformer leur comportement criminel en perversité légale. Si la problématique n'était pas aussi grave, j'en rirais. Malheureusement, durant les vingt-cinq années que j'ai passées à lutter contre ce problème, je n'ai pratiquement vu que de la misère. Pour être honnête, je n'ai vu que, tout au plus, une seule victime n'ayant pas souffert des conséquences des viols et des humiliations. Et c'est bien ainsi pour elle, et pour l'auteur lui-même, car il se réfère à cette seule victime pour affirmer que ce n'est pas si grave… À propos de toutes les autres victimes, il se tait gentiment.

J'ai vu des centaines de victimes. J'ai estimé les dégâts, j'ai entamé une reconstruction, j'ai parcouru un chemin douloureux pour elles et pour moi-même, j'ai partagé pleurs et rires avec elles, afin de leur rendre leur intégrité. Et tout cela, à cause d'individus qui s'octroient la liberté de violer des enfants. J'ai analysé tous les types de violeurs : les pédosexuels « modérés », les obsédés, les pédos en régression, les violeurs sadiques…

Je pense donc être bien placée pour comprendre et analyser toutes les parties. TOUS les auteurs ont, au fil du temps, avoué qu'ils savaient que leur acte était odieux. Ils le savaient, et le faisaient néanmoins. Pour assouvir LEURS (propres) envies. Ils « aiment » les enfants.

Pas inconditionnellement comme nous comprenons le mot « aimer ». Car, à partir du moment où les enfants grandissent, ou bien ont un peu de poils ou de poitrine, l'amour s'en va.

L'amour de ces personnes va jusque-là. Et voici maintenant un parti qui veut autoriser ces actes. Ils n'en sont même pas gênés, alors que le seul sentiment qu'ils devraient éprouver c'est de la honte.

Le parti a un seul but : faire de tous les Néerlandais des libres penseurs critiques attachant de l'importance à la raison et à la force de l'argument.

Puis-je, moi, en tant qu'ignare analyste belge, adhérer à ce groupe, ou n'est-ce pas possible ?

J'essaye.

En tant que personne tolérante, de formation très professionnelle même en la matière, je me pose la question suivante : que ressent et pense un enfant de 4 ans du pénis dégoûtant et puant qu'il reçoit dans la bouche durant des jours jusqu'à ce qu'il étouffe pour ensuite sentir couler un liquide tiède dans son œsophage ?

Je me demande dès lors, de façon critique, ce que cet enfant pense de lui-même et à quoi cela sert ? Comment un petit bout peut-il avoir des pensées normales à propos d'un adulte auprès duquel il se sent si mal ? J'ai traité des affaires concernant des coupables de viol sur des bébés de 3, 4 mois. La force de mes arguments à moi est qu'un tel petit bébé sert de préservatif. Tout court. Un préservatif que l'on jette après usage. On ne peut rien en faire d'autre, puisque le bébé est déchiré aussi bien à l'intérieur qu'à l'extérieur.

Aussi tolérante que je sois, j'ai même été jusqu'à me poser la question de savoir si l'enfant pouvait jouir ou non d'un viol. La pratique de mon métier m'a démontré qu'il reste un tas de gens brisés, collés les uns aux autres par du sperme séché.

Monsieur le Trésorier Van den Berg, puis-je vous demander ce que ça vous ferait réellement de vous retrouver le cul tout nu au centre d'une pièce avec votre sexe dans la bouche d'un enfant de 5 ans ? Est-ce ainsi que vous vous sentez bien ? Un héros ? Meilleur que les autres ? Un « évolué » ou quoi ?

Et Monsieur De Jonghe, secrétaire ? Vous n'avez jamais été petit ? Vous avez oublié comme on se sent souillé et sali par un maniaque sexuel fou qui vous a pris comme poubelle pour évacuer son sperme ?

Monsieur Uittenbogaard, ou était-ce Uitdebroek[15] ? Avez-vous déjà ressenti le véritable amour ? Pour une femme ou un homme de votre âge, par exemple ? Vous savez bien, le véritable amour, l'amour tendre, respectueux, où l'on se fait confiance ? Vous ne l'avez jamais connu ? Et c'est pour cette raison que vous prenez des enfants, parce que vous n'êtes pas en état de vous faire aimer ? D'aimer ? Êtes-vous donc si fier de votre organe qu'il a pris la place de votre cœur ou de votre cervelle ?

Le législateur n'a jamais été aussi intelligent. Nos lois sont incroyablement bien faites. Elles protègent les enfants contre ce genre de crime, car les enfants ne sont pas responsables de leurs actes. Vous ne demandez pas à un oisillon sorti de l'œuf de s'envoler pour aller chercher de la nourriture. La loi devrait donc veiller à ce que les enfants continuent à être protégés. Si, malgré tout, nous ne pouvons plus compter sur des normes éthiques et sur la justice sociale, nous devrions peut-être nous en référer à ce que la loi dit ; et pour cela la loi dit : non, on ne peut pas.

L'extrême droite aussi est interdite. On la combat avec force et fracas. Regardez l'extrême droite en Belgique… Ce parti est pourtant illégal. Et que voit-on maintenant ? Un parti pédocriminel va se mêler au combat, et ça, c'est légal aussi. Qui peut tolérer cela ?

Et d'un point de vue rationnel, puisque ce parti se targue de l'être, ne perdons pas de vue que l'on gagne un bon paquet d'argent sur le dos des victimes. La victimisation a toujours été lucrative. Le phénomène disparaîtra peu à peu. C'est une bonne chose. La seule.

Indépendamment des conséquences sur les enfants, je voudrais démontrer quelques conséquences inimaginables sur les professionnels… Vont-ils supporter ? Cela va-t-il les motiver à réfléchir ?

Les services d'aide aux victimes disparaîtront.

La moitié de la police peut démissionner ou prendre sa retraite anticipée.

Au moins un tiers des avocats perdront leurs fonctions bien rémunérées par les victimes.

Par la même occasion, quelques juges pourront accomplir une mission bien plus importante comme le recouvrement des amendes pour parking sauvage, par exemple.

Les journalistes en subiront aussi les conséquences. Mais pour eux, il y a de l'espoir : bientôt, ils pourront écrire des encyclopédies sur les conséquences d'abus sexuels massifs sur des enfants, sur les accidents mortels, les crimes, les viols de personnes âgées, de handicapés, les suicides, les drogués, les jeunes déséquilibrés que l'on ne pourra plus cacher dans les asiles ou les prisons... Des victimes qui ne le seront plus pour la loi, et qui trouveront d'autres moyens pour extérioriser leur souffrance... Ils ne manqueront pas de sujets dans l'avenir.

Les psychiatres sont appelés à disparaître, puisqu'il n'y aura plus de victimes. Ils ne devront plus s'en occuper. Car si la pédocriminalité devient légale, plus aucun enfant n'aura le droit d'en souffrir... Vous me direz, il souffre en silence depuis des siècles. On le sait, l'entend-on plus ou mieux pour cela ? Là, il sera définitivement condamné !

Je propose que les psys se recyclent en plombiers, car il faut encore combattre une série de fuites, afin de permettre aux pervers de disparaître sans laisser de traces.

Si donc nous nous considérons comme tolérants, critiques et rationnels, dès lors tout enfant qui le demande doit recevoir une carte Visa ou faire des emprunts s'il le veut. Enlevons aussi tous ces avertissements dans les ascenseurs : « Interdit aux enfants non accompagnés d'un adulte ». C'est absurde, ne trouvez-vous pas ?

Encore vite ce qui suit pour les parents inquiets :

Hello, my dear friend. Here is a new list of girls we can offer you. I hope you are satisfied with offer. We have new girl age 4 to 17. Choose from list you see down. ...

[Bonjour cher ami, voici la liste de nos dernières offres. J'espère que l'offre vous satisfera, nous avons de nouvelles filles de 4 à 17 ans, choisissez dans la liste ci-dessous.]

Ou pensiez-vous que « l'amour du prochain » était autre chose ?

Jetez vos enfants sur E-Bay ! Vous pourrez augmenter le budget familial sans être poursuivis ! Acheter une nouvelle maison, un bateau, une nouvelle télévision, ouvrir un nouveau compte. Et tout cela légalement. La vie appartient à ceux qui osent ! Non ?

Si vous n'êtes pas d'accord avec tout ça, si ce parti passe et si vous voulez protéger votre enfant seul, il n'y aura qu'une chose à faire : le lier à votre jambe. Plus de scouts, de ballet, de colonies de vacances, plus de foot en rue, et n'oubliez pas de prévoir l'école à domicile, car tous ces endroits pourraient bientôt devenir un terrain légal d'actions illicites. Et c'est possible, on appelle ça : « L'amour du prochain, la liberté et la diversité ».

Puis-je vous faire, en tant que parent, une petite proposition perverse ? Voulez-vous vous mettre à la place d'un enfant décrit par cette annonce ? En tant qu'adulte, rien d'autre.

Vous ne devez pas retourner dans votre enfance. Simplement vous représenter, en tant qu'adulte à qui l'on introduit un sexe dans la bouche sans son consentement.

Puis-je faire une proposition aux criminels et à ceux en devenir ? Pourquoi n'érigez-vous pas un parti qui vous donne le droit de faire ce qui est illégal ? Tous les criminels blanchis ! Pourquoi ne pas vous faire entendre ? Si vous n'avez pas de droits, prenez-les ! Exigez-les !

La liberté individuelle est plus importante que la sécurité collective. C'est le moment de vous manifester.

Si vous vous autorisez le droit de déclarer la guerre aux enfants, alors je m'autorise à adresser un appel à toutes les victimes et aux criminels qui ont été victimes un jour : « Humiliez vos propres bourreaux du passé au lieu de faire de nouvelles victimes innocentes. Retournez à l'ancienne génération responsable de votre mal-être et ne vous tournez pas vers la nouvelle. Tirez le mal par la racine… »

Alors que vous fondez tous, individuellement, des partis pour extorquer des droits qui sont des perversités, je me réserve le droit d'adresser ces mots à toutes les femmes : « Ne faites plus d'enfants. Créons un parti de génitrices en grève. S'il n'y a plus d'enfants, il n'y aura plus de marchandise pour les pervers. »

Encore une fois, nous n'avons rien retenu du passé. Les perversités au travers des siècles ont toujours été le début de la fin. Il s'agit peut-être d'une évolution normale. C'est possible.

Mais je ne veux en aucun cas en faire partie. Je suis une maman, je suis une femme et avant tout un être humain.

Mais non, Carine, ne nous énervons pas. Éduquons plutôt nos enfants ! Apprenons-leur, dès le plus jeune âge, à être parfaitement dociles, à s'asseoir, à remuer, non, à lécher la queue… Ils finiront bien par s'y habituer !

Comme disent les pédocriminels : c'est une question d'habitude, c'est parce que nous les traumatisons avec notre pudibonderie, c'est à nous d'évoluer !

À ma réflexion : « Au moins, nous aurions pu les centraliser », la réponse de Carine me glace le sang : « Et si ce n'était qu'un petit "ballon" sensé prendre la température du peuple en vue de mesurer en chiffre une possible tolérance sociale à l'avenir ? »

Réponse au printemps 2007, période électorale en Hollande[16].

D'ici là, il est à espérer que l'on donnera la parole aux victimes au sujet de ce parti, car lui omet à nouveau d'entendre leurs voix.

En voici déjà une, Carine ayant reçu le courrier d'une victime peu après l'émergence de ce nouveau parti. Il était naturel que nous la laissions s'exprimer…

*

* *

L'Homme est-il fondamentalement mauvais ?

J'avais tendance à dire non. Au départ il est neutre, il est vide ; à la limite, c'est comme un ordinateur. Il faut le programmer pour qu'il fonctionne et, au fur et à mesure, on ajoute des programmes et des informations. Ce que l'on met comme information dans le cerveau d'un enfant c'est ce qu'il va utiliser pour faire sa vie, pour construire sa personnalité. L'éducation est donc fondamentale. Rien de neuf à ça… *(rires)* Par contre, je commence à douter et à paniquer quand je vois des études comparables à celles de Briere & Runtz en 1989… Je cite : « Des couches sociales larges supportent ou autorisent la victimisation de ceux qui sont socialement moins forts. Cela concerne principalement la maltraitance des enfants. La composante sociale de l'abus sexuel est suggérée par une étude récente de chiffres significatifs d'hommes (non internés et non-prisonniers) étant attirés par un contact sexuel avec des enfants. Dans l'étude, sur 193 étudiants non diplômés, 21 % avouaient une attraction sexuelle envers certains jeunes enfants, 9 % avouaient des fantasmes sexuels avec des enfants et 7 % disaient que le passage à l'acte avec des enfants était possible s'ils ne risquaient pas de conséquences et de punition.

Des chiffres similaires étaient rapportés dans une autre étude faite par Smiljanich (1992) dans une université masculine. La présence d'autant d'individus avec une tendance pédophilique dans une population relativement 'favorisée' et 'normale' soutient la notion que la sexualisation des enfants est au moins partiellement un phénomène social. De plus, il semble exister des attitudes et des convictions socialement transmissibles qui dénient ou minimalisent les implications et les impacts de l'abus sexuel (Summit,1988). Briere, Henschel et Smiljanich, par exemple, découvraient qu'une minorité signifiante d'étudiants à l'université tenaient des propos comme : « Beaucoup d'enfants aimeraient avoir des relations sexuelles avec un adulte s'ils avaient l'opportunité de l'expérience. » ou « Les enfants parfois essaient de séduire les adultes. » ou encore : « Des rapports sexuels avec des enfants sont relativement innocents. »

Voilà exactement les excuses utilisées par les pédocriminels pour, non seulement, justifier leurs crimes, mais, en plus, pour minimiser l'impact réel des abus sexuels sur les enfants.

Ceci montre clairement la façon perverse qu'a l'être humain de repousser ses responsabilités.

Voilà où on en est à l'heure actuelle de notre lâcheté. C'est confondant et effrayant. Il est clair qu'aucun des individus qui tiennent de tels arguments n'a rencontré une victime en « vrai », ou écouté son point de vue à elle !

Quelles sont les plus grosses idées reçues dans notre société sur la pédocriminalité, et qu'il faut casser ?

Il y en a beaucoup évidemment... Non seulement beaucoup de professionnels minimisent encore la fréquence de ces abus, mais aussi l'impact de l'abus sexuel. Ils voient ça comme le symptôme d'un système pathogénique familial, plutôt que comme un évènement directement traumatisant[18].

D'autres professionnels qui disent à des parents de victimes : « Il ne faut plus en parler, elle va oublier », c'est très grave parce qu'en plus d'être un manque de responsabilité, c'est oublier qu'une victime n'oublie pas ! Et par rapport aux autres victimes, c'est aussi minimiser ce qu'un agresseur pourrait faire ensuite… Beaucoup de gens comparent encore la pédocriminalité à un petit « touche-pipi » pas grave. Le déni social : « ça n'existe pas »… Bon maintenant on commence à savoir que des « réseaux » existent. Au bout de tant d'années, il était temps !

Imaginez, il existe des réseaux de philatélistes, mais il n'existerait pas de réseaux de pédocriminels ?! Il ne faut pas oublier qu'ils se tiennent entre eux, aussi. Il y a aussi le fait que beaucoup de gens se reposent encore trop sur l'idée ou la conviction que telle ou telle personne est incapable de faire du mal à une mouche, qu'elle est trop « bien » pour faire des horreurs pareilles à un enfant. C'est pathétique !… Si ça se trouve, ils côtoient des pédocriminels de très près sans même le savoir ! On est tellement basé sur les apparences, untel a une si belle situation, qu'on en oublie qu'il a aussi une bite. Je m'excuse d'être un peu crue, mais c'est la vérité. Il faut se dire aussi que souvent ce sont les gens qui auront le plus de pouvoir ou de moyens qui auront les perversions les plus tordues. Et c'est logique dans un sens. Au plus vous avez de pouvoir, au moins vous trouvez de quoi vous donner encore un « kick ». Vous pouvez tout avoir en un claquement de doigts ; qu'est-ce qui pourrait encore vous amuser et que vous n'avez pas encore essayé ? Voilà une bonne raison aussi de s'attaquer à un enfant en toute impunité… Ce n'est pas Connerotte qui disait : « On a touché au joujou des riches » ? Le viol de la « vérité » aussi est terrible, parce qu'on ne veut pas y croire. Ça touche à l'indicible, à l'inacceptable… On préfère ignorer poliment. Connaissez-vous un seul prêtre en prison ? Pourtant, il y en a un paquet qui viole des gosses. Connaissez-vous un seul politique en prison ? Pourtant, il y a plein de plaintes et de dénonciations : ils sont chaque fois acquittés ! Si on applique la loi pour tout le monde sans faire de distinction, la vérité pourra enfin trouver sa place dans notre société.

Le plus grand outrage que l'on peut faire à la vérité c'est de la connaître, de l'abandonner, puis de l'oublier ?

C'est avant tout de ne même pas vouloir la connaître qui est déplorable. Ça commence là ! Parce que, si l'on connaît la vérité, que l'on ne veuille pas l'admettre et que l'on cherche des excuses pour ne pas y croire tellement cette vérité paraît horrible, ça peut encore se comprendre, et, en tant que professionnels, nous serons là pour tenter au mieux d'aider les gens à regarder la vérité en face… Mais de ne pas vouloir voir la vérité, ça, c'est impardonnable, c'est trop lâche je trouve, c'est ne pas vouloir regarder un des côtés, sombre certes, de la vie ; c'est donc se voiler la face, et se voiler la face, c'est se mentir à soi-même. Et quand on se ment à soi-même, c'est à tout le monde que l'on ment… Le cercle vicieux.

Pourquoi tant de « horen, zien, en zwijgen » (entendre, voir, et ne rien dire) dans notre société ?

La naïveté. L'ignorance. Le « je-m'en-foutisme ». Il faut que tout soit « lisse »… Je ne sais pas, mais c'est comme une gangrène, en tout cas.

Comment peut-on soigner l'Homme du syndrome « Horen, zien en zwijgen », docteur ?

Avec un bon coup de pied au derrière ! *(rires)* À l'ancienne, madame !

Au moins « zwijgen » ce sera fini, parce que le coup de pied va déjà les faire crier ! *(rires)*

Croyez-moi que la prochaine fois ils vont ouvrir leurs oreilles pour « horen » les pas derrière eux : pas un deuxième coup de pied, svp !

Et finalement, ils vont se retourner pour « zien » avant que le coup de pied n'arrive… *(rires).*

Pas mal ! (rires)

« Horen, zien en zwijgen » … *(long soupir).* Je pense que c'est un manque d'empathie, parce que si l'on en a un minimum pour le calvaire de tous ces enfants, on ne peut pas faire les trois singes… C'est impossible. Je me mets souvent à la place des gens qui pourraient se retrouver, par exemple, dans une soirée privée où se déroulerait un drame de la sorte… Il faut se dire que, bien souvent, beaucoup n'adhéreront pas à ce qui se passera devant leurs yeux. Pourquoi ne bougent-ils pas ? Parce qu'on les menace s'ils parlent. Et ce qui est déplorable, c'est que s'ils décident tout de même de bouger, l'autorité qui se trouvera face à un tel cas aura, bien souvent, peur à son tour de bouger si par malheur une personnalité devait se trouver concernée par les faits…

Le cercle vicieux…

Oui et non, car encore une fois, je n'y vois personnellement et principalement qu'un simple manque de volonté et de courage. Les gens pourraient, avec un peu d'entraînement et de bonne volonté, faire preuve d'empathie, mais ils ne veulent pas, entre autres parce qu'ici, cela touche à l'inacceptable, la maltraitance des enfants : c'est plus confortable de ne pas « savoir »… Et c'est clair, évidemment, que c'est insupportable d'imaginer qu'un enfant meure à cause d'une sodomie trop violente devant les invités d'une partouze, et que le lendemain les photos de la petite sauterie s'arracheront à prix d'or sur le net… Mais cela fait partie des réalités de la vie… Ça n'a jamais été aussi grave qu'après l'affaire Dutroux. Mon ami m'a dit : « L'affaire Dutroux leur a permis de voir où étaient les fuites… »

C'est horrible, ça !

Et maintenant que les fuites sont bouchées, plus rien ne peut se passer, on n'entendra plus parler de réseaux…

Ou de dossier bis… ?

Ou de dossier bis, qui, de toute façon, ils l'ont « prouvé », n'était que des foutaises…

Ah mais non, je me trompe, ils n'ont rien prouvé puisqu'il n'y a toujours pas eu de devoirs complémentaires d'enquête… *(rire sarcastique)*

Oui, mais Michel Bourlet[19] *est toujours en charge du dossier bis…*

Plus pour longtemps et les devoirs d'enquêtes seront ensuite à la charge du Juge Langlois… Qui a toujours réfuté la thèse du réseau… À votre avis, il va explorer, vérifier et demander des compléments d'enquête ?

Feignant volontairement et très mal l'innocence : Il n'y a que les imbéciles qui ne changent pas d'avis…. Il ne va tout de même pas attendre la prescription ?

C'est ça, et l'espoir fait vivre aussi, et patati et patata…

Les agresseurs

À l'évocation de la fermière de Gracewell et des gendarmes Jambert et Abgrall, ou encore, du travail que son propre fils a fait avec le petit dont il avait la charge, je suis un peu forcée de constater que ces personnes n'ont rien d'exceptionnel, qu'elles n'ont écouté que leur coeur, leurs intuitions et ce que leur conscience leur dictait. Ni plus ni moins.

Carine Hutsebaut ne procède pas autrement ; comme pour eux, son cœur et sa tête sont ses premiers outils de travail. Ils sont indispensables pour accéder au cœur et à la tête du criminel, donc du problème. Cela peut paraître paradoxal d'évoquer le cœur d'un pédocriminel aussi, mais c'est bien là, autant que dans sa tête, que se trouvent bon nombre de réponses à son comportement.

La plupart du temps, on retrouve chez les agresseurs sexuels infanticides des points communs au niveau de leur parcours affectif. Ce sont généralement des enfants qui ont souffert d'un manque d'attention, d'amour, et ont subi des violences physiques ou psychologiques. Tout comme il peut arriver qu'un excès d'amour les ait déphasés.

« La plupart des criminels entrent facilement dans un modèle de travail. Ce qui va différer, c'est le degré de fantasme chez ces gens. On ne pourra pas pousser tous les criminels dans le même moule de traitement. » Il est indispensable d'examiner chaque criminel et chaque délit, uniques en soi, et surtout, ce qui a précédé l'acte criminel.

On notera qu'il existe plusieurs cycles dans l'évolution du délit pédosexuel ; dans nombre de cas, nous pouvons constater une croissance dans le degré de gravité du crime.

On ne viole pas ou on ne massacre pas quelqu'un du jour au lendemain sans qu'il y ait eu un facteur déclencheur, ou des signes avant-coureurs. Tout comme un braqueur de banque ne va pas s'attaquer immédiatement à la Banque Nationale, il va d'abord étoffer un peu sa pratique sur des cibles plus discrètes. Il faut analyser les faits précédant le passage à l'acte. Pour le braqueur, il y aura sûrement eu quelques épiceries dévalisées ou quelques postes braquées avant la Banque Nationale. Pour les pédocriminels, il y aura peut-être eu un comportement sexuel bizarre avec une prostituée, ou une épouse, ou une maîtresse. Ou des faits d'exhibitionnisme, ou une attirance prononcée et compulsive pour des productions pornographiques de plus en plus violentes dans leur contenu. Bien souvent, le passage à l'acte démarrera suite à un refus ; cela peut-être un refus quelconque, un rejet, une frustration, la perte d'un être cher, d'un emploi, le sentiment d'une injustice, le poids d'une enfance cassée et de souffrances intolérables. Beaucoup de criminels vivent selon ce qu'ils ont appris dans leur enfance et vont reproduire un mécanisme de « copie ». Le passage à l'acte ne sera qu'une suite logique à leur propre condition d'enfant abusé.

Et cela commence, en général, par une « autovictimisation » qui va faciliter le passage à l'acte (ex. : personne ne m'aime, tout le monde est contre moi…) D'autres vont agir sur le long terme et plutôt miser sur une immersion dans une famille nombreuse, une activité ou une profession qui les mettra en contact avec des enfants. Vient alors le temps des justifications à l'acte qu'ils auront envie de commettre, ou qu'ils auront commis : l'enfant m'a provoqué, je ne fais rien de mal, ou encore, c'est mon devoir de lui apprendre la sexualité. Maîtriser un être plus faible va les conforter dans leur assurance personnelle. Ils trouveront ensuite des excuses justifiant ce passage à l'acte, et s'ils n'en trouvent pas, ils les inventeront, ils se feront volontairement rejeter, ils provoqueront des conflits.

Avant le passage à l'acte, il y a la part de fantasme, ainsi que son évolution vers sa matérialisation. Le futur agresseur se contentera donc d'abord de fantasmer pendant sa masturbation ou lors d'échanges avec son ou sa partenaire s'il en a un. D'autre part, ces fantasmes peuvent constituer, pour lui, des exercices préparatoires à son action. Plus il y pensera, plus son envie de passer à l'acte se dessinera.

Il va alors entamer sa recherche de proies. On le verra aux abords d'écoles, de piscines, de parcs d'attractions. Partout où il pourra entrer facilement en contact avec un enfant.

Généralement, il repèrera sa victime grâce à des signes extérieurs de faiblesse ou de solitude. Il l'observera, puis tentera d'attirer son attention, et il gagnera si l'enfant, habituellement en manque d'attention, se sent *compris*, *aimé*, ou *utile*. Progressivement, il isolera l'enfant et le déstabilisera. Il tentera de gagner sa confiance en le confortant dans son sentiment de solitude afin de s'en attirer les grâces ou la reconnaissance. Dans un premier temps, il sera très prudent ; il ne brusquera ni n'effrayera l'enfant. Une fois en confiance et à l'abri des regards, il passera à l'acte, non sans culpabiliser ce dernier, ou le menacer gentiment (ou pas) de graves conséquences s'il venait à en parler à quelqu'un. Dans certains cas, il fera de l'enfant un complice : c'est notre petit secret à nous, c'est notre petit jeu, inutile d'y mêler les « grands »…

Cette attitude peut installer le syndrome de Stockholm chez l'enfant, l'exemple de Dutroux est éloquent à ce titre : il persuadait ses victimes qu'il les protégeait des « méchants », ce qui explique pourquoi Sabine le remercia le jour de sa délivrance. On a pu observer une attitude similaire chez Natasha Kampuch, la jeune autrichienne qui échappa à son tortionnaire en 2006 après 8 ans de séquestration et sévices divers. Elle développa un sentiment « protectionniste » envers Prikopill : elle savait qu'il se tuerait si elle s'échappait ; il l'avait menacée, ce qui explique son hésitation à s'enfuir. Ce syndrome peut aussi amener l'enfant à rechercher la présence du pédocriminel, non pas pour se faire violer, mais bien pour avoir un peu d'attention. « Il ne faut pas oublier qu'un enfant ne pense pas comme un adulte. Il n'est pas capable de faire des liens entre les évènements et il ne connaît pas les conséquences de ses actes. C'est là que commence notre responsabilité en tant qu'adultes. C'est à l'adulte de dire non aux abus, pas à l'enfant. »

S'il est difficile de « profiler » les agresseurs avant l'âge de 18 ans, on peut tout de même remarquer quelques comportements chez l'enfant ou l'adolescent pouvant attirer l'attention sur une éventuelle évolution dans la criminalité.

On notera des comportements compulsifs, des actes de violence envers les animaux ou les camarades, un comportement asocial, une tendance à la fugue, un goût pour la bagarre, la provocation.

On peut donc regrouper, en partie et de manière toujours aléatoire, ces signes avant-coureurs et ces facteurs déclencheurs, et c'est ce que Carine Hutsebaut a fait dans ses *Crocodiles*.

Se basant, entre autres, sur les travaux de Gracewell et sur ceux de Ken Lanning, un spécialiste du profil de meurtriers d'enfants travaillant pour le FBI, ainsi que sur le matériel analytique du « National Center for Missing and Exploited Children » d'Arlington (US).

Elle en est arrivée à distinguer six grands types d'agresseurs sexuels que je résumerai ici, en précisant bien que l'on peut retrouver des caractéristiques inhérentes à chaque type de criminel dans une seule personnalité, et qu'elles peuvent également se retrouver chez des sujets qui ne tueront ou ne violeront jamais personne…

Ce qui rappelle bien toute la difficulté et la marge possible dans l'établissement d'un profil.

Le délinquant sexuel explosif et sadique

Il possède une personnalité égocentrique et sexuelle surchargée ; il atteint l'excitation sexuelle grâce à la violence, ne peut pas se passer de pornographie, et peut se montrer très cruel. Agressif, tyrannique, affectionnant la provocation et la bagarre, ses pensées sont dominées par le fantasme. Il a un besoin de tout contrôler, de dominer, et, pour satisfaire ce besoin, il va commencer par blesser et rabaisser les autres verbalement. Le fait de tuer va calmer momentanément sa fureur. Il continuera à la combler par une passion pour la violence et les mutilations. « En général, ses dispositions intellectuelles sont au-dessus de la normale au niveau du "rationnel". Au niveau des discussions rationnelles, vous allez perdre : il cherchera le plus souvent à masquer, nier ou minimiser son délit.

Par contre, au niveau de tout ce qui touche aux sentiments, il reste bloqué entre l'âge de 3 et 7 ans. Sur le plan émotionnel, il réagit comme un enfant. »

Il cherchera ses victimes dans des endroits peu fréquentés, où il ne sera pas vu. Détestant les gens en général, il n'hésitera pas à tromper ou à voler son entourage ; il pourra aussi exprimer sa cruauté sur les animaux et aura souvent un lourd passé criminel. Voir un profil comme celui de Dutroux.

Le violeur colérique

À la base de ses frustrations : une femme de son entourage, une mère, une grande sœur ou une grand-mère dominatrice. Il a des accès infantiles de fureur, considère la femme en général comme hostile, ou dans les extrêmes : elle est soit une sainte, soit une putain. Il craint de toute façon sa domination et va paradoxalement tout faire pour se faire rejeter par elle. Une fois ce sentiment de rejet installé, il cultivera un sentiment de vengeance et en arrivera à commettre son crime. Il utilise plus de violence que nécessaire pour arriver à ses fins, s'attaque à des enfants, des personnes âgées, des handicapés. Il cherche ses victimes dans son entourage immédiat et ses délits seront de plus en plus violents.

Le pédosexuel fixé

Ou le grand ami des enfants... Son entourage l'adore, car il est merveilleux avec les enfants. Il est toujours entouré, s'en occupe, fait des activités avec eux... Tout le monde a confiance en lui, il vante la pureté et l'innocence des enfants, il se débrouille pour que les parents les lui confient, il va se livrer à des jeux, à des activités pédagogiques ou à des loisirs avec eux. Il va commencer par les photographier, et, contrairement aux autres types de pédocriminels, il n'a pas besoin de stress pour passer à l'acte. Il n'est excité sexuellement que par des enfants, les adultes ne l'intéressent pas ; il est souvent célibataire et va plutôt s'attaquer à des enfants fragilisés affectivement. Il séduit ses victimes, et ne cache pas du tout son amour et son admiration pour elles. Les enfants, se sentant de cette manière « interpellés », et ressentant l'intérêt d'un adulte pour eux, répondront aux avances plus facilement. Si, toutefois, ils devaient se rebeller, il les menacera. Il ne les tuera pas forcément, il se contentera de les culpabiliser ou de leur faire craindre les représailles de leurs parents s'il venait à en parler. Son comportement social est tout à fait normal et si, d'aventure, il se faisait arrêter, il prétendra que c'est la première fois que ça lui arrive et qu'il ne peut expliquer ce qu'il s'est passé. Il est souvent méthodique, maniaque et organisé. L'autorité et le prestige sont fondamentaux pour lui. Il sera parfois policier ou faux policier, curé, professeur, éducateur. Il pourra parfois dominer ses pulsions ou pourra, s'il a une partenaire adulte, lui demander d'endosser le rôle d'un enfant dans leurs ébats. Ce type de criminel est d'autant plus sournois que les parents lui font une confiance aveugle et lui confient volontiers leur enfant.

Le pédosexuel en régression

À l'origine, il n'éprouve d'attirance que pour les adultes. Il est souvent marié, a une vie sexuelle normale et est doté d'une aptitude à la manipulation des plus énormes qui va parvenir à faire voler en éclats les certitudes les plus flagrantes sur sa culpabilité. L'alcool ou la drogue peuvent contribuer à sa déviance. Généralement au-dessus de tout soupçon, il mène une vie stable, a une belle situation professionnelle, est apprécié par son entourage, mais n'entretient des relations que de manière superficielle. Il ne s'intéresse en général qu'aux petites filles, même s'il peut lui arriver de tenter l'expérience avec un petit garçon. Il est impulsif et pose ses actes suite à des frustrations personnelles ou à des pressions professionnelles. Il est imprévisible et perçoit tout détail (voir la petite culotte d'une fillette assise dans un fauteuil) comme une provocation. S'il se fait pincer par les autorités, il mettra son temps d'incarcération à profit afin d'affiner son mode opératoire, de peaufiner sa tactique d'approche sur sa victime ainsi que les moyens de ne plus se faire attraper. Il ne voit pas sa victime comme un enfant, mais bien comme un pseudo-adulte dont il interprètera les comportements les plus anodins comme des invitations. La plupart des pédocriminels dont on parle dans les rubriques « faits divers » sont des pédosexuels en régression.

Le violeur sexuel

On pourrait prendre cette expression comme un pléonasme, mais il est important de réaliser que nombre de viols relèvent plus souvent de l'abus de pouvoir et de la haine plutôt que d'une réelle jouissance sexuelle. Dans ce cas précis, l'acte sexuel sera la motivation prédominante. L'agresseur manque de confiance en lui ; les adultes sont synonymes de brimades et d'humiliations pour lui. Il cultive des sentiments de vengeance par rapport à ces frustrations. Il va se construire un monde de fantaisie, dont il sera le héros. Il est paranoïaque et se persuade que tout le monde le considère comme un être sexuellement inadapté.

Il fantasme sur des films pornos et est généralement effectivement diminué sexuellement, si bien qu'il pourra ne pas arriver à avoir une érection et être amené à violer sa victime à l'aide de tout autre objet[20]. Il vit généralement dans la solitude, s'attaque à des inconnus de son environnement immédiat, et devient de plus en plus violent avec le temps. Il cherche à faire « payer » ses frustrations et ses complexes. Cependant, face à ce type d'agresseur, la victime aurait parfois une chance de s'en sortir si elle lui résiste, car il pourrait ne pas s'attendre à ce genre de réaction. Cette résistance pourrait le propulser hors de son monde fantasmagorique et le ramener à une réalité qu'il ne contrôlera plus ; il peut alors prendre la fuite et laisser sa victime sauve.

Le violeur social

Plus intelligent que le criminel moyen, il tire une certaine fierté de sa condition de criminel. Il peut devenir très sophistiqué dans son *modus operandi*. Socialement très bien adapté, il est aussi très égocentrique et se persuadera que ses victimes tireront du plaisir de son acte. Il s'attaque à des femmes ou des fillettes et peut se montrer très violent. Sa recherche principale est son propre plaisir et il culpabilisera sa victime de son propre délit.

Dans ces différents types de criminels, il est à rappeler également qu'il en existe encore deux à distinguer : l'impulsif et le méthodique.

Comme son nom l'indique, le type *impulsif* ne prépare pas son acte. Il va agir sur la pulsion, dans un état d'esprit confus. Sa victime est choisie au hasard de la promiscuité, cela peut être tant une adulte qu'un enfant. Malgré les apparences, on note également dans ces cas, différents stades avant celui du meurtre. Tout remonte à la petite enfance du criminel : ou il aura été victime de maltraitance, d'un traumatisme, ou encore d'une constante pression émotionnelle liée à un abus d'autorité ou au mépris de la part de l'un ou de ses deux parents. La source de son comportement violent se trouve dans ses relations avec les autres et dans ses frustrations face à ce qu'il ne peut dominer ou contrôler. Dans un premier temps, cela peut se traduire par une masturbation compulsive qui le débarrassera de la tension qu'il aura accumulée.

Par la suite, il ne s'en contentera plus, et le fait de violer ou de tuer sa victime lui donnera un sentiment de satisfaction et de soulagement qui primera sur la compassion éventuelle qu'il pourrait avoir pour elle. Il est psychotique et instable. Parfois à un tel degré qu'il n'est même pas capable de conduire un véhicule ou de garder un emploi. S'il devait toutefois travailler, il exercera un boulot où force et brutalité seront de mise. En général, lorsqu'il tuera, il le fera de manière violente et choquante, bien qu'il n'utilisera pas d'arme sophistiquée puisqu'il ne prépare pas son méfait. Il tuera avec ses mains ou ce qu'il aura sous la main. Comme il aime le contact physique avec sa victime, il n'est donc pas rare qu'il étrangle cette dernière. On constate également à travers son acte qu'il nourrit une satisfaction à « blesser » la société. Son but est de faire réagir le monde par la même occasion. Il aime l'idée que les gens soient effrayés ; aussi il ne tentera pas de dissimuler outrageusement sa victime.

Malgré un faible niveau intellectuel, il cultive un sentiment de supériorité sur les autres, et de fierté aussi, par rapport au côté frondeur de son acte. Il se vante volontiers de ses capacités et de sa supériorité, sans pour autant avouer l'irréparable qu'il aurait effectivement commis.

Il n'a pas d'amis ou de vie familiale ; il commet souvent ses méfaits dans son environnement direct ou dans un environnement qui lui est familier, un lieu où il aurait habité, un endroit de villégiature ou de loisirs qu'il aurait affectionné. Il n'est pas du genre à retourner sur le lieu exact de son crime et, quand il le fait, il est nerveux, mal à l'aise. De plus, une fois son forfait accompli, il ne voit plus l'intérêt d'y retourner, l'excitation étant retombée. Si la scène de son crime n'est pas « polluée » par la négligence des premiers arrivés sur les lieux et des chargés d'enquête qui auraient déplacé ou détérioré certains éléments, ou par des conditions climatiques, il sera aisé de trouver nombre d'indices. N'étant pas organisé et agissant sous l'impulsion, il aura généralement laissé traîner la pierre ou le morceau de tissus dont il se sera servi pour tuer sa victime.

Le type *méthodique* est, lui, très intelligent. Il est très exigent aussi. Il brille souvent par sa situation professionnelle et familiale, et est considéré comme un bon citoyen apprécié de tous. Il ne souffre, bien souvent, d'aucune animosité à l'égard de la société et se présente comme la dernière personne que l'on pourrait soupçonner de viol ou de meurtre. Sur un enfant, qui plus est. Souvent pourtant, et comme l'impulsif, il a été confronté à des traumatismes plus ou moins violents durant sa petite enfance, ayant un impact sur son développement personnel. Un père violent, ou absent, une mère qu'il aurait rêvée idéale et aimante. Or, elle était tout le contraire. Bien souvent violente, impatiente, dénigrante et hystérique, elle aura déçu, blessé, et, finalement, enragé son enfant. Ce faisant, elle provoquera chez lui une haine sous-jacente qui fera de lui un enfant solitaire, mais déterminé, tôt ou tard, à « agir » contre ses pulsions destructrices. Et un adulte frustré est capable de violences inouïes. Il passera aussi par différents stades dans son cheminement vers le meurtre, mais, dès le départ, ses fantasmes seront beaucoup plus affinés et plus violents que ceux d'un criminel impulsif. Il pourra attendre des années avant de mettre son scénario peaufiné en marche. Au départ, il se contentera aussi de « petits » délits, qu'il maîtrisera du reste de mieux en mieux. Il les considère d'ailleurs comme un entraînement. Lorsqu'il aura enfin tué, il en sera bien souvent surpris lui-même, malgré sa préméditation, et tentera de se convaincre qu'il a rêvé, qu'un homme de sa qualité n'aurait pu commettre pareille horreur. Il traversera ensuite une période de passivité pendant laquelle il réutilisera ses souvenirs du crime pour nourrir ses activités sexuelles solitaires. Et très vite ou pas, il tuera une deuxième fois. Toute trace de compassion disparaîtra, s'il y en eut toutefois une. Dès lors, ses périodes de passivité peuvent s'estomper et les crimes se faire de plus en plus élaborés, de plus en plus violents et de moins en moins espacés dans le temps. Il peut agir partout et est capable de parcourir de longues distances pour se débarrasser du corps. S'il parvient à échapper aux forces de police, il pourra devenir un tueur en série. Du fait de son organisation exemplaire, il sera très difficile de le situer. Ce type de criminel attache une importance capitale à la préparation et à la dissimulation de son forfait. Il repère les lieux de son futur crime, il choisit sa victime, il prépare arme, accessoires et terrain, et se débrouille pour laisser le moins d'évidences possible. Toute cette élaboration est partie intégrante de son excitation sexuelle. Cela fait partie du rite, du jeu. Souvent, on ne retrouve jamais l'enfant. Et c'est précisément ce qui fait la force de ce genre de criminels. Pas de corps, pas de crime…

Cela dit, qu'il concerne un tueur impulsif ou un tueur méthodique, le *mobile*, la raison du crime ne sera pas tant la jouissance sexuelle que leur procure leur crime, mais bien l'obsession d'humilier, de dominer et de prouver leur pouvoir sur leur victime. Ces criminels, ayant été eux-mêmes violentés physiquement ou psychologiquement, n'ont pas ou plus les aptitudes requises pour considérer l'enfant auquel ils s'attaqueront comme un être humain.

Ils n'y voient pas une extension d'eux-mêmes, ce qui pourrait, éventuellement, leur faire « réaliser » que cet enfant a besoin d'être protégé, aimé et respecté.

Le problème est qu'ils n'ont jamais connu, ni ressenti vraiment les notions de respect, d'amour ou de protection. Par contre, ils « connaissent » tous les moyens de pression, de domination, d'humiliation et de violence pour assouvir leurs fantasmes. On pourrait penser qu'ils s'en prendraient plutôt aux responsables directs de leur mal-être, mais, comme ils entretiennent des relations difficiles, superficielles ou fausses avec les adultes en général, ils sont totalement incapables de s'en prendre à eux. L'enfant constitue donc, de par sa fragilité, un « objet » facile à manipuler, à dominer et à éliminer.

Petite parenthèse sur les critères du borderline et du psychopathe

Pour être qualifié de personnalité borderline, il faut répondre à au moins cinq des critères suivants :

- problèmes identitaires, troubles de la perception de l'image ou de la notion de soi ;
- intenses colères inappropriées et difficultés de contrôle de soi (accès de rage, goût pour la bagarre, le conflit) ;
- sentiment perpétuel de vide ;
- comportements suicidaires ou d'automutilation ;
- comportements compulsifs dans au moins deux domaines pouvant être dommageables pour le sujet (dépendance à la drogue, à l'alcool, au jeu, à la sexualité, conduite automobile dangereuse, boulimie, anorexie…) ;
- efforts marqués pour éviter toute forme d'abandon réel ou imaginaire ;
- conflits internes caractérisés par l'alternance entre une idéalisation et une dévaluation excessive ;
- instabilité affective marquée par de fréquents et intenses change-

ments d'humeur, dysphorie épisodique durant quelques heures, rarement quelques jours (la dysphorie est le contraire de l'euphorie. C'est un mélange de dépression, d'anxiété, de rage et de désespoir) ;
- symptômes paranoïaques et dissociatifs sévères.

« Lorsque vous observez les enfants, la plupart du temps ils répondent à plus de cinq critères. C'est leur évolution et surtout leur éducation qui va permettre de "gommer" la plupart d'entre eux. Avant l'âge de 4 ans, un enfant est incapable de faire le lien entre ses actes et les conséquences que ceux-ci peuvent avoir. C'est quelque chose que nous devons lui apprendre.

Encore une fois, il s'agit de lui faire distinguer le bien du mal. Je me rappelle une anecdote lorsque j'étais en maternelle, j'avais 4 ans. On faisait du "piquage". Ces petits trous que l'on fait le long des lignes d'un dessin. Bien équipée de ma "pique" et ultra concentrée sur mon œuvre, j'adorais ça ! Un petit camarade a commencé à m'embêter. Nos coudes se touchaient trop sans doute, vous savez comment ça va... On s'est chahuté un peu jusqu'au moment où, hors de moi, je lui ai planté la pique dans le bras sans sommation ! Ensuite, je ne me rappelle plus de rien, j'ai dû être si sévèrement punie que j'ai occulté sur le moment (rires). Par contre, ce dont je me souviens, c'est du lendemain, lorsque j'ai voulu jouer avec ce camarade il s'est enfui et ne voulait plus m'approcher. Quelle surprise ! Je pense alors avoir mesuré concrètement les conséquences de mon acte de la veille. Et je sais que si personne ne m'avait punie pour cela, j'aurais probablement continué avec cette attitude chaque fois que l'on m'aurait ennuyée. »

Lorsqu'un adulte présente au moins cinq de ces critères, il est diagnostiqué « borderline avec trouble de la personnalité ». Si l'on compare maintenant ces neuf critères avec les quinze du criminel psychopathe, on est surpris :
- Intelligence et charme superficiels.
- Hallucinations ou autres pensées irrationnelles.
- Anxiété et manifestations nerveuses ou psychotiques.

- Refus d'endosser ses responsabilités.
- Aptitudes au mensonge, à la fausseté.
- Absence de honte ou de remords.
- Comportement asocial ou inadapté.
- Inaptitude à juger d'une situation ou à apprendre par expérience.
- Égocentrisme pathologique et incapacité à aimer.
- Émotions superficielles.
- Aucune faculté de discernement.
- Relations qui n'autorisent pas la proximité en général.
- Tentatives infructueuses de suicide.
- Vie sexuelle impersonnelle, triviale et souvent inadaptée.
- Difficulté de suivre tout programme ou chemin de vie.

Robert Hare[21], par exemple, décrit le psychopathe de cette façon : « Un prédateur social, charmeur, dépourvu de scrupules, agissant de sang-froid et totalement indifférent aux sentiments d'autrui. Il prend et fait ce qu'il veut, comme il le veut, en violant les normes et les attentes sociales, sans une once de culpabilité ou de regret. »

Carine réagit à cette définition : « Bon, il est évident que nous pouvons observer ce genre de comportement régulièrement, surtout dans notre société actuelle, et heureusement, la majorité des gens va s'en sortir grâce à l'école ou à l'éducation à la maison. On en revient donc à l'importance de l'éducation et de cette satanée différence entre le bien et le mal. Mais je ne partage pas l'avis de Robert Hare lorsqu'il dit qu'un psychopathe est indifférent aux sentiments d'autrui. C'est important de le dire, car le DSM IV (la bible de la psychiatrie) commet la même erreur. Un psychopathe n'est pas indifférent aux sentiments d'autrui. Il l'est au niveau social, il se fout complètement de la société, qu'elle le rejette une fois de plus ou une fois de moins, ça ne change rien pour lui. Par contre, il SAIT que la victime souffre, qu'elle est terrifiée, humiliée, seule face aux caprices d'un pervers. Et c'est justement ce qu'il recherche. Ces éléments sont des "sentiments" par rapport à autrui. Ce sont des sentiments très forts… Être capable de les imposer à une victime demande une capacité d'empathie. Le psychopathe les connaît dans le mauvais sens. Il n'a aucune compassion ou sympathie, mais il connaît l'empathie pour avoir vécu des moments traumatisants dans son enfance. Il a été humilié, sali, apeuré, mais jamais personne n'a montré de compassion pour lui. Il sait comment une victime se sent. Comme un Dutroux qui dit dans une de ses dépositions : "Mes parents m'ont fait comme je suis. Elles (Julie et Melissa) doivent assumer les erreurs de mes parents. C'est de leur faute…" Et, partant de ce qu'il connaît, il est tout à fait capable d'imposer ce qu'il a lui-même vécu. Beaucoup de victimes m'ont dit que, si elles avaient l'opportunité de se venger de leur bourreau, elles voudraient seulement voir la peur de la mort dans les yeux de leur agresseur. Le psychopathe recherche cette peur dans les yeux de sa victime. La plupart des victimes ne se vengeront pas. Le sentiment d'impuissance qu'elles ont gardé de leur enfance se transforme en une haine sourde et muette. Les victimes et les psychopathes se rejoignent dans le même sentiment d'impuissance, ils sont incapables de se venger sur la personne directement responsable de leur malaise, et, tout comme le psychopathe, les victimes vont parfois transférer leur haine sur d'autres personnes plus vulnérables encore qu'elles. C'est le cercle à briser. Dutroux ne s'est jamais vengé sur ses propres parents, il a retourné sa haine contre toute une société, de laquelle il ne fait partie que pour y trouver ses victimes. Il n'est pas connecté à cette société.

Il y a aussi des nuances à la psychopathie. Selon l'interprétation, il s'agira de "maladie de la psyché" ou de "déviance de la psyché" ; donc, il faut faire une distinction. On a un peu trop tendance à mettre tous les psychopathes dans le même sac. Un Francis Heaulme, par exemple, peut être classé dans les "malades de la psyché". Il passe à l'acte de manière violente et incontrôlée, plutôt sujet à une impulsion à laquelle il ne peut physiquement et mentalement résister. Il est donc "irresponsable et malade". Un Dutroux, par contre, sera plutôt à ranger dans les "déviants de la psyché", car il peut contrôler ses actes, ils sont calculés, réfléchis. Mais ce sont tous les deux des psychopathes.

Tout comme un Jack l'Éventreur, par exemple. Ses actes sur les victimes sont très parlants. Jack l'Éventreur ne souhaitait pas vraiment faire souffrir ses victimes, il exprimait sa colère dans des tortures infligées post-mortem. La torture dans le vrai sens du terme s'applique à un être vivant. Or, toutes ses victimes étaient déjà décédées. Ce genre de criminel exprime ses sentiments dans la forme de torture qu'il va choisir. Ce serait comme un danseur qui choisirait la valse pour exprimer la douceur, l'élégance, la romance, ou le flamenco qui exprimera plutôt la fermeté, la détermination, etc. Il raconte symboliquement son histoire sur le corps des femmes : il enlève la carotide (sûrement dans le but d'exprimer son envie que sa mère se taise ; en enlevant l'utérus et les ovaires, il exprime clairement son envie que les femmes ne fassent plus d'enfant, puisque, de toute façon, elles sont incapables de s'en occuper, de les aimer convenablement. En exposant les corps, il veut que le monde entier comprenne ce qu'il veut dire. Il est incapable de s'exprimer autrement. Toute sa colère et ses frustrations s'expriment symboliquement, comme un peintre ou un sculpteur. Sauf que sa toile ou son socle sont des femmes mortes… Il a dû avoir une mère excessivement autoritaire ayant assassiné sa personnalité au point de l'obliger à trouver un autre moyen que la parole pour communiquer. Et il l'a bien trouvé… On en parle encore plus de cent ans après. Est-il responsable de ses actes ? Je dirais oui. »

*

* *

Y a-t-il toujours passage à l'acte ?

Étant donné que l'on ignore exactement combien d'hommes ou de femmes fantasment sexuellement sur les enfants, on ne peut pas le dire. Plus que l'intimité et la sexualité, les fantasmes sont secrets et impossibles à vérifier. Sûrement plus qu'on ne le pense, mais heureusement beaucoup d'entre eux ont la capacité de s'arrêter à temps, car ils ont conscience du bien et du mal. Le criminel qui passe à l'acte la connaît aussi, mais il choisit la mauvaise option…

On a tendance, à notre époque, à voir des pédocriminels partout…

Et c'est un peu logique avec tout ce qui se passe depuis l'affaire Dutroux. Il faut absolument faire la part des choses. En fait, c'est cyclique. Pendant tout un temps, on n'entend rien sur la pédocriminalité, puis une affaire, deux affaires, éclatent et sont très médiatisées, et nous voilà inondés d'infos, de mises en garde et de rappels sur la pédocriminalité. Résultat, on voit des papas, ou des professeurs ne plus oser avoir un geste affectueux envers un enfant tellement le risque est grand que ce geste soit mal interprété. Or, pour s'épanouir, un enfant a besoin d'être pris dans les bras, d'être câliné et embrassé. Sans parler des mères aussi qui vont profiter de cette surenchère d'information pour la détourner afin d'obtenir le droit de garde exclusif en cas de divorce. C'est horrible, car, pour une mère menteuse, dix autres ne seront pas crues…

Enfin, il faut vraiment faire attention à la façon dont on parle de tout ça, car cela peut également favoriser le passage à l'acte de certains pédosexuels. J'ai reçu des lettres anonymes, par exemple, où un criminel m'expliquait son bonheur d'avoir enfin goûté au « fruit défendu » de la même façon qu'un criminel dont il avait lu les exploits dans la presse.

Les médias vont parfois tellement loin dans la recherche de sensationnalisme et sont tellement avides de « détails » que les criminels en devenir n'ont plus qu'à appliquer les scénarii qu'on leur propose. Au lieu de s'intéresser à CE qui provoque le passage à l'acte, non, on préfère expliquer en long et en large toutes les tortures ou sévices que la victime a subis. C'est, évidemment, bien plus « vendeur »… *(Gros soupir).*

Quels sont les agresseurs les plus difficiles à traiter ?

Ceux qui ne se fatiguent même pas pour se trouver des justifications, ceux qui répondront simplement et immanquablement que ce n'est pas grave, ceux qui ne conscientiseront pas leur acte, le travail consistera alors à leur construire une conscience. Et, surtout, ceux qui prétendent qu'un jour on va accepter la pédocriminalité comme on a accepté l'homosexualité.

Ce sont les pédosexuels fixés qui tiennent ce genre de discours. Ce genre de pédocriminel peut tout à fait infiltrer un groupe d'homosexuels pour s'y cacher et se donner un début d'identité.

Comment peut-on construire ou reconstruire une conscience chez quelqu'un ?

On lui apprend l'empathie, on le conscientise sur le bonheur, sur la possibilité de connaître autre chose que le mal, on le déculpabilise, on lui explique qu'il est aussi une victime, qu'il n'est pas coupable des sévices qu'il a vécus, mais qu'il est responsable de ceux qu'il inflige aux autres.

Il faut lui donner la sensation qu'il a quelque chose à perdre ; donc, il faut d'abord lui apprendre à obtenir quelque chose dont il peut être fier. Lui construire une « assurance acceptation dans la société », en fait. Quelqu'un qui est socialement « reconnu » ou « accepté » va moins facilement passer à l'acte ; il aura d'autres choses sur lesquelles se concentrer... On l'aide à donner une valeur à l'« autre » aussi, car, bien souvent pour les agresseurs, les victimes sont dépersonnalisées ; elles deviennent des objets, elles ne sont plus des êtres humains.

Le travail sera bien entendu beaucoup plus difficile si le sujet n'a jamais eu de conscience. Je repense à ce petit gamin que j'ai examiné et évalué. Avant d'avoir été adopté, il avait vécu des atrocités dans son pays d'origine. Il fut violenté, il assista à des scènes de tortures, de viols collectifs. Il ne connaissait que le mal, la guerre et toutes les atrocités qui vont avec. Malgré un dévouement certain de ses parents adoptifs, il faisait preuve, à 9 ans, d'un comportement d'une rare violence. Il était très manipulateur. Il violait aussi sa petite sœur de 3 ans avec tout ce qui lui tombait sous la main. Bon, on ne peut pas mettre un enfant de 9 ans en prison, par contre on peut le faire interner en hôpital, et, bien que je sois réticente à cet extrême, je ne pouvais sincèrement rien faire d'autre. Lorsque je lui demandais s'il comptait recommencer à faire du mal à sa petite sœur, il me répondait sans sourciller : « Oui ». Je me dis parfois que si cet enfant avait eu quelqu'un tous les jours, douze heures par jour pendant un an pour travailler avec lui, ne lui laisser aucun moment de répit, car le manque d'activité est le berceau de tous les vices, on aurait peut-être pu le sauver…

Vous voulez dire qu'il était irrécupérable ?

Hélas, placé en psychiatrie, il y est resté. C'est toujours triste d'en arriver à cet ultime recours.

Ce genre de cas est rare, heureusement. D'un autre côté, parfois on estime qu'il faut donner une deuxième chance et on relâche des ados psychopathes en se disant qu'ils vont changer, qu'ils ont encore le temps de le faire… Et pour certains, comme ce cas exceptionnel, prendre le risque de le libérer implique une grosse prise de risques au niveau des victimes qu'il pourrait faire.

En général, on essaye tout pour « reprogrammer » l'enfant, on prend vraiment le temps d'évaluer son potentiel. Au final, on espère qu'il y aura « déclic », mais cela n'arrive pas toujours et on est obligé de capituler.

Ça prend combien de temps, une thérapie avec un criminel ?

Tout dépendra de son aptitude à évoluer dans le bon sens. Mon travail sera de lui donner des « pistes » de réflexion sur lui-même. Je ne suis pas là pour conforter les pédocriminels dans ce qu'ils appellent eux-mêmes encore trop souvent une maladie… Étant donné qu'ils possèdent tous leur propre histoire et que les facteurs déclencheurs de leur comportement ne seront pas les mêmes, je n'emploie pas une méthode type pour tous les pédocriminels. Je suis obligée de travailler au cas par cas tellement ils sont différents.

Un agresseur est une personne vraiment paradoxale. D'un côté, il va se sentir inférieur à cause de son enfance malheureuse, à cause de son incapacité à gérer ses fantasmes et d'une lâcheté qui fait qu'il n'est capable de s'attaquer qu'à un être plus faible que lui. Et de l'autre, il est en admiration totale devant l'acte qu'il a commis, parce que pendant qu'il commettait son méfait, il se sentait fort, dominant, et supérieur. Je vais donc commencer par jouer sur l'ego en lui montrant mon attention. Quitte à me dévaloriser pour lui laisser le champ libre. Je fais tout pour qu'il se sente à l'aise et se confie, je lui pose plein de questions « Pourquoi fais-tu ça ? », « Comment as-tu fait pour effacer les traces ? » Il se sent donc interpellé, je flatte en quelque sorte son « intelligence », il se sent donc à nouveau « supérieur » puisque c'est lui qui parle et explique. Ensuite, j'essaye de ramener son ego à la réalité et je lui explique ce que je comprends, je deviens alors supérieure à lui dans la mesure où je ne suis pas coupable et lui bien. C'est ce petit jeu qui est très difficile, car l'équilibre est précaire : tout en lui faisant réaliser son acte sordide, je dois éviter qu'il ne devienne plus violent encore face à la réalité de sa personnalité et à ses propres incohérences.

Concrètement, ça se passe comment un échange pareil ?

Pour capter leur attention, il faut jouer sur leurs cordes sensibles, et il faut utiliser des « images » ou des références qu'ils comprendront.

Je prends souvent l'exemple de ce pédocriminel que j'ai traité et qui aimait beaucoup l'argent…

Je lui ai demandé un jour de me faire une estimation du temps que son acte lui avait pris, en comptant la préparation, le matériel, le camouflage du corps, etc. Il a estimé avoir passé une centaine d'heures à fantasmer, puis une autre centaine à préparer son acte et encore une dizaine d'heures à effacer les traces… Je lui ai alors fait remarquer tout l'argent que cela représentait si ces heures avaient été occupées à travailler à son emploi habituel. Je lui ai demandé s'il ne trouvait pas cela un peu invraisemblable comme gaspillage d'argent, en comparaison de ce qu'il aurait pu gagner, et tout cela, pour seulement une petite heure de plaisir…

Il est sorti dépité de la consultation. Jusque-là, il se sentait fort d'avoir élaboré tout cela, et dès que l'on a abordé le côté « financier », la perte d'argent que cela représentait, il a trouvé son acte insensé… C'est un premier pas dans la « conscientisation ».

Vous utilisez également beaucoup le langage corporel pour amener un agresseur à se confier…

C'est très utile. Lorsque je vais visiter un agresseur, en prison par exemple, en général, il est prévenu de ma visite ou celle-ci lui est imposée. J'adopte un profil bas comme on dit. Je n'entre pas avec des reproches ou un jugement sur son acte.

J'entame la conversation banalement : « Bonjour. Tiens, ils pourraient quand même repeindre ici ! » ; je ne le toise pas ou ne montre aucune crainte d'être enfermée avec lui dans une pièce de 2m sur 3 ; je m'assieds en face de lui, je ne croise pas les bras (c'est un signe de fermeture) et je pose mes mains ouvertes sur la table ; je le regarde dans les yeux et je le laisse s'exprimer s'il en a envie.

Une victime sera plus encline à se confier en thérapie, alors qu'un criminel sera à défier, avec vos connaissances de ce genre de crime, et votre connaissance sur leur façon d'agir et de penser. J'écoute beaucoup dans un premier temps et j'installe immédiatement une ambiance de confiance, qui est à la fois légère tout en étant sévère. Je ne condamne pas la personne, mais je condamne ses actions répulsives et inacceptables. Ce faisant, les limites à ne pas franchir sont établies. Pour accéder à sa confiance, je lui explique le but de ces entretiens et du travail que nous allons faire. La thérapie sera axée sur son bien-être tout en travaillant au changement de son comportement. Il va de soi qu'un criminel ne peut changer que lorsqu'il se sentira mieux dans sa peau. Il ne faut pas oublier qu'il a, tout au long de son évolution, développé des mécanismes afin de survivre aux horreurs de sa propre enfance. Mon travail consistera donc à lui apprendre que ces mécanismes sont « normaux » vu son vécu et que sa façon de réagir aux choses, même si elle est affreuse, est compréhensible. Il s'agira de lui faire comprendre que ces mécanismes font beaucoup de mal aux autres et ne le sortiront jamais de son propre mal-être.

Ensuite, une fois qu'il sent que je ne suis pas là pour le réprimander, mais pour essayer de le connaître et de le comprendre, je vais lui demander pourquoi il refuse de parler aux enquêteurs, ou aux autres psys. En général, ils n'ont pas l'habitude qu'on les laisse parler, qu'on les écoute. Trop souvent encore, c'est le crime qui va passer en premier lieu ; là, c'est lui. C'est très important ce petit détail pour l'amener à se confier. N'oublions pas que leurs actes surviennent souvent après un rejet, un manque de communication, d'attention… Un agresseur passera à l'acte lorsque toutes ses tentatives de communication ou de rapprochement auront été rejetées.

Les criminels que vous rencontrez, sont-ils facilement coopératifs ?

On peut dire que Van Geloven l'a été. Je possédais plus de 1000 pages manuscrites par lui. On s'écrivait beaucoup entre les visites à la prison. Mais il pouvait parfois être très agressif. Car, ce que ces criminels veulent, c'est que vous pensiez comme eux. Si vous ne pensez pas comme eux, vous devenez l'ennemi. J'étais alors obligée d'établir une certaine relation de confiance avec eux dans laquelle ils pouvaient se sentir à l'aise, dans laquelle ils avaient l'occasion de ne pas mentir. C'est important pour eux de pouvoir raconter ce qu'ils ont fait sans être jugés sur leur intégrité.

Je ne suis ni Dieu ni juge, je n'ai pas le droit de juger quelqu'un ; par contre, je peux essayer de comprendre et d'expliquer pourquoi il a fait ce qu'il a fait. Cette nuance est importante si je veux qu'il se confie. Cela ne signifie pas que, pour lui extorquer les informations dont j'ai besoin pour mon travail, j'entre dans son jeu et lui dise : « Tu as raison, c'est bien ce que tu fais. »

Il ne faut pas céder sur ce point ! Je n'ai jamais hésité à leur dire : « Non, ce que tu dis ce sont des foutaises, les dégâts sur les enfants sont réels et tu te sers d'excuses pour te justifier. »

Cette fermeté n'a jamais été un risque ? Le criminel pourrait se fermer à toute communication...

Dans le cas de Van Geloven, par exemple, il disait que je brisais la relation de confiance, mais, très vite, il réalisait qu'il avait plus besoin de moi que je n'avais besoin de lui. Plus personne ne venait le voir. Il était considéré comme LE monstre européen à l'époque.

Lui-même, essayant de comprendre ce qu'il avait fait, savait qu'il avait besoin de moi pour cela. J'étais donc dans une position de force par rapport à lui. Ce que j'ai toujours gardé par rapport aux agresseurs. C'est primordial, sinon on est fichu devant eux. Il ne faut pas perdre de vue que les pédocriminels sont les plus grands manipulateurs qui existent.

Comment se fait-il qu'il y ait de plus en plus de femmes pédocriminelles ?

Parce que la femme devient de plus en plus homme. Dans les *Crocodiles*, j'explique que les hommes extériorisent leur haine, leur colère et leurs frustrations parce qu'ils ont été victimes la plupart du temps.

Les femmes, par contre, ont été éduquées à intérioriser leurs frustrations, leur haine et leur colère. Elles l'extériorisaient en s'automutilant, en se culpabilisant, en s'amoindrissant. Ces dernières années, la femme a évolué à une vitesse hallucinante. Prenez l'exemple dans les boîtes de nuit : maintenant, ce sont les filles qui disent aux mecs : « Toi, ce soir, tu es dans mon lit. » Il y a dix ans, ce n'était pas tout à fait ça, et, quand cela arrivait, la fille était plutôt mal vue... Donc, les filles deviennent de plus en plus indépendantes et prennent donc de plus en plus de pouvoir, non pas que je trouve ça mal ou que je sois ultraconservatrice ! *(rires)* Mais elles tendent de plus en plus vers une autorité habituellement réservée aux hommes... Et si elles s'alignent à l'homme dans ces domaines, il est logique qu'elles s'y alignent dans la perversité.

Oh, il y a toujours des psychiatres qui maintiennent l'idée que la perversion n'existe pas chez la femme. Cela est faux. Je me souviens du cas d'une jeune femme en Angleterre qui ne pouvait atteindre l'orgasme qu'en égorgeant l'homme en dessous d'elle… Cette femme était irrécupérable pour la société. Il serait peut-être intéressant de se poser des questions sur ce qu'elle a vécu dans son enfance pour avoir des tendances aussi désastreuses.

Quid de ces femmes comme Michèle Martin par exemple ?

Ça, c'est très complexe. Et puis, je ne les ai pas examinées personnellement. Mais, en bref, le cas de Monique Olivier est pareil, ce sont des femmes influençables qui semblent avoir été « choisies » par leur bourreau pour devenir une extension d'eux-mêmes ; donc, ces femmes n'existaient plus, elles ont été vidées comme par un parasite.

Ou un gourou… ?

C'est ça. Il y a encore l'extérieur du corps, l'enveloppe charnelle, mais en fait à l'intérieur, il n'y a plus rien : c'est vidé ou cassé. Dutroux est, comme Fourniret, un « borderline » narcissique avec un trouble de la personnalité, c'est-à-dire qu'il va complètement vider la femme de son énergie, de sa propre personnalité, pour pouvoir la contrôler et la remplir de ses propres théories. Mais on pourrait faire une encyclopédie ! Il y a des milliers de cas et de troubles et de pathologies différentes qui peuvent amener une femme à la pédocriminalité.

On a connu aussi des cas où c'était la femme qui était la perverse et où l'homme était complètement « vidé » et complice ; c'est le cas de Rosemary West en Angleterre… Ces gens ont des méthodes de manipulation extrêmement perverses et insidieuses qui font que l'autre ne se rend même pas compte de ce qui se passe.

Le mode opératoire de ce genre de criminel est très sophistiqué. Ils cherchent d'abord une proie facile et faible. En général, ce sont des femmes peu sûres d'elles et mal à l'aise dans la vie. Elles ont souvent eu une enfance surprotégée et ne connaissent rien de la vie, sont souvent naïves et attendent le prince charmant sur son cheval blanc. Et le voilà qui arrive ! Il leur donne toute son attention, il est plein de faux amour (il a vu ça à la télé), car il est incapable d'aimer. En réalité, il n'aime que lui-même. Il n'y a pas de place réelle pour l'autre. Mais, il sait aussi que l'on n'attrape pas les mouches avec du vinaigre, donc il sait exactement comment procéder pour construire la toile dans laquelle ses proies vont tomber. Ensuite, il va les embobiner, et cela marchera, car elles ont tellement besoin de reconnaissance... Une fois qu'elles sont dans la toile, elles ne peuvent plus en sortir. Comme dans une secte, le psychopathe aura généralement coupé ou détérioré les liens de sa femme avec l'extérieur, les amis, la famille.

Cela fait, il va commencer à détruire sa personnalité, il va l'humilier, la diminuer, la violenter. Cela commencera par des petits détails sur la propreté de la maison, puis cela évoluera jusqu'à faire comprendre à la victime qu'elle a bien de la chance de l'avoir lui, que sans lui elle n'est rien, la preuve : elle s'est brouillée avec tout le monde, personne ne l'aime, elle ne sait rien faire sans lui...

La victime qui n'a plus que ce partenaire va tout faire et tout accepter pour retrouver son bel amour du début... Elle va dépasser ses limites pour se faire mieux accepter et aimer de son bourreau, elle va faire encore plus de sacrifices, lui donner encore plus d'amour et d'attention, jusqu'à accepter de passer les limites de l'inacceptable et devenir, finalement, son complice.

Elle ne peut plus reculer, elle ne sait plus vraiment qui elle est. Elle est devenue ce que le psychopathe en a fait : une extension de lui-même. Financièrement, psychologiquement, émotionnellement, et physiquement, la femme est épuisée. Il a pris entièrement possession d'elle.

Est-ce que cela veut dire qu'elles sont totalement irresponsables pour les actes qu'elles vont commettre ? La réponse est très difficile. Oui et non. Oui parce que la personnalité de ces femmes est complètement détruite. D'autre part, sont-elles réellement responsables des faiblesses de l'éducation qu'elles ont reçue ou de l'ambiance dans laquelle elles ont grandi ? Sont-elles responsables aussi du sentiment de dépendance cultivé dans leur enfance ? Je dirais non. Cependant, elles ne sont pas non plus irresponsables, dans la mesure où l'être humain dispose de cette faculté de « choix » ; et même si ce n'est pas en pleine conscience, elles ont tout de même choisi de suivre leur psychopathe. Quelque part au fond d'elles, elles « savent » qu'il se passe quelque chose de malsain, mais leur besoin de l'autre est tellement fort qu'il occulte toute forme de prise réelle de conscience. Il suffit de regarder des cas moins graves pour comprendre. Une personne peut parfois être tellement dépendante de son partenaire qu'elle va sacrifier sa propre personnalité, surtout en face d'un borderline. Il faut savoir que si l'on reçoit de l'amour d'un borderline, c'est le ciel sur la tête. C'est tellement intense et incomparable avec ce que l'on peut vivre d'habitude, qu'on ferait n'importe quoi, qu'on serait prêt à accepter n'importe quel traitement pour peu qu'on ait la garantie de retrouver, de revivre ces moments d'intensité incomparables. Par contre, si le borderline est dans un moment de détresse (ce qu'il n'admettra jamais vu que c'est toujours de la faute des autres), il va se mettre à ignorer le partenaire qu'il vient pourtant d'aimer de toutes ses forces et d'asservir complètement à sa cause. Ce type d' « amoureux(se) » est courant, beaucoup plus qu'on ne le pense. Tous les borderline ne sont pas criminels, il est évident qu'il y a des gradations comme pour la psychopathie. Mais le mode opératoire des borderline est pareil à celui des psychopathes. De telles relations sont, bien évidemment, destructrices pour celui qui est sain d'esprit.

Pour en revenir aux femmes pédocriminelles, vous en avez traité beaucoup ?

De tous les noms ? *(rires)* Non. Je suis incapable de traiter les femmes pédos, alors je ne le fais pas. J'ai eu l'occasion de m'occuper de victimes de femmes et je peux vous dire que dans la cruauté, elles dépassent parfois largement l'homme.

Pourquoi ne pouvez-vous pas vous en occuper ?

Déjà, en 1990, à Gracewell, il y avait 3 % de femmes pédocriminelles et je me disais « C'est pas possible, pas les femmes ! ». J'étais déjà maman. J'étais incapable de me retrouver devant elles, je les aurais baffées. Les hommes, c'était une autre race, quoi ! *(rires)* Mais les femmes…

Alors, les enfants ne sont plus vraiment en sécurité nulle part ?! Cela m'a choquée et ça me choque toujours. Quand vous entendez certains détails donnés par des enfants… Elles ont une imagination sidérante dans la cruauté. Je suis une femme et une maman, voilà ma limite, je ne peux pas m'en occuper parce que ça me dépasse. Je ne pourrais pas être objective.

Ce n'est pas génétique, ce n'est pas non plus une maladie ?

Non, c'est un choix, je vous jure que tous les pédocriminels que j'ai examinés ont fini par le dire. Même les tueurs. Ils peuvent toujours essayer de se justifier et ils le font depuis des années, cela reste leur responsabilité, ils savent que c'est illégal, et ils le font quand même…

L'Homme est un animal, finalement. C'est un « instinctif incident de parcours » qui le pousse au meurtre… ?

Je n'y crois pas une seconde. D'ailleurs, dans la nature, l'animal ne tue que pour manger, ou pour se défendre, ou pour défendre son territoire. Et vous avez vu, vous, chez l'animal, des réseaux, des tortures, des camps de concentration ?

Je crois que c'est plutôt le résultat d'une oppression éternelle, comme l'endoctrinement de l'Église, qui fait que l'être humain se sent en permanence en détresse, coupable d'il ne sait quoi, soumis aux grands mensonges, et obligé dans la docilité. Tout ceci va contre nature et nous explose maintenant à la figure. Comme une bombe à retardement. Je suis convaincue que ce que nous vivons actuellement est le résultat de siècles de mensonges et de répression. C'est l'Église qui nous a appris l'intolérance. Pendant des siècles, tout ce qui ne collait pas à leurs idées était maudit. On avait donc le droit de tuer les juifs, car ils avaient tué le Christ et tous ceux qui ne suivaient pas aveuglement les préceptes étaient, enfermés dans des asiles, dans des prisons, écartés de la société ou tout simplement tués, brûlés sur un bûcher. Et après, on s'étonne que l'être humain soit intolérant. Ne sachant ni lire ni écrire, les masses ont toujours suivi aveuglément ce qui se disait au sein de leur église. Ce n'est que depuis quelques décennies que l'on commence à avoir accès à l'information, que l'éducation est accessible à tout le monde. Des gens font un travail de pionniers pour nous donner accès à l'information, à la vérité. Avec le net on est en mesure de communiquer et de s'éduquer. L'info circule dans le monde entier, dans toutes les langues. On ne peut plus dire que l'on ne sait pas.

Les victimes

Connaît-on vraiment les victimes ? Prenons-nous vraiment la peine de les écouter ? Certains d'entre nous les stigmatisent, les ignorent, les évitent, les discréditent, les enfoncent, et parfois les tuent, directement et physiquement, ou, à petit feu, psychologiquement. D'autres les écoutent, les aident ou les soignent.

L'alibi du premier groupe d'individus semble être dans l'ignorance, la peur et l'égoïsme. Le mobile du deuxième, dans la conscience (professionnelle ou autre), la tolérance et l'amour. Les deux groupes partagent en tout cas un point commun : ils ne sont pas, ou mal, aidés.

Les victimes se taisent parce qu'elles se sentent coupables. Les criminels se taisent parce qu'ils sont coupables. Et nous souvent on se tait, puis on culpabilise.

Carine Hutsebaut a réparé nombre de victimes à qui elle a pu faire comprendre que ce qu'elles avaient subi n'était pas l'« amour » d'un pédocriminel, mais bien du sexe illégal. Ce qui, pour leur vie d'après, se révèle très important. Elles aiment à nouveau et sont capables aussi d'être aimées.

« Une victime a été victime mais ne l'est plus, il faut la "dévictimiser", le travail consistera à lui faire reprendre possession d'elle-même, du monde qui l'entoure, elle a le pouvoir de décider que l'agresseur "perde", en reprenant le contrôle de ses émotions et de sa vie. Il faut l'aider à faire ça, afin que ce ne soit plus l'agresseur et l'agression qui la contrôlent. »

Pour mieux aider une victime, quelle qu'elle soit, il faut d'abord essayer de la comprendre.

« Il faut voir la fracture émotionnelle de la victime comme une fracture de la jambe. Le thérapeute a deux solutions. Soit il garde le patient alité avec sa jambe fracturée, ou il maintient la victime dans sa victimisation, en espérant que ça passe, soit il lui met un plâtre, puis, dès que les os, la structure, sont remis, il entame la revalidation, la rééducation. Alors, au début ça fait mal, c'est fatiguant, il y a des jours on peut plier la jambe, d'autres pas, des jours où on a mal, on ressent les changements de temps, la pluie, le froid, mais après quelque temps, tout se "restaure". Les fractures psychologiques ne sont pas différentes et dépendent elles aussi d'étapes dans la guérison. On garde parfois des séquelles, ou une cicatrice. Si l'on peut, en plus, lui apprendre à vivre avec ces séquelles et à accepter ces cicatrices, tout le monde a gagné. ». « Dans mes thérapies, mon principal travail consiste à aider mes patients fragilisés à reprendre confiance en eux et en leurs capacités personnelles, à les guider au mieux vers l'exploitation de leurs qualités, de leur caractère, afin qu'ils puissent accéder à une meilleure estime d'eux-mêmes et de là, se reconstruire tout en construisant leur bonheur. ».

« Dans le cas des victimes de pédosexuels, le travail commencera par déculpabiliser la victime.

Car, si elle a eu une éducation étriquée, elle aura souvent pu être accusée de mensonge, si ce n'est de provocation envers la personne qu'elle accuse… Si l'accusation de provocation, qui lui sera souvent assénée, est totalement déplacée, il faut noter que la victime joue un rôle dans le déroulement de l'abus. La victime ne choisit pas d'être victime, on le sait, mais elle a un rôle dans le fantasme de son agresseur. Ce n'est pas directement de leur faute ! Reprocher à une victime d'avoir provoqué son agresseur, c'est sous-entendre qu'elle était consentante. Pour mesurer le degré réel de son "consentement", il suffit de voir dans quel état physique et psychologique se trouve une femme, un homme ou un enfant qui a été violé... »

On a vu souvent des femmes violées, ou même des hommes agressés à plusieurs reprises, alors que d'autres ne seront jamais concernés par ce genre de problèmes. Par contre, le fait que tel ou tel type de victime se retrouvent dans telle ou telle affaire peut grandement aider à l'identification du criminel. Il n'est donc pas anodin de tenter de comprendre pourquoi certaines personnes ou enfants deviennent des victimes et pourquoi certains le sont à répétition.

Pour ce faire, Carine Hutsebaut dispose d'outils provenant de la « victimologie ». Bien que née après la Seconde Guerre mondiale, cette discipline est récente dans le développement d'une enquête criminelle.

Tant du côté victimes qu'agresseurs, l'étude de leur entourage, des circonstances et de l'endroit du crime ou de la disparition et de leur style de vie aura une importance dans l'élaboration de leurs profils psychologiques respectifs.

En s'intéressant de près à la victime, à sa relation avec le criminel et en rassemblant des données sur la dynamique du délit, le victimologue pourra parvenir à distinguer un agresseur de sa victime.

« Dans les cas d'infanticide, et idéalement, on pourrait comparer le modus operandi des criminels, et le type de victime dans toutes les affaires prises séparément (d'où l'utilité, à ne plus démontrer, des banques de données...), ce qui permettrait d'approcher les dossiers non résolus différemment. En général, un criminel arrêté à 50 ans pour un meurtre d'enfant n'en est pas à son premier essai. », « C'est important aussi pour une victime de savoir pourquoi elle a été agressée, pourquoi elle précisément et le fait de savoir que c'est parce qu'elle correspondait aux fantasmes de l'agresseur peut l'aider dans le processus de déculpabilisation. Ce n'est plus elle la fautive. C'est la déviance mentale de son agresseur qui a fait qu'elle a été agressée. »

Madame X a fait un enfant avec un pédocriminel, il a avoué, son dossier est « enterré », il est très ami avec le juge en charge. Que peut-elle faire ?

Il est très difficile de travailler sur de tels dossiers. Il y en a des centaines pour commencer et ils paraissent sans solution. C'est une des raisons pour lesquelles je me suis retirée. J'ai besoin d'y réfléchir. Dans son cas, le père sait qu'elle sait… C'est déjà une très bonne chose, car cela va lui trotter dans la tête ; même s'il n'est pas « officiellement » inquiété, elle dispose d'un certain moyen de pression sur lui. Le problème dans ce genre de cas est évident : il y a clairement un manque de responsabilité de la part de certains acteurs, à savoir ici le juge. Avant ce genre d'affaires passait en assises, maintenant cela passe inaperçu. Il faut des formations ! Tant que les magistrats et les avocats ne comprendront pas leur devoir, rien ne peut changer. Combien de fois ne voit-on pas d'avocats « jouer » sur les fautes de procédure pour qu'une affaire soit classée sans suite. Ceci est une grave atteinte à la vérité, c'est inadmissible. Ce n'est finalement qu'une simple question d'humanité et d'éthique… À quand l'enseignement intensif de ces deux choses fondamentales dans les universités ?!

Les victimes sont-elles toutes logées à la même enseigne ? Est-il possible qu'un jeune homme ait une expérience amoureuse à 15 ans dans les bras d'un homme de 40 ans, sans en ressortir traumatisé ? Pour autant que celle-ci se passe sans violence ?

C'est impossible à savoir à l'avance. Mais le risque est considérable. Si c'est oui, tant mieux, si c'est non… C'est trop tard, les dégâts sont irréversibles. Le risque en vaut-il la peine ? Pour un ado pas traumatisé, combien d'autres foutus ? Ce serait comme laisser un enfant marcher sur les bords d'un ravin… Il y a une chance qu'il ne tombe pas dans le vide, c'est certain, mais il y en a tout de même plus qu'il tombe !

Y a-t-il un type d'enfants plus enclins à être victimes d'un pédocriminel ?

Tout enfant en carence affective constitue déjà « la » cible parfaite pour un pédo. Mais tout enfant, à la base, constitue une cible puisque la déviance les implique directement. Rien que le fait d'être un enfant suffit amplement.

Sur quoi le pédocriminel va-t-il s'appuyer ?

La disponibilité de l'enfant (souvent, les pédos rôdent autour des endroits fréquentés par des enfants), sur le déni social (tout le monde s'en fout), sur des complicités (celle de certains parents), sur l'ignorance (beaucoup pensent encore que les pédos sont « repérables »), sur la crainte et la honte de l'enfant. De plus, il sait qu'il n'est de toute façon pas « fiché » (d'où la constitution indispensable de banques de données et la mise en place de techniques de traçabilité...)

À ce propos, le 30 juin 2006, Rudy Demotte[22] *trouvait « dure comme méthode » d'équiper les délinquants sexuels d'une puce électronique, se demandant (très sérieusement) si l'on n'en arriverait pas à l'« extrême » de tracer aussi les citoyens qui auraient commis une infraction routière...*

Tout de même... Un enfant abusé n'est en aucun cas comparable à un excès de vitesse ou à un parking sauvage ! Par contre, on a failli mettre une puce dans le bras des enfants ! Et quoi encore ?

Que constatez-vous le plus souvent comme problème chez les gens que vous avez en thérapie ?

Les enfants et les adultes ne rêvent plus... Dans la plupart de mes thérapies, j'ai réappris aux gens à rêver, à retourner dans leur passé, leur enfance, à chercher ce qu'ils avaient vraiment envie de faire. Vous savez, souvent les gens se disent qu'il est trop tard pour revenir en arrière et faire autre chose, beaucoup de leurs frustrations ne sont finalement que des regrets... J'ai connu une dame de 71 ans qui rêvait de faire les lettres, elle est retournée à l'université en élève libre et est sortie à 76 ans avec un certificat, elle était aux anges… Alors qu'on ne vienne pas me dire que c'est impossible, tout est possible.

J'ai connu aussi une dame de 60 ans qui est retournée à l'école, aux beaux-arts, pour apprendre la sculpture…

Il n'y a jamais eu autant de « vieux » sur les bancs des universités *(rires)* !

Et c'est formidable, c'est un progrès, on ne voyait pas ça il y a vingt ou trente ans, c'était inconcevable. Aujourd'hui, les gens s'en fichent, ils foncent et ça marche bien, ils sont acceptés par les jeunes, chacun apprend de chacun, il y a des échanges, c'est un très bon développement, et ce n'est pas l'« initiative » d'un système ou d'un gouvernement, c'est du libre-arbitre : c'est l'individu qui décide de s'instruire, de faire ce qu'il désire ! C'est dommage qu'il n'y ait pas plus de vieux comme ça pour que les jeunes se rendent compte à quel point tout est possible. Il n'est jamais trop tard pour changer, pour se faire plaisir ou pour réaliser ses rêves. J'ai un autocollant que je trimballe depuis des années dans mes affaires ; je ne l'ai jamais collé sur ma bagnole, parce que le jour où je la vends, je perds l'autocollant. Ça dit : « it's never too late to have a happy childhood » (il n'est jamais trop tard pour avoir une enfance heureuse).

Même en tant qu'adulte ?

Jamais ! Cris et moi, on s'amuse parfois comme des gosses, il n'est jamais trop tard. On joue à cache-cache, on se fait des farces, on joue avec des détecteurs de métaux *(rires)*. On rêve…

Des détecteurs de métaux ?

Oui, on a remarqué par ici qu'il y a des Anglais qui font des « chasses » dans des villages en ruines depuis des lustres, ils cherchent les trésors enterrés là jadis…

On trouvait ça marrant, on a donc acheté aussi un détecteur, et on part à deux dans les plaines, comme les Anglais, avec notre pique-nique et on s'éclate ! Évidemment, on ne ramène jamais grand-chose, une cannette aplatie, un morceau de chaîne rouillée... Mais on rigole comme des malades dès que ce truc se met à crier. C'est bête, hein ? *(rires)*

Non, ça permet une belle promenade, un bon fou rire et ça ne fait de mal à personne...

C'est l'essentiel, non ? Et puis, qui vous dit qu'on ne va pas tomber sur un trésor, d'abord ?! *(rires)*

On manque de choses simples, de plaisirs simples...

Oui, enfin, non. Pour ma part je n'en manque pas, et puis je me les accorde. J'ai toujours eu l'œil et le goût pour les choses simples, malgré l'horreur. Cela ne m'a jamais empêché de m'extasier sur une nouvelle fleur apparue dans mon jardin, au retour d'une autopsie, ce n'est pas parce que j'ai un métier difficile que je dois perdre de l'œil les belles choses autour de moi, sinon je me mets en déséquilibre... Je ne peux pas me laisser sombrer : Oh mon Dieu, j'ai encore vu une horreur, c'est terrible, tout est négatif ! Ce n'est pas dans mon caractère ; je continue à croire dans les belles choses et dans les choses simples de la vie... Elles sont là, partout autour de nous... Et c'est de savoir qu'elles sont là, tout près, qui me donne la force de combattre les négatives.

Je dis tout le temps que l'Homme passe sa vie à chercher le paradis en espérant que la mort le lui apporte peut-être, alors qu'il est déjà dessus...

Tout à fait. Vous savez, on est beaucoup plus libre qu'on ne le croit ou qu'on veut bien nous le faire croire...

Oui, mais la société a fait de nous des êtres très fragiles, qui ne savent pas, ou plus, sortir de leur stress ou de leurs schémas de pensées négatives...

À chaque instant, on a le choix de s'en sortir... Les gens se sentent souvent « coincés » dans un travail qui ne leur plait pas ou une vie qu'ils n'ont pas choisie. La perversité de nos systèmes les conforte dans ce rôle de victime de la société : s'ils reprennent leur liberté, ils vont tout perdre, leur maison, leur travail, leur sécurité ; alors on les bourre d'antidépresseurs pour qu'ils oublient leur condition d'homme libre et qu'ils oublient qu'ils ont la possibilité de tout recommencer à zéro.

C'est certain, un de mes proches a laissé tomber un boulot qui ne lui ressemblait plus pour un autre qui le passionnait, mais où il gagnait pourtant 3 fois moins, il est heureux...

Quand on suit notre cœur, on ne peut pas se tromper. Le message que j'essaye toujours de faire passer, c'est : « On est libre », on nous fait croire que non, mais, en fait, on est libre... En fait, si vous n'attachez au « matériel » que l'importance qu'il mérite, on ne peut rien vous enlever.

Le tout, c'est d'oser, et si l'on n'ose pas, il existe des tonnes de moyens aujourd'hui de s'éduquer afin de se donner la force et les outils pour le faire. Il est toujours possible de se sortir des contraintes imposées.

Dès que vous avez des biens matériels auxquels vous attachez une importance démesurée, on peut vous les reprendre, mais si vous louez une maison, que vos meubles sont de deuxième main, que vous êtes heureux avec la nature, et la simplicité de la vie que vous menez ? Que vous trouvez un moyen épanouissant, et légal bien entendu, de subvenir à vos besoins et à ceux des vôtres...

Que vous trouvez votre équilibre indépendamment de celui que le système essaye de vous imposer. Qu'est-ce qu'on va vous prendre ? Avec quoi va-t-on vous faire peur ? RIEN, c'est ce que moi j'ai constaté et je suis loin d'être la seule à avoir fait ce choix, donc c'est possible, ce n'est pas si inaccessible que cela... Mais peu de gens osent essayer.

Génération de mauviettes ?

Clairement. *(rires)* Les gens se trouvent toujours un tas d'excuses pour ne pas bouger ; ils ne bougent déjà pas pour eux-mêmes, et après vous allez leur demander de bouger pour la pédocriminalité… Il y a un très gros travail à faire avant ça.

En parlant de la notion de liberté, n'avez-vous pas l'impression aussi qu'actuellement nous confondons « liberté » et « caprice » ?

Si, bien entendu, sachant que beaucoup de gens sont incapables de gérer la liberté… On ne sait plus où se trouvent les limites, donc tout devient gris. Tout est permis. La liberté individuelle sert d'excuse à tout et à n'importe quoi. Plus aucune nuance ou prise en considération de l'autre…

Toutes les cultures se sont perdues dans le côté pervers des interprétations. Il suffit de relire l'Histoire : toutes ont chuté à partir du moment où les valeurs essentielles étaient bafouées, et on est en plein dedans, on n'apprend rien du passé ! Ce qui est déplorable, c'est que, dans ce cas-ci, on va jusqu'à bafouer des enfants pour satisfaire des caprices.

Quant à la liberté… Ma fille est confrontée à quelques problèmes à son boulot pour le moment. Elle est déchirée entre la tentation de prendre des responsabilités pour des gens qu'elle ne connaît pas, des étudiants qu'elle a tendance à excuser trop facilement, et son souci de rester intègre.

Mais de l'autre côté, elle est confrontée à un égoïsme et un égocentrisme qui empêchent toute communication constructive et qu'elle ne supporte plus…

Je ne suis pas du genre à lui dire « Laisse-toi faire, c'est important, tu as un bon travail avec un bon salaire, laisse couler… » Non ! Si elle ne supporte plus cette situation, je ne cesse de lui répéter : exprime gentiment, mais fermement, ton point de vue, et si tu n'es pas entendue, démissionne, point. Parce que si son boulot commence à lui peser, elle risque de moins bien le faire évidemment et de développer, en plus, une frustration. Ce n'est pas la peine. Elle peut faire le même boulot ailleurs. Si ça se trouve, d'ici quelques mois, je peux encore entretenir ma fille en plus de Bert, mais bon, on a des enfants, on les a pour toujours, hein ? *(rires)*

NOTES

(1) – Predators : Pedophiles, Rapists and Other Sex Offenders : Who They Are, How They Operate and How We Can Protect Ourselves and Our Children. (2003) New York : Basic Books

- Transforming Trauma : A Guide to Understanding and Treating Adult Survivors of Child Sexual Abuse. (1995), Newbury Park, CA, Sage Publications

- Treating Child Sex Offenders and Victims : A Practical Guide. (1988) Newbury Park, CA, Sage Publications.

(2) – Truth, Lies and Sex Offenders

– Sadistic Offenders : How They Think, What They Do

(3) Backlash = discrédits, attaques, humiliations, dénigrations, mensonges.

(4) Wilhelm Fliess (médecin ORL berlinois né en 1858) dont la correspondance avec Freud fut sauvée par Marie Bonaparte en 1938, lors du départ de Freud et de sa famille pour l'Angleterre, un an avant la mort de ce dernier.

(5) Alfred Kinsey (1894-1956) zoologiste américain (Indiana) à l'origine d'études poussées sur nos comportements sexuels. Toute l'idéologie de la libération sexuelle repose sur ses travaux. Ses premiers rapports scientifiques sortent en 1948 (*Sexual Behavior in the Human Male)* et en 1953 (*Sexual Behavior in the Human Female)*

(6) « Table 34 » dans lequel Judith A.Reisman, psychiatre américaine, et auteur de livres-enquêtes (« Kinsey : Sex and Fraud, the indoctrination of a people », paru chez Vital Issues Pr (November

1990) et « Kinsey : Crimes and Consequences » paru chez Inst. for Media Education (January 1998), dans lesquels elle apporte des preuves indiscutables sur les pratiques du Docteur. Pour elle : « Comme des colporteurs carnavalesques, ces apologistes universitaires de la pédophilie – les professeurs de collège et d´université, psychiatres et autres professionnels de la santé mentale – ont servi comme conseillers, auteurs et témoins “experts”, disant aux médecins, universitaires, écoles publiques, magistrats et au gouvernement, que les crimes barbares d´abus sexuel contre les enfants par les pédophiles étaient inoffensifs et avantageux. ». Elle fut principalement dénigrée parce qu'elle est catholique et conservatrice.

(7) Le profiling politique existe depuis la guerre où Hitler fût le premier « cobaye ». En Belgique, Pascal De Sutter, professeur de psychologie à l'UCL, expert auprès de l'OTAN pour toutes les questions de psychologie politique, nous explique dans son ouvrage « Ces fous qui nous gouvernent » (« Les Arènes », 2007) qu'il faut présenter certains traits pathologiques comme une tendance narcissique paranoïde et vaguement psychopathe pour aimer tant le pouvoir et supporter la pression… Éloquent !

(8) ASBL fondée par Marcel Vervloesem en 1988, un peu par hasard suite à une action « chaises roulantes » qui mena tout de même à un changement de législation. Peu après, un homme en détresse se présenta à Vervloesem en relatant les sévices que son jeune fils subissait au sein d'un institut psychiatrique des services sociaux d'Anvers. Au final, les recherches de Vervloesem aboutirent au réseau « Temse » pour se poursuivre vers le « Zandvoort », enzovoort… Lui se lança dans une grève de la faim après des accusations d'abus sexuels sur des enfants, et fût emprisonné pour avoir été en possession des CD juste avant de les remettre à la police et aux gouvernements !

(9) qui a, depuis octobre 2006, rejoint le rang des célébrités entartées. Il faut dire qu'elle ne fut pas épargnée cette année : entre les évasions de plusieurs détenus à Dendermonde, la fuite d'une activiste turque, l'évasion de Murat Kaplan et autres imprévus, la ministre a suscité l'agacement chez nombre de concitoyens, dont un Italien de

78 ans, qui sera bientôt expertisé et, qui sait, interné pour son forfait.

(10) Députée fédérale depuis 1999, attachée à la locale écolo de St-Josse.

(11) Procureur de Paris au parquet des mineurs en 2000.

(12) Député belge indépendant (vincentdecroly.be)

(13) « Amour du prochain, liberté et diversité »

(14) Source : Jean-Pierre Rosenczveig, juge pour enfants en France : www.rozenczveig.com

(15) Hors du pantalon…

(16) Initialement prévues pour le 16 mai 2007, la chute de la coalition gouvernementale, dirigée par Jan Peter Balkenende le 29 juin dernier, et la formation d'un gouvernement minoritaire qui s'en est suivi, ont convaincu le leader de l'Appel chrétien-démocrate (CDA) d'avancer la date du scrutin. Le PNVD ne pourra pas participer aux élections législatives faute d'avoir rassemblé les 570 déclarations de soutien requises pour figurer parmi les candidats. Source : OEE (Observatoire des Elections en Europe – Fondation Robert Shuman). Ouf… Mais pour combien de temps ?

(17) NDA : paru chez Harper Element (2006) et traduit par Broché (Janvier 2007)

(18) Eisenberg, Owens, Dewey (1987), Finkelhor (1984), LaBarberra, Martin et Dozier (1980)

(19) Procureur du Roi à Neufchâteau qui avait prononcé cette célèbre phrase lors de la commission Dutroux : « J'irai au bout, si on me laisse faire. »

(20) Ceci prouve concrètement que si la castration chimique peut se révéler efficace sur certains sujets dociles et suivis psychologiquement, elle n'est pas une solution en soi.

(21) Professeur canadien de psychologie à l'Université de Colombie-Britannique à Vancouver (Canada).

(22) Ministre belge des Affaires sociales et de la Santé publique

Chapitre V

La prévention

Travailler autrement

Il subsiste clairement encore trop de laxisme lorsque l'on désigne un thérapeute dans un dossier criminel. Trop souvent, il n'y a que le diplôme, ou la réputation, ou les relations du praticien qui serviront de repères. Avant de nous baser là-dessus, il serait intéressant d'enquêter un peu sur le thérapeute, et de rassembler des informations concrètes sur son expérience et sur les résultats qu'il a obtenus dans son domaine de travail. Car si l'évaluation d'un criminel est importante, celle du thérapeute le sera tout autant, puisque c'est lui qui sera responsable du criminel dont il aura la charge. « Il ne suffit pas de dire : "Oh, il a vingt ans d'expérience, quarante-sept diplômes, on connaît sa réputation, c'est bon !" Qui dit qu'entre-temps ce thérapeute a toujours les mêmes dispositions par rapport à son travail ? Qui dit qu'il n'est pas blasé, blessé, influencé ou stressé par son travail ? Il me paraît donc indispensable de procéder dans l'ordre : d'abord, être sûr du thérapeute ! »

Il existe quatre manières de le faire :
- Rassembler des informations écrites (diplômes, dossiers, fiches de travail, résultats, rapports d'expertise, etc.)
- Interviewer le thérapeute.
- Observer son travail.
- Revérifier ses références.

Tout juge d'instruction qui sera amené à désigner un expert pour le criminel devrait aussi s'assurer à chaque fois de la présence des critères suivants chez le praticien :

- Qualifications académiques.
- Expérience clinique.
- Connaissances spécialisées.
- Présence des aptitudes et qualités suivantes :
  - Résistance au stress.
  - Aptitude à pouvoir parler de manière ouverte et détendue de sexualité.
  - Capacités à être direct, précis et pragmatique.
  - Objectivité.
  - Qualités humaines.
  - Capacités d'empathie.
  - Aptitude à rester rationnel et réaliste face aux délinquants sexuels.
  - Ne pas avoir de passé déviant ou criminel.

« À première vue, cela peut paraître d'une logique absolue, mais, hélas, à la lumière de certains dossiers, nous constatons des faiblesses ou une absence flagrante des conditions requises pour mener à bien une thérapie, un interrogatoire ou encore une enquête, dans le chef des agents de police. Combien de fois ne voit-on pas des agents mal à l'aise lorsqu'une victime relate son agression sexuelle ? Et chez les thérapeutes ? J'ai un jour discuté avec une thérapeute qui soupçonnait la victime de mensonge, car celle-ci semblait gênée de lui raconter son calvaire. »

Afin de lui montrer comme il était parfois dur de parler de sexualité, je l'ai provoquée. Je lui ai demandé dans quelle position son mari lui avait fait l'amour la veille… Elle s'est offusquée, a rougi et m'a accusée d'être hors propos.

Je lui ai rappelé que nous étions entre femmes professionnelles, dans un cadre professionnel et que si déjà elle était gênée de m'en parler, il ne fallait pas demander comment la victime (une gamine de 12 ans) se sentait : « Il est indispensable que le thérapeute soit en phase avec ses émotions et puisse les gérer. Rien n'empêche qu'il pleure avec une victime ou ses parents, ou qu'il rie avec eux. Il s'agit tout de même de communication entre êtres humains ! Si le thérapeute veut installer la confiance, il doit être humain, avec tout ce que cela comporte. De cette façon, la victime ne se sentira pas jugée, ou inférieure, ou plus faible… Trop souvent encore on remarque que les thérapeutes se dépersonnalisent avec leurs patients. Ils gardent une espèce de « distance » diplomatique… Moi j'appelle ça ne pas savoir gérer ses émotions ! Comment vont-ils pouvoir gérer celles d'une victime s'ils ne sont déjà pas capables de gérer les leurs ? Et à votre avis, une victime se racontera plus facilement à un être humain, ou à un robot monocorde pétri de théories et de discours tout faits ? »

Il est indispensable aussi de commencer à utiliser les moyens techniques existants. La Belgique dispose actuellement de deux moyens très intéressants. Le premier est le « Lying brain ». Ils n'utilisent presque plus le détecteur de mensonges. « Un psychopathe, habitué aux mensonges et aux manipulations, réussit toujours le test du détecteur de mensonges. Par contre, il ne peut tromper son entourage s'il passe au "Lying brain". C'est un instrument composé d'électrodes fixées à des endroits bien précis de son crâne. On repasse ensuite en vidéo ou en photos une reconstruction de la scène du crime ou du chemin pour y accéder. Si le suspect y a déjà été, il ne pourra le nier, car son cerveau reconnaîtra d'office l'endroit et le trahira simplement en émettant des ondes. Deuxièmement, ce sont les laboratoires "latex", capables de déterminer s'il y a eu viol ou pas grâce à l'analyse des micro traces laissées par le latex composant les préservatifs. C'est très important, car parfois on ne trouve pas de trace de sperme et on conclut qu'il n'y a pas forcément eu viol. C'est important pour la victime, autant que pour le dossier des charges contre le criminel. »

Depuis le 15 septembre 2006, en Belgique, la lutte contre la pédocriminalité dispose d'un nouveau moyen : le magistrat en charge d'un dossier impliquant la disparition d'un enfant pourra désormais consulter les casiers judiciaires et obtenir également des informations sur toutes les condamnations pour agressions sexuelles dans un arrondissement judiciaire précis ou dans tout le pays.

Depuis quatre ans, la police fédérale développe également une banque de données regroupant les profils psychologiques des criminels, et ce, sur base d'un formulaire en 168 points.

Là où le bât blesse, c'est qu'il faudra un arrêté ministériel pour « obliger » un encodage régulier et complémentaire des informations, car bien évidemment, aucune loi n'oblige les policiers à rafraîchir ces banques de données.

Une lueur d'espoir ? Vingt-huit agents criminologues de plus viennent d'être affectés en février et en fanfare aux quatre coins de la Belgique. Ils s'occuperont des délits impliquant des mineurs, mais aussi de travailler sur la source du décrochage scolaire. Un juge de terrain namurois, magistrat de la jeunesse, nous calme tout de suite : son arrondissement a obtenu un agent criminologue à mi-temps pour quelque 300 000 habitants (Source : « Mise au point », RTBF 2007).

En attendant, on repense au blanchiment des certificats de bonne vie et mœurs des pédocriminels. Pour rappel : l'exemple de ce karatéka, à nouveau arrêté à la fin de l'été 2006, pour attentat à la pudeur sur mineur, mais dont le certificat de bonne vie et mœurs fût blanchi de manière légale après une réhabilitation accordée 10 ans plus tôt…

Depuis l'affaire Dutroux, cette demande doit se faire auprès d'experts psychiatres en matière de déviances sexuelles. À ce titre, il est hautement intéressant d'écouter les remarques de l'UPPL[1], qui s'occupe de la thérapie et du suivi des pédocriminels après leur condamnation.

Les experts de ce centre pointent du doigt les dérives importantes d'une loi pour le moins bancale, si pas tendancieuse… Ils déplorent de devoir souvent renvoyer les criminels devant des experts indépendants, avec la crainte bien légitime que ceux-ci ne soient sous-qualifiés, ou ne disposent pas des qualités personnelles et éthiques requises pour pouvoir bien juger de la question… Le jeune expert psychiatre indépendant François Caucheteux ne manque pas de souligner à son tour qu'il existe un réel danger, sachant qu'il n'y a aucune loi obligeant un réquisitoire du juge pour que l'expert décide, ou non, que son client obtienne une réhabilitation.

Sachant aussi que selon la loi, il revient au pédocriminel de payer l'expert désigné, et que le paiement se fait « avant » que ne tombe la décision de l'expert… Est-il vraiment besoin de démontrer à quoi cela pourrait mener ? Ou n'a déjà mené ? « Un expert bien formé ne se laissera pas influencer par l'argent. Par contre ceux qui sous-estiment la gravité de l'acte, et il y en a encore beaucoup, sont « à risque » ; ils pourraient trop facilement donner leur accord. D'où l'utilité d'une formation très spécialisée. »

Andrew Vachss[2], lui, insiste, entre autres, sur l'importance que tous les organismes ayant un rapport avec l'enfance et employant des personnes en contact direct avec les enfants aient la possibilité de vérifier facilement si aucun de leurs employés n'a été condamné pour des faits d'abus sexuels.

Selon Carine : « Il faut considérer un pédocriminel comme un alcoolique. Il y aura toujours un risque, une tentation. Donc, dans le chef du pédo, il faut que l'on garde une trace ! Son casier judiciaire non blanchi suffirait. À condition qu'il soit consultable par les organismes liés à la jeunesse. Pour le certificat de bonne vie et mœurs, pourquoi pas ? Car sans ça, il risque de ne jamais retrouver du travail et cela ne faciliterait pas sa réinsertion ailleurs. Par contre, il est indispensable que la police soit au courant et garde une trace accessible aux autres professionnels dans un souci de prévention. Sans ça, le criminel se sentira trop à l'aise, évidemment ! »

*

* *

La prévention, ça commence par où ?

Il faut absolument commencer par les adultes ! Ce n'est pas à nos enfants de se protéger des pédocriminels. Cela devrait commencer par des affiches dans la ville, qui ne seraient pas forcément compréhensibles par les enfants, donc pas « traumatisantes ou stigmatisantes » pour eux. Non, des messages clairs et sans marge d'interprétation pour les pédos ; il faut qu'ils sachent qu'on les observe et que leur comportement est, et reste inadmissible ! Quant à la formation des professionnels, elle doit être rigoureuse. Mais je radote là, non ? *(rires)*

Qu'est-ce que nous, simples citoyens, pouvons faire pour lutter à notre petit niveau contre la pédocriminalité ?

Dans un premier temps, il s'agira clairement d'« aimer » nos enfants, avec tout l'investissement et la responsabilité que cela demande. Car, si nos enfants sont aimés, ils pourront acquérir les bases de la conscience et de la confiance.

Un enfant aimé est déjà plus protégé qu'un enfant mal aimé. Il aura plus d'armes pour se défendre en cas de tentative d'abus sur sa personne. Il aura conscience des dangers et aura confiance en ses moyens pour en éviter certains d'entre eux. Mais personne n'a un petit niveau… À partir du moment où vous décidez de vous donner les moyens de bouger, vous bougez. On peut tous changer des petites choses au quotidien, on peut tous agir pour transformer notre façon de voir les choses. On peut tous décider, chacun dans notre domaine, de ne plus accepter les compromis douteux. À mon niveau de maman, de citoyenne et de thérapeute, j'ai aidé des victimes, elles s'en sont sorties, certaines font même maintenant des études de Droit ou de Psychologie, pour accéder au « système » et essayer de changer des choses de l'intérieur.

Une victime sauvée et rééquilibrée peut faire un boulot extraordinaire à son niveau, tant auprès d'autres victimes qu'auprès des autorités qui en auront la charge, parce qu'elle « sait ».

C'est bien beau, mais encore faut-il qu'ils restent intègres…

La plupart des victimes vont rester intègres ; je ne dis pas toutes. Il y en aura toujours qui auront un penchant pour la perversité, c'est tout le sujet de mon mémoire d'ailleurs. Ces victimes deviendront des criminels à leur tour et c'est ça le cercle qu'il faut briser !

Nous choisissons tous d'opter pour le bien ou le mal, c'est valable pour les criminels aussi, tous me l'ont dit, ça a pris un certain temps, mais, au final, tous avouent que c'était un choix, qu'ils savaient que ce n'était pas bien. La preuve, ils menacent l'enfant s'il parle. De quoi ont-ils peur puisqu'ils semblent minimiser leur acte ? Donc, si l'on peut faire le choix de faire le mal, on peut aussi choisir de faire le bien. On a les moyens de sortir des victimes de leur victimisation, et d'éviter qu'elles ne deviennent bourreaux à leur tour, avec de la patience et du travail. Que ces victimes deviennent avocats, qu'elles prennent la vraie défense d'autres victimes, qu'elles deviennent magistrats et qu'elles aillent au bout de leurs affaires… Qu'elles reprennent le « pouvoir » convenablement, en « bon père de famille » et qu'elles refusent les arrangements avec leurs lois et leurs consciences !

Houlà, on va vous taxer gentiment d'idéaliste ou, méchamment, de dangereuse prédicatrice… (rires) Que moi je vive dans le monde de Jeannot Lapin, je veux bien, mais vous ? (rires)

Pas d'inquiétude, moi je vous dis que c'est faisable, c'est un « choix », encore une fois ! Et bien entendu une question d'éducation. Plein de gens choisissent d'opter pour le mal, pourquoi n'arriverions-nous pas, un jour, à être aussi nombreux capables d'opter pour le bien ?

Et cela n'a rien à voir avec une quelconque idéologie, ou religion, ou que sais-je ; c'est seulement ce que moi j'appelle du bon sens. Ça va prendre du temps, mais, petit à petit, on sent que les choses changent, les gens commencent à en avoir marre du « système ». Je vois des gens autour de moi qui se forment, qui prennent conscience : « Faut que je m'y mette », parce qu'entre-temps, il y a un enfant, quelque part, qui est victime de la perversité d'un adulte. J'en vois en France, aux Pays-Bas, se former pour intégrer le système avec l'ambition de le nettoyer… Ça, je trouve que c'est une belle ambition, si l'on doit parler d'ambition… Je ne vais pas me lancer à la tête d'une communauté de mercenaires *(rires),* mais c'est clair que j'encourage cette « philosophie ». Que tout le monde, dans son métier, encourage tout le monde à faire des études pour renverser les systèmes pervers. À ce moment-là, on pourra peut-être sauver notre culture, et avec la culture, tous les gens dedans, tiens ! *(Elle allume une cigarette, je lui en chipe encore une…)* L'ego et la peur du changement font beaucoup de dégâts actuellement, ils en ont toujours fait, c'est pas ça… Mais la vraie raison de l'inertie des gouvernements, je ne la connais pas. (*Elle réfléchit un instant).*

L'inertie c'est une chose, mais qu'il y en ait qui activement et systématiquement court-circuitent ceux qui veulent protéger les enfants, ça, je ne le comprends pas, il faut le demander à ces gens-là. Peut-être qu'eux savent pourquoi…

Quelles seraient les bonnes questions à se poser, en tant que citoyen, par rapport aux différentes manipulations dont on est victime ?

Pourquoi on est manipulé ? On est manipulé parce qu'il y a un petit nombre de personnes qui aimerait que l'on voie les choses de la manière qu'ils aimeraient qu'on les voie…

En tant que citoyen, c'est comme si on était devant un rideau de fumée et on veut savoir ce qu'il y a derrière le rideau. Parce qu'enfin, c'est tout de même avec notre argent qu'ils font des trucs derrière le rideau ! Soyons un petit peu clairs, le gouvernement, la police, tout ça, ce sont nos employés, hein ?…

Nos employés… (rires)

Ils sont tout de même payés par nos taxes, non ?! (*rires*) Et on n'aurait même pas le droit de leur demander des comptes ? Je voudrais voir ça dans une entreprise, que le directeur arrive le matin et qu'il n'ait pas le droit de demander : « Vous êtes en train de faire quoi, là ? »

Notre gouvernement est une entreprise en faillite, son rendement est nul. On entretient un système maffieux qui n'est même pas fichu de protéger ses enfants, donc, qui ne protège pas son avenir… Je refuse d'entretenir ce système avec mes impôts, c'est pour ça que je m'en vais ! Et à savoir pourquoi on est manipulés, il faut chercher, il faut être curieux… Personne ne semble devoir rendre des comptes ! Pareil pour les juges ou les procureurs, ils n'ont de comptes à rendre à personne, ce sont des dieux en soi, personne ne contrôle leur travail, ce qui fait que l'on se prend des baffes comme l'affaire Dutroux. Je trouve qu'il faudrait former une partie de la populace pour qu'elle veille sur leurs actes, ils sont payés par nous, on a le droit d'exiger des comptes ! Si on était dans entreprise, ils volent dehors tout de suite ! Eh bien, gérer un pays, jouer avec tant d'argent, c'est comme gérer une entreprise, la moindre des choses est de jouer la carte de la transparence, cela favorise, encore une fois, l'établissement d'une réelle confiance entre les gens.

On aurait avantage à être un peu plus curieux… La curiosité n'est pas toujours un vilain défaut…

Oh, mais ça, c'est sûrement encore un truc religieux de dire ça, c'est parce qu'ils ne veulent surtout pas que vous commenciez à poser des questions sur LEUR façon d'expliquer ou de gérer les choses… Il faut être réaliste. Plus beaucoup de monde aujourd'hui ne se demande : tiens, est-ce que c'est vrai ce qu'on me dit ou ce que je vois ? Et le « système » profite de notre indifférence… On lui rend service à ne plus se poser aucune question sur qui fait quoi, pourquoi il le fait, et avec qui ou contre qui il le fait… Et pendant ce temps-là, le « clientélisme » s'installe et les luttes d'influence prennent la priorité sur les droits de nos enfants et leur protection.

La justice est-elle une justice de copains de comptoir ? J'ai l'impression parfois qu'on est encore dans la cour de l'école : « Je le protège parce que c'est mon copain ». Entre gosses qui ne se rendent pas compte, je veux bien, mais entre personnes adultes qui ont des postes à responsabilités, je ne l'accepte pas...

Moi non plus, mais c'est « normal », c'est seulement une réaction égoïste... On ne veut pas perdre notre copain.

On va prendre un exemple extrême : un ministre, ou n'importe qui d'autre sait qu'un autre tripote des gosses. Déjà, il va commencer à se convaincre que ce n'est pas vrai, ou que ce n'est pas grave, parce que son ami est, malgré cela, une bonne personne qui fait plein d'autres bonnes choses ; donc, ses petits écarts avec les gosses, ben, c'est pas si grave...

Il refuse donc, consciemment, de faire la part des choses. Mais, s'il choisit de le dénoncer, qu'est-ce que les autres vont penser de lui ? Et hop, les excuses et les justifications : si je le dénonce, c'est moi qui passerai pour le mauvais, la balance, je vais être le paria ! Bref, toute la batterie d'excuses pour justifier l'injustifiable... En réagissant comme ça, ils ne pensent qu'à eux, pas à l'intérêt général, et encore moins à l'enfant directement.

Je trouve que, quand il s'agit d'enfants, qui n'ont pas les moyens de se défendre, il ne faudrait pas craindre d'aller trouver la personne, faire la part des choses et lui dire « OK, je t'aime bien, tu fais des chouettes trucs, mais ça, c'est pas possible, la loi l'interdit et les conséquences sur l'enfant peuvent être désastreuses, je dois te dénoncer si tu ne le fais pas toi-même. » Mais on ne peut pas obliger tout le monde à faire passer le bien-être d'un enfant abusé envers et contre tout.

En tant que professionnel, éducateur, policier, médecin ou autre, la loi nous oblige aujourd'hui à dénoncer quand il y a abus sexuel sur un enfant ; d'un côté, c'est très bien, mais de l'autre, on a vu des tas de professionnels qui ont été ruinés, leur carrière démolie pour avoir dénoncé un cas, surtout quand « quelqu'un de bien » était impliqué dedans. Rappelez-vous de Patrick Debaets, ce gendarme qui a entendu

Régina Louf. Il s'est fait piéger dans une tonne de procès contre ceux qui le diffamaient, il a perdu beaucoup de temps, d'énergie et d'argent contre ses détracteurs.

Il a tout perdu. Donc ça, pour le système pervers, c'est parfait parce que les autres se disent : « Oui mais, attendez… Si je parle, je risque de tout perdre. » Eh bien, on est de nouveau à la case départ : pourquoi ne pas prendre le risque de tout perdre ? Au moins, on pourra se regarder dans la glace le matin ! Pourquoi ne pas s'éduquer, se soutenir et s'encourager à le faire ? Mais on est lâche, trop lâche : ma situation, ma réputation… Pour moi c'est de la complicité, point barre.

Cela dit, ce n'est pas uniquement à nous de dénoncer de tels actes sur des innocents, c'est aussi à ceux qui en sont témoins directement et qui occupent ces positions de pouvoir. Nous, on n'est pas au-dessus des lois comme eux le sont. Je n'ai jamais vu un ministre condamné et se retrouver en taule. Par contre, en Suède, dans les années cinquante, je crois, la Couronne a tremblé pour une affaire de pédocriminalité. Bon, oui, ç'a été un peu le bordel pendant quelques semaines et c'est normal aussi, mais le pays est-il détruit, est-ce le chaos ? Non, les Suédois se sont relevés dignement, les fondés de pouvoir ont pris leurs responsabilités et ils ont fait le ménage aux plus hauts niveaux… Pourquoi ne le fait-on pas en Belgique ? C'est quoi aussi cette peur qu'on nous inflige tout le temps avec le gouvernement qui va tomber ?!

C'est insidieux parce que, comme on en parlait plus tôt, même celui qui voudrait bouger ou parler n'a nulle part où aller avec ses infos…

Diviser pour régner, ça vous dit quelque chose ? C'est toujours la meilleure méthode, et c'est là que la rumeur entre dans la ronde, ça marche super bien pour diviser les opinions, pour transformer les idées… Il ne faut pas se leurrer, il y a deux façons d'informer les gens : l'officielle et l'officieuse. Lorsque vous vous renseignez un peu sur qui occupe quelle fonction, quel est le parcours de la personne, ses amis, ses ennemis, son background, vous finissez toujours par vous rendre compte qu'il n'y a pas de hasard : l'affaire Dutroux regorge de ce genre de « détails », il suffit de la relire un peu… Avant de se faire une idée sur quelqu'un ou quelque chose, moi j'invite les gens à se renseigner un maximum et à écouter leur conscience pour traiter ces informations.

Comme dans une enquête finalement…

Voilà, il est grand temps que les gens recommencent à se faire une idée propre sur les choses et à ne plus avaler comme ça n'importe quoi parce que c'est untel ou untel qui le dit ! On a quand même encore un cerveau, non ?! Où est notre libre-arbitre, notre bon sens ?

J'aimerais que le contraire me soit prouvé, mais je ne peux m'empêcher, depuis le temps que ces questions me trottent en tête, de me dire que c'est voulu. Que l'on tend, de plus en plus, même si on fait les choqués, vers une tolérance sociale de la pédocriminalité. Il suffit de regarder ce que l'on tolère à d'autres niveaux. Plusieurs fois, j'ai posé la même question un peu partout : pourquoi ne bloque-t-on pas les « serveurs » tout de suite quand les sites ont un caractère pervers ou pédocriminel ?

Mais oui, cela paraît simple pourtant !

Ça commence, mais trop doucement. À gauche et à droite, des gens commencent à se dire : OK, ça, il faut bloquer et dénoncer. Des « mesures » sont effectivement prises par-ci par-là, des chiffres, des statistiques sont avancés, mais c'est si infime en regard de la réalité, des possibilités que nous avons et que nous n'utilisons pas. Je ne parle pas des « chiffres » que l'on avance au sujet de ces mesures prises, on met ce que l'on veut dans des relevés, et les statistiques sont toujours très aléatoires… Je parle de gens qui essayent vraiment de mettre des programmes informatiques au point, et de ceux qui proposent des réformes aux lois, mais encore une fois, ils sont trop rares. Les autres vous trouvent un tas d'excuses, comme le manque de moyens. Quand il ne s'agit pas carrément d'un aveu d'irresponsabilité… Idem pour les « serveurs », ce n'est jamais de leur faute !

Donc, en général, chaque fois que je pose ma bête question, *(rires)* c'est toujours la même réponse : « Mais, on n'est pas responsables ! »... Ils ne croient pas si bien dire ! *(rires)* Mais, avouez, c'est rageant ! En fait, ils reçoivent des sites qu'ils envoient ailleurs, c'est le principe du « serveur ». Soit, et bien moi je dis : « OK. Si je suis votre raisonnement, cela veut dire que si quelqu'un que je ne connais pas me donne un paquet pour donner à quelqu'un d'autre que je ne connais pas, je ne suis pas responsable du contenu du paquet. Donc, si je reviens de Colombie avec un sac de cocaïne à Zaventem, j'exige de ne pas être arrêtée, car je ne suis pas responsable ! »

N'est-ce pas un peu facile ?

Commencez par ouvrir le paquet que l'on vous donne...

Oui, ou n'acceptez pas, à la base, quelque chose de quelqu'un que vous ne connaissez pas ! Ou alors, vous l'ouvrez et si vous avez du « cran » *(elle utilise bien évidemment une autre « paire » de mots...)* vous dites à la personne concernée : « Non, désolée, c'est illégal de ramener de la coke, je ne veux pas le faire et en plus je vais te dénoncer parce que je ne veux pas cautionner ton trafic et risquer d'exposer des enfants à ta saloperie ! »

Vous seriez, dans le cas contraire, considérée comme un trafiquant de drogue...

Et les « serveurs » comme des transporteurs... Ils ne font « que » véhiculer et transférer des images illégales d'enfants violés et massacrés pour satisfaire des réseaux illégaux de criminels...

Que l'on m'explique... Deux poids, deux mesures ? La loi est tout de même pareille pour tout le monde, ou c'est encore une fois moi qui divague ? Qu'ils arrêtent une fois pour toutes de se cacher derrière des raisonnements pareils parce que ça ne mène à rien. Cela fait juste gagner du temps aux pervers !

Et le temps c'est de l'argent…

Et les enfants, ça rapporte beaucoup d'argent… Que ce soit pour assouvir des pulsions sexuelles ou pour mettre en pièces afin de revendre les organes… Toujours ce sacro-saint argent ou ce sentiment d'impunité au nom des droits individuels… C'est pathétique. Je suis sûre que si demain on appliquait aux « serveurs » la loi que l'on appliquerait pour moi si j'étais arrêtée avec un sac de coke à l'aéroport, on avancerait déjà solidement au niveau de la lutte contre la pédocriminalité sur le net. Si je suis censée savoir ce que je transporte pour un tiers, eux aussi ! Et s'ils clament leur non-responsabilité : en taule avec moi, s'il vous plaît ! Parce qu'à ce moment-là c'est fini, ces « réseaux », ou du moins grandement diminué. Il n'y a pas des milliers de « serveurs » non plus… Très vite un nettoyage naturel se ferait : « Tiens, les autres là, ils sont en taule, ils ont transféré des packages de sites pédocriminels, on va peut-être commencer à ouvrir ce qu'on reçoit… »

Oui, mais ils vont préférer se retrancher derrière la bonne vieille excuse du droit à la vie privée, le secret de la lettre, on ne peut pas ouvrir le paquet…[3]

Très bien, dans ce cas ils ont aussi le droit de refuser de véhiculer quelque chose dont ils ne sont pas certains du contenu. Alors, il faut avoir le courage de refuser. Et ça, c'est encore une fois un CHOIX. Mais on tourne en rond parce que, ce que le système juridique applique pour l'un, il ne l'applique pas pour l'autre et pendant que l'on discute du droit à la vie privée des uns, on bafoue les droits des enfants de l'autre côté ! C'est irresponsable, écœurant et inacceptable.

Cela prouve bien que ce n'est pas dans l'intérêt d'arrêter ça… À qui cela profite-t-il à la fin ?

Ah ça ! C'est la grande question … *(rires)* J'ai connu un type qui a mis au point un système pour bloquer d'office tout ce qui est site à caractère pédopornographique. Ce programme a coûté 12 millions de francs belges à l'époque…

C'est rien ! On parle toujours de moyens « astronomiques » pourtant...

Il a proposé son programme au Parlement, personne n'a réagi. Au contraire, il a même eu des menaces. Mais ce qui est important, c'est votre question : à qui cela profite ? À ceux qui ont ce vice ou celui de l'argent, ceux qui retardent ou empêchent la mise en place rapide de mesures, ceux qui font pression pour permettre à ces « serveurs » de continuer en toute impunité, ceux qui passent leur temps à débattre stérilement de questions d'éthique ou de droits de l'homme, ceux qui, par là, focalisent toute l'attention sur un faux problème, en donnant plus d'importance aux droits des criminels qu'à ceux de bébés de 5 mois violés et torturés.

Quant au coût de la lutte contre la pédocriminalité, tout est relatif...

Déjà, moi, à mon niveau j'ai fait pas mal de choses sans beaucoup de moyens ; donc, non, je n'y crois pas à ce manque de moyens. Le fait est que l'on gaspille énormément d'argent en ne mettant pas les bonnes personnes aux bons endroits... De plus, ce qui est révoltant, c'est que le gouvernement jette l'argent par les fenêtres. Il n'y a jamais d'argent pour les victimes. On parle pourtant de millions d'euros par an qui pourraient être accordés. Où va tout cet argent ?

On a des centres en Belgique où l'on fait de la recherche d'ADN et autres traces dans les crimes, pourtant ils n'ont pas suffisamment d'argent ou de personnel pour faire leur travail !

Au moment de l'affaire Dutroux, plein de palais de justice en ont profité pour faire des travaux de rénovation, ils en ont même construit un tout nouveau à Arlon. Évidemment, présence de la presse internationale oblige, il fallait que tout soit pimpant, il fallait bien que l'on reçoive nos hôtes et que l'on défende nos victimes dans une infrastructure appropriée, pas dans quelques vieilles croûtes de tribunaux... Tout ce que ce cinéma a coûté ! Et pendant ce temps-là, Pol Marchal devait faire un appel aux dons pour se payer un avocat ! Et Marie-Noëlle Bouzet qui n'a pas pu s'offrir le voyage lorsque l'on a retrouvé le corps de sa fille… Vous trouvez normal qu'on lui réponde qu'elle doit attendre la fin du procès Fourniret pour être dédommagée ? Sachant que les criminels ont des avocats payés par l'État ? Vous trouvez ça normal ?

Le paraître avant l'aide et les indemnités aux victimes, c'est tendance…

Sommes-nous les seules à trouver ça grossier ?! Non, je ne crois pas. Et nous serions encore priées de la fermer sous peine de passer pour des démagos ? Ça ne va pas, non ?!

Au plus on sera à trouver ça inadmissible dans toutes les couches de la société, au moins les criminels et leurs protecteurs bénéficieront, eux, de faveurs !

Parler autrement…

En plus d'être un lieu de divertissement et de découverte, le théâtre est un lieu qui permet à de nombreux débats de s'ouvrir. La mise en scène de situations courantes, drôles ou problématiques permet d'approfondir les sujets qui nous angoissent ou nous troublent. Il est lieu d'exutoire, d'introspection, où peuvent se mêler réflexions et propositions. Il est lieu où la parole peut s'exprimer librement. Il est lieu où la parole et le mouvement peuvent nous apprendre plus sur la vie, sur l'autre, sur nous. Grâce au phénomène d'identification, nous pouvons, au travers de vécus étrangers, nous interroger sur le nôtre. Nous pouvons y trouver par procuration des « pistes », des outils de communication. Il nous permet de mettre des mots sur nos peurs, nos joies, nos maux… Il nous permet d'aller plus loin dans nos questionnements, dans notre compréhension de l'autre.

Pour Carine Hutsebaut et Johan Waegeman, « Broos maar niet weerloos »[4] est une pièce qui nous propose des options de communication face à la pédocriminalité. Elle explore une à une toutes les étapes par lesquelles passera une petite fille porteuse d'un lourd secret…

*

* *

Vous avez écrit une pièce de théâtre aussi, il y a quelques années….

Oui, c'est une pièce en six actes qui tient en deux heures, mais dont chaque acte peut être séparé. Le fil conducteur est un kangourou dans la poche duquel une petite fille a momentanément déposé son « secret ». Au fil de la pièce, il va accompagner la petite fille, un médecin, un policier, un psychologue, les amis de la petite fille, un juge, et les aider à partager ce secret.

C'est pour un large public, pour les enfants qui ont le secret et ne savent pas comment le gérer, pour les parents, pour les professionnels qui auront à gérer ce genre de situation… Comment accueillir un secret pareil quand il sort ? Qu'est-ce qu'il faut faire avec une information pareille, qui touche leur enfant de plein fouet ? C'était destiné aussi aux thérapeutes : comment accueillir le discours d'une victime, comment l'aider… Pour les amis proches des enfants, aussi… Comment peuvent-ils réagir si jamais ils sont confrontés au secret ? Il faut leur faire comprendre qu'il existe de bons et de mauvais « secrets ». On montre aussi pourquoi c'est une bonne chose d'en parler, parce qu'enfin, la fiction nous permet de montrer des adultes capables d'aider et de ne plus, volontairement ou pas, culpabiliser l'enfant… On voit, avec un policier, tout le déroulement de l'accueil idéal, la prise d'une « main courante », d'une plainte… Et on va aussi visiter le point de vue d'un juge, parce qu'il faut savoir que depuis 1994, les enfants ont le droit de s'entretenir avec le juge. On ne le sait pas, l'enfant encore moins, et peu de juges utilisent finalement ce droit. Ça arrive parfois pour des affaires de divorce, mais lorsqu'il s'agit de délits sexuels sur un enfant, les juges sont plus frileux à s'entretenir avec l'enfant.

Pourquoi pas ?

Pas de réponse, c'est leur choix personnel, ils sont déjà trop peu à écouter les parents, alors, un enfant…

Et c'est normal, ils sont dans un monde si « protégé » des victimes, beaucoup n'ont, encore une fois, pas souvent rencontré, de leur propre initiative, de vraies victimes en vrai…

Donc, ce ne sont certainement pas eux qui vont se faire « demandeurs » d'un pareil entretien… C'est pour cela que la pièce montre un entretien potentiel entre un juge et l'enfant, dans lequel on prend conscience du rôle important joué par le juge dans la façon dont la victime va survivre à son statut de victime, on survole plein de situations, on assiste à plein de conversations et on fait notre possible pour rassurer, dédramatiser. On n'est pas là pour faire peur aux enfants avec les pédocriminels. Le langage peut paraître parfois cru, mais je suis désolée, j'ai trois enfants, j'ai travaillé avec des centaines d'enfants et je suis obligée d'admettre qu'ils sont souvent bien moins hypocrites que nous ! Les enfants sont très « cash » entre eux et si on les écoute vraiment bien, ils nous donnent le meilleur moyen pour les aider… L'honnêteté. Parce qu'un enfant n'a pas d'orgueil et se fiche bien de mettre des fleurs autour de ses propos.

Vous n'avez pas envie de la voir rejouée ?

Long silence… Si ça vaut le coup… Et puis il faut des moyens, moi j'en ai marre de tout sponsoriser, je ne ponds pas un œuf en or chaque matin ! On a proposé au gouvernement de faire tourner ce spectacle dans les écoles, dans les PMS, dans un cadre pédagogique pour la police… Pas dans le but de faire du pognon avec notre « œuvre »… Depuis quand vit-on du théâtre en Belgique ?! *(rires)* Non, nous étions tous parents, on a fait ça dans le but d'aider, de dire : « Youhou, il y a moyen de mieux aborder toutes ces questions, en chantant, en riant et surtout en parlant », parce que c'est une pièce pleine d'humour et de tendresse en même temps. On n'a pas eu de réponse.

On ne peut même pas dire : « Deux heures sur ce sujet, pfff, la barbe ! ». Non. On peut juste prendre le bloc qui met en scène l'enfant et le juge, le bloc avec l'enfant et ses amis, bref, on peut choisir un ou plusieurs actes… Ils seront, de toute façon, utiles à quelqu'un quelque part.

On a eu des flics, qui avaient entendu parler de la pièce et qui, par exemple, étaient intéressés par une représentation dans le cadre de journées pédagogiques… Mais voilà, il a fallu choisir entre mes thérapies et me lancer dans la course aux aides et subsides pour faire vivre cette pièce… Il n'y a toujours que 18 heures dans mes journées. Moi je l'ai écrite, mais si quelqu'un a envie de se démener pour faire revivre ce kangourou… Pas n'importe qui, je dois d'abord avoir confiance. *(rires)* Pourquoi pas, mais je suis trop crevée pour le faire moi-même ! Et pour tout avouer, j'ai eu pas mal de déceptions et de bâtons dans les roues avec ce truc.

Dans le sens ?

Non, justement ça n'avait pas de sens ! *(rire dépité)* Quand on se lance dans un truc pareil, il est impératif de pouvoir compter sur les gens et, hélas, souvent, on se retrouve face à des gens super motivés au début, puis… Les difficultés, l'investissement, ils n'ont plus le temps, plus envie, c'est trop dur, il y a trop de « gêne » par rapport au sujet. Là, on avait fait ça « en famille », mon fils était dedans, avec des enfants de l'école, mais aussi avec des adultes professionnels (par exemple c'est un cameraman du journal télévisé qui a filmé la pièce). C'était la folie, on a fait salle comble, il a fallu ajouter des chaises en dernière minute. Mais c'était un peu un « one-shot ».

L'investissement est totalement différent quand on a affaire à des inconnus, on a essayé, mais c'est tellement de boulot, c'était impossible de gérer les comédiens, les répétitions, les absences, les déplacements de chacun, le travail de mise en scène, le texte, les adaptations diverses… Pas possible avec mon boulot, donc voilà… Et puis, dès que ça touche un sujet pareil, les gens restent sympas, mais ils ne savent pas quoi faire. La population est très intéressée à faire changer les choses, des millions de gens s'inquiètent, tentent de faire bouger les choses mais ils ne sont pas entendus. Et aucun gouvernement ne semble se soucier de ces inquiétudes. Le « message » est difficile à faire passer.

Un comédien belge avait monté une pièce d'après l'un de mes livres, entre autres, et il en a fait un très beau spectacle, mais je ne vous dis pas les difficultés qu'il a eues pour monter sa pièce. Il a injecté ses fonds personnels aussi pour que cela puisse se faire. Le sujet de la pédocriminalité ne fait jamais l'unanimité même dans les cercles artistiques, que l'on pourrait supposer un peu plus « ouverts » d'esprit. Et côté subsides de l'État… Il y a intérêt à être très patient ou à bien connaître le responsable des cordons de la bourse… Et comme je ne réponds à aucune de ces deux conditions !…

Et trouver des fonds dans le privé ?

C'est vrai, j'avais oublié… Vous vivez aussi dans le monde de Jeannot Lapin parfois, vous, hein ?! *(rires)* Courir les nantis ou les entreprises pour les sensibiliser à la pédocriminalité ? Vous savez quelles journées ça fait, combien de portes vous claquent au nez, combien vous promettent et puis vous oublient ? C'est un métier à plein temps de trouver des moyens pour monter et faire vivre un spectacle, vous avez fait du théâtre aussi, ce n'est tout de même pas à vous que je dois le dire !

Long soupir… Non, franchement, je n'ai plus l'énergie, je le déplore, mais c'est comme ça, je suis fatiguée, là j'ai besoin de me recentrer un peu, j'ai fait un petit bilan de ce que je laisse derrière moi et là, je me prépare à regarder à nouveau en avant. On a décidé de tout quitter en six mois, ce n'est pas de tout repos. Là, je prends un peu mon temps. Je réfléchis, je fais quelques projets, mais piano…

Parlez-moi d'amour, dites-moi des choses tendres…

Passer neuf jours dans le sillage d'un profileur, parler toute la journée et jusqu'à des heures avancées, d'enfants victimes de nos actes inconsidérés, des causes principales de ceux-ci et de leurs conséquences directes sur eux, n'aide pas forcément à trouver un sommeil de plomb. Les grandes questions et les tristes constatations empêchent Morphée de me prendre dans ses bras….

À la lecture des *Enfants n'aiment pas les crocodiles*, une question de Carine m'avait interpellée au milieu d'un chapitre : « Qui parle encore d'amour aujourd'hui ?! »

Force est de constater qu'à notre époque, on ne s'aime plus vraiment et on ne se parle plus vraiment… Certains éducateurs et autres professionnels de plus en plus nombreux, fort heureusement, tentent tous les jours de nous réapprendre à parler d'amour, à le faire, à le donner, à le recevoir, au travers de réflexions, de mises en place de programmes, de campagnes, et souvent avec plus de bonne volonté et d'attention que de moyens financiers… Lorsque l'on discute un peu avec eux et qu'on les écoute, on les sent optimistes et motivés, mais, quand la conversation va un peu plus loin, et qu'ils acceptent de parler des plus grandes frustrations dans leur travail, ils se rejoignent tous dans le même et triste constat : « Dommage que nous soyons là pour faire le travail des parents, ou pour apprendre aux gens à parler d'amour. »

Car de l'amour, nous ne parlons plus assez, et quand nous le faisons il nous arrive de le faire à tort et à travers, souvent comme si nous achetions un pain, parce qu'on en a besoin, et qu'on le fait depuis des années… De normal et naturel, il est devenu banal et consensuel.

Comment va-t-on l'expliquer à notre enfant si nous-mêmes ne sommes plus capables de parler sans préjugés ou sans honte, de la différence entre un viol, une aventure sans lendemain, et une vraie histoire d'amour ?

Les plaisirs, les libertés se confondent de plus en plus ; alors pourquoi serions-nous étonnés que les débordements d'une sexualité à laquelle, nous-mêmes, ne prêtons plus qu'une attention blasée, désabusée, égoïste ou perverse, n'aient pas des répercussions sur la façon dont nos enfants vont percevoir, recevoir et donner de l'amour ?

Alors lorsqu'il s'agit de faire comprendre à notre enfant que « faire l'amour » c'est, par essence, un acte d'amour ; nous voilà bien embêtés.

Le plus « honnête » à notre époque ne serait-il pas de commencer par expliquer à notre enfant que l'amour nous terrorise, bien souvent parce qu'on a peur de s'engager, peur d'être honnêtes, peur de faire mal, peur de souffrir, peur de nous perdre, peur de passer pour des faibles…

Ne nous étonnons pas qu'ensuite quelques-uns, souvent victimes d'un manque (ou d'un excès) d'amour dès la naissance, gavés ensuite de plaisirs faciles gracieusement offerts par notre formidable époque de surconsommation et priés par la pudeur ambiante de se débrouiller avec leurs nœuds psychologiques, finissent par « essayer » avec un enfant parce que c'est moins « compliqué » qu'avec un adulte…

À la suite de questions aussi importantes que les conséquences de notre façon de voir l'amour et les répercussions qu'elles ont sur nos enfants, serait-il possible juste un instant d'arrêter de se voiler la face ? Sans vouloir offenser certaines d'entre nous, qui n'ont pas toujours le choix de se la dévoiler, sous peine de se voir reniées ou défigurées par un acide purificateur.

Au nom d'une autre forme d'amour, toujours…

Décidément, il semble que nous ayons tous, et éternellement, une définition bien personnelle de cette chose que l'on dit universelle, et de bien curieuses manières ou outils pour nous le prouver ou nous le manifester… Saviez-vous, par exemple, qu'il existe aujourd'hui des sites internet qui nous encouragent à « mentir » à notre amoureux, notre épouse, notre patron, ou qui sais-je d'autre, en nous fournissant un alibi adapté à nos besoins immédiats ?…

Nous voilà, preux chevaliers, sans honte et sans scrupule, trottant au milieu de contrées sans règles et sans limites. Où il y a de la gêne, il n'y a pas de plaisir ? Allons dire ça à la petite fille ou au petit garçon qui se fait « aimer » physiquement par un adulte.

Beaucoup d'enfants n'ont pas la chance d'avoir des parents ouverts, à l'aise avec la sexualité, et donnant un sens à l'amour. Sachant, lorsqu'on prend la peine de regarder un peu comment la sexualité nous est jetée en pâture ou « proposée », et que les exemples qui seront mis à leur disposition ne seront pas toujours les plus beaux, on se doit de prendre le temps de s'asseoir avec eux afin de répondre à leurs intérêts pour la « chose ». Intérêt qu'ils finiront par manifester tôt ou tard, avec ou sans nous. Chaque fois que je pense à quel point il est important de pouvoir parler de la sexualité et d'en rire, éventuellement, avec nos enfants, je repense à cette après-midi d'adolescence...

Nous étions dans la vidéothèque d'une amie et de son petit frère, mais aussi dans ce que l'on nomme communément l'âge ingrat, tombant amoureux toutes les cinq minutes, vénérant Carrie pour son art de la télékinésie et affrontant sans peur Jason un vendredi 13. Autrement dit, du haut de nos 10 et 12 ans, nous étions à la recherche « du » film qui allait nous donner notre dose quotidienne d'adrénaline. Adrénaline, qui, comme tous les parents dotés d'une mémoire et étant un peu observateurs le savent, est indispensable à cet âge.... Nous sommes tombés par hasard sur une cassette (pourtant tout audessus de l'étagère et derrière d'autres cassettes) portant un titre aussi évocateur que prometteur : « porno »...

Pendant au moins une demie heure nous avons manipulé cette cassette, arguant sur qui allait la mettre dans le magnétoscope, qui allait faire le gué pour ne pas nous faire surprendre et extrapolant, bien entendu avec espoir et candeur, sur un contenu que nous savions sexuel, mais que nous étions à mille lieues d'imaginer aussi pauvre d'imagination pour l'amour.

Quand soudain ce qui devait arriver arriva, le papa de ma copine s'inquiéta de notre lenteur à sélectionner notre pitance : « Et alors, vous avez trouvé ? » Stupeur et tremblements...!

La cassette en mains, nous pouvions difficilement nier.

Ma copine, avec la provocation faussement candide de notre âge : « C'est quoi, papa, porno ? » « Ce qui est porno, dit-il en se désignant, n'est pas porvo ! » acheva-t-il en nous pointant du doigt…

Et d'embrayer en nous proposant un film où il n'était pas question d'explosion d'« amour » mais de pouvoirs mystérieux faisant, à distance, exploser des têtes… Parfait pour notre courage de voyeurs à travers le coussin. Mais, quid de notre appétit en matière de « choses » du sexe et des mystères que cette envoûtante cassette renfermait ? Nous tentions une dernière ruse, goguenards : « Mais, porno, en fait, c'est comme ce que tu fais avec maman, et pour faire des enfants ? On sait, donc, pourquoi on ne peut pas voir ? ». Et ce père, pas démonté pour deux sous devant nos arguments, de nous préciser : « Ah non, rien à voir ! Avec maman c'est beau ! Dans les films pornos, ils essayent d'être beaux, mais tout est faux ! Vous aurez bien le temps de vous en apercevoir quand vous aurez l'âge pour ça ! Puis c'est bien moins intéressant que ce type qui pourrait, rien qu'en vous regardant comme je le fais là, vous faire exploser le ciboulot en deux minutes ! » Et de nous poursuivre jusque dans le salon avec les yeux écarquillés…

Nous avions vraiment envie de voir, évidemment, et nous nous promîmes de débusquer à nouveau cette fameuse cassette, mais une autre fois, car nous avions quelques têtes à voir exploser et donc mieux à faire que se la prendre avec les choses fausses des grands.

C'est ainsi que deux courtes minutes de véritable attention et d'humour de la part d'un papa furent suffisantes pour anéantir notre demi-heure de tergiversations et nous faire gagner un peu de temps…

Si cette anecdote me fait sourire pour l'éternité, c'est parce que, lorsque vers 16-17 ans, nos tactiques de diversions s'étant affinées, je vis ma première cassette « porno », la déception fut conséquente…

Je venais de lire *Les oiseaux se cachent pour mourir*[5]. Donc, en matière d'érotisme, le moment où le beau Ralph de Bricassart (un curé en plus !) succombe enfin à Meggie, me parut autrement plus excitant que le moment téléphoné où la ménagère en déshabillé léopard succombe au facteur bodybuildé. D'un côté, quelques pages de suspense torride pour en arriver à l'apogée de la jouissance au bord de la grande barrière de corail, de l'autre un décor kitsch, des dialogues à tuer Audiard[6] une deuxième fois, un suspense inexistant et la belle affaire expédiée sur la couverture léopard offerte en cadeau à l'achat de la combinaison, bien entendu… Du reste, je me suis toujours demandé pourquoi les « comédiens » de ces films, dont le propre est tout de même de « jouer », ne mettaient pas plus de fantaisie et d'humour dans leur travail ? Les contraintes scénaristiques ? La pression des producteurs ? Ceci expliquerait cela ?

Tout ça pour dire que tout est une question, sinon de goût, au moins de choix. Et le porno, n'était décidément pas pormoi ! Non pas que la belle poitrine de la dame ne m'ait émue, j'avais des œufs sur le plat à l'époque, ou que les fesses bronzées du facteur ne m'aient émoustillée, mais je trouvais décidément bien plus excitant de voir comment Ralph et Meggie se retrouveraient enfin au lit ! C'était le cheminement vers l'acte qui était intéressant, et si le Kama Sutra, découvert un peu plus tard, me confirmera qu'une pointe d'acrobatie dans l'amour n'était pas à rejeter, mon imagination me suffisait déjà amplement pour ne pas avoir envie de voir leur intimité en détail et en gros plan… De plus, l'idée d'ouvrir la porte à mon facteur en déshabillé léopard me faisait plutôt l'effet du cauchemar où l'on se retrouve à poil au milieu du supermarché.

Si je pouvais essayer de dormir aussi un peu, maintenant… Tentons la lecture, tôt ou tard elle finit toujours par m'assoupir, si elle ne me relève pas pour réfléchir…

J'ai 3 ans et je jouis…

Comme quoi, il n'y a jamais vraiment de hasard… Le livre, *a priori* dérivatif, choisi pour mieux attirer Morphée, me relève…

Qui de nous oserait s'offusquer des propos d'un journaliste français lorsque dans ce livre, évoquant les femmes de sa vie, il nous parle en ces termes d'une tranche de la vie de sa fille, et de l'une des nôtres par la même occasion ? : « On dit d'elle, qu'enfant, elle a, de son simple regard, arrêté un homme qui allait se précipiter sur son père une nuit dans la rue. J'espère bien, mon amour, que tu sauras un jour me défendre comme elle le fit pour l'auteur de ses jours. Je prie pour que ta volonté, que je sens en toi si tendue, pulvérise celle des hommes ou la rabaisse à ton seul désir. Je ne sais ce que sera ta sensualité. Je t'ai vue dès l'âge de trois ans prendre avec acharnement un plaisir solitaire, mais je te devine déjà ardemment exigeante, sélective.»

Je n'oserais pas m'en outrer et Carine certainement pas non plus, pour la simple et bonne raison que si nous ne voulons pas trahir notre mémoire, nous nous devons de nous rappeler que nous avons eu trois ans, nous aussi...

Compte tenu de l'évolution des moyens d'information et de communication dans notre société, nier que l'enfant possède sa sexualité reviendrait à nier que les camps de concentration ont existé... Cependant, la sexualité de l'enfant reste un sujet tabou.

On se souvient tous du cours de Biologie à l'école et surtout du chapitre : « La sexualité... »

On a encore tous en tête les railleries des plus vaillants et les joues écarlates des plus timides à l'évocation des mots pénétration, reproduction, vulve et autres corps caverneux...

C'est vrai que l'on parle de sexualité reproductive à l'école.

Mais qui nous parle encore de « relation » sexuelle, de la découverte de soi, de l'autre, du respect de soi, de l'autre, des limites à ne pas dépasser ou à dépasser consciemment ?

Des conséquences que peut avoir un rapport non désiré, de la communication dans un rapport sexuel ? Certains parents ne compteront que sur l'école pour répondre aux éventuelles questions de leur enfant et, s'ils venaient à le surprendre en train d'explorer des plaisirs solitaires, leur réaction risque d'être du niveau de leur propre niveau d'éducation. Pour peu que celui-ci soit bas ou inexistant, ils nieront l'« affaire » ou iront jusqu'à réprimander l'enfant en le menaçant de surdité.

Bon d'accord, on dit que ce sont les oreilles qui travaillent le plus pendant la masturbation, pour écouter s'il n'y a personne qui vient, mais est-ce bien honnête vis-à-vis de notre enfant d'associer les activités sexuelles à la surdité ? Pourquoi oublie-t-on si facilement que, tôt ou tard, il s'apercevra que nous lui avons menti ? Ôtons donc nos œillères un instant et regardons la sexualité de notre enfant en face et avec respect.

Un jour, je vis une maman confrontée à la douloureuse constatation que son fils de 11 ans devenait un homme comme les autres, en le démontrant par la fâcheuse habitude de laisser traîner ses mouchoirs au pied de son lit, rhume ou pas. À la façon dont il rougit lorsqu'elle s'inquiéta du nombre de mouchoirs et du fait qu'il ne semblait pas souffrant, elle comprit instantanément…

Au lieu de s'affoler, de nier ou de le réprimander, elle réagit avec philosophie pour lui faire comprendre que se livrer à ces pratiques, assurément satisfaisantes, n'était pas une honte en soi, mais que ne pas le faire proprement et discrètement pouvait en devenir une…

Autrement dit, le distrait comprit aisément que, s'il ne désirait plus jamais rougir de son petit plaisir solitaire, il n'était que prié de le faire discrètement et de tout aussi discrètement se débarrasser de toutes traces éventuelles pouvant situer, voire dater, son activité…

Il n'a même pas eu le temps d'angoisser sur le fait que sa mère « savait » maintenant ; la façon dont elle lui a dit, avec un sourire complice, a suffi à ne pas le faire culpabiliser.

Nos enfants ont leur sexualité, et de très bons professeurs ont écrit de très précieux livres[7] à notre usage. Parcourons-les avec lui s'il se pose des questions. Si vraiment c'est au-dessus de nos forces, on peut toujours les laisser traîner sur notre étagère, il finira bien par tomber dessus « en stoemelings »[8]. Surfons allègrement sur le net, sur ces sites observatoires citoyens qui nous offrent les réflexions vulgarisées, au sens noble du terme, de ces professeurs, et constatons comme les choses sont parfois beaucoup plus simples que nous le pensons.

La sexualité est un moyen de communication qui, par essence, est doté de codes pour mieux se comprendre. Comme une langue finalement… Sommes-nous prêts à (ré)apprendre cette langue que nous entendons depuis des siècles, sans avoir peur d'être ridicules si l'on bafouille un peu au début ? Comment apprend-on une langue de la meilleure façon ? En parlant avec quelqu'un qui la parle.

Si on se lâche un peu dans le pessimisme, étant belge, on pourrait se dire : c'est pas gagné…

Par contre, si on laisse notre optimisme prendre le dessus, on pourrait essayer de se dire : on ne sait pas comment se le dire, mais on va chacun essayer, avec le peu de mots que l'on a, de se comprendre…

Après cette nuit d'insomnie existentielle, j'avais beau avoir déjà d'autres valises sous les yeux, je n'avais qu'une envie, c'était de retarder le bouclage des miennes pour mon départ…

La maison dormait encore ce matin-là et en silence je descendis préparer du café, n'omettant pas d'en réserver une partie à refroidir afin qu'il soit au goût de Cris, ni de ramener du verger quelques fleurs sauvages afin d'égayer une table bien moins impatiente que moi d'y revoir Carine taper du poing…

*

* *

Les enfants sont-ils demandeurs sexuellement ?

Cela pourrait arriver qu'un enfant n'étant pas au courant des « choses du sexe » soit curieux, se pose des questions ou ait avec un adulte des attitudes équivoques. Cela fait partie de son évolution. Il découvre des sensations, voit ses parents s'embrasser sur la bouche, veut faire la même chose avec un cousin, un copain plus âgé ou même un adulte proche de lui… Ce sera alors à l'adulte de dire non, d'expliquer les limites et la différence entre ce qui est normal dans sa découverte de la sexualité et ce qui pourrait être imposé par un autre enfant ou un adulte. D'où l'importance de « parler » avec son enfant de ces choses-là. Cela pourra au moins éviter qu'il n'aille poser ces questions à un pédocriminel, qui, bien sûr, s'empressera de lui montrer le côté « pratique » de la chose… Donc, parlons sexualité avec nos enfants, adaptons notre dialogue à son âge, à son niveau, avec des mots faciles, des exemples simples, avant que d'autres personnes ne le fassent pour nous.

Que doit-on apprendre à notre enfant ?

Qu'il est une personne à part entière, qu'il a des droits, qu'il est « propriétaire » unique de son corps. Qu'il ne doit pas avoir peur de raconter une situation dans laquelle il se serait senti mal à l'aise. Il faut lui apprendre la différence entre la sexualité et la perversité, donc encore une fois, lui apprendre la différence entre le bien et le mal.

Il faut aussi leur faire comprendre qu'il n'y a pas de honte à parler de sexualité et encore moins à « dire » s'ils ont subi des attouchements de la part d'un adulte.

Et puis tous les petits « trucs » qu'on peut leur proposer pour qu'ils se sentent en sécurité : un mot de passe à connaître par la personne qui pourrait venir les chercher à l'école, ne jamais suivre des inconnus, quoi qu'il arrive. Leur expliquer que si un adulte les touche, ce ne sont pas eux les coupables, mais bien l'adulte qui fait quelque chose de mal. Leur dire qu'il existe de bonnes et de mauvaises personnes, qu'il y a des moyens pour essayer de les distinguer plus rapidement…

Qu'est-ce que les parents peuvent faire au niveau de la sexualité de leur enfant, qu'est-ce qu'ils « doivent » faire principalement ?

Pouvoir en parler quand c'est nécessaire, il ne faut pas les assommer d'informations, non plus…

Ne pas dramatiser la sexualité, adapter nos réponses à leur langage, à leur âge. Ils doivent surtout commencer par s'y « intéresser » eux-mêmes et apprendre à en parler avec sérénité. *(rires)* Lire des livres, parler avec d'autres parents, pêcher quelques idées ci et là si l'on est face à une impasse… On n'a pas toujours les bonnes réponses à tout et il faut que l'on soit capables d'accepter que l'on n'ait pas, non plus, toujours la bonne manière de s'exprimer…

Le principal, je crois, et c'est comme dans tout finalement, c'est d'être correct dans les informations que nous lui donnerons et sincère dans la manière dont nous l'exprimerons. Là, en principe, on ne peut pas se tromper.

Quels sont les moyens ou les outils pour en parler avec nos enfants ?

Mais repensez au petit cadre qu'il y a dans l'escalier, ici : « Lis des livres et délivres »… On en revient toujours aux mêmes nécessités : s'intéresser, lire, s'informer, comment les autres font ? Est-ce que je peux adapter ça à qui je suis et l'appliquer ? Mais les gens ne lisent plus, pourquoi se fatiguer à lire ? Ils en parleront bien avec leurs copains, l'école abordera bien le sujet. Et puis, la lecture, ça demande du temps, et un investissement que nous ne prenons plus. Encore une valeur qui est perdue… Non ?

Clairement, je suis encore toujours attristée d'entendre certains se glorifier de ne pas lire. Je me rappelle aussi du plaisir que nous avions, ma maman et moi, à lire ensemble, puis à parler de notre lecture…

C'est un fait. Quel plaisir ! Pourquoi s'en priver ? On entend partout que nous vivons dans un siècle de communication et il n'y a jamais eu aussi peu de communication… On a pourtant tout, on ne lit plus et on ne communique plus, ou très superficiellement. On ne parle plus non plus facilement de nos joies, de nos chagrins, de ce qui nous interpelle, nous plaît ou nous fâche. C'est indécent…

Et c'est général, entre hommes et femmes, ça ne va plus du tout non plus ; on n'est plus capable de trouver le bonheur, on attend tout de l'autre ! Tout doit aller vite, tout doit être lisse, sans vagues, ni émotions, sinon c'est de l'exhibitionnisme d'émotions et ça, c'est ingérable !

On ne se contente plus du meilleur à prendre chez l'autre, on veut la perfection dans tout et, au premier problème, on se jette, on ne se parle pas, on n'essaie pas de résoudre et on cherche autre chose ou quelqu'un d'autre ailleurs. Aujourd'hui, il faut répondre à des tonnes de critères de perfection, sinon c'est l'exclusion... Dans ce cas, je préfère être exclue, je ne veux pas faire partie de ça... Mais on s'égare, c'est encore un autre débat passionnant et foisonnant d'absurdités. *(rires)*

Donc, communiquer avec son enfant, ça commence dès la grossesse. Il faut « vouloir » cet enfant, il faut vouloir lui apporter le meilleur, et ne pas le faire pour de mauvaises raisons : pour donner un sens à sa vie, pour assurer ses vieux jours, pour ne pas être seul, ou pour conserver un lien avec l'autre parent quand il n'y en a plus.

Ne pas faire un enfant, non plus, parce que c'est ce que la société attend de nous, parce que c'est « normal ». Ça arrive encore trop souvent. Et surtout pas pour que notre enfant réalise les rêves que nous n'avons pas été capables de tenter de réaliser... Ne pas le prendre comme une extension de soi-même : je vois parfois des enfants inscrits à des cours de ceci, de cela ; ils sont « overbookés ». Je me demande quand ces enfants jouent ou parlent avec leurs parents... Ici, les enfants jouent encore dehors, les vieux sont dehors, il y a un contrôle social, tout le monde se parle, se connaît... Dans les grandes villes, ça n'existe plus. En Belgique non plus, avec tout ce qu'il se passe. Maintenant, les enfants ont accès à la maison à un ordinateur, ça les occupe et ça n'emmerde pas les parents : on sait où ils sont... Mais en fait non, on ne sait pas, parce qu'au même moment, l'enfant peut être occupé à « chatter » avec un pédocriminel ou n'importe quel autre dingue ! Et ils ont accès à un tas de choses qu'ils ne doivent pas voir. Si déjà, l'ordinateur était dans le salon et les parents au-dessus de l'épaule des enfants pour surfer. Pas pour l'espionner ! Pour s'assurer seulement qu'il ne se trouve pas sur un site pour adultes... Mais peut-être m'invoquera-t-on encore le respect de sa liberté individuelle ? *(rires)*

Il ne faut pas que le contact entre un enfant et ses parents ait comme priorité d'empêcher qu'il soit violé, bien entendu. Le contact, la communication entre un parent et son enfant, ne doivent pas être que pour le protéger, c'est une communication plus générale qui est nécessaire, car si elle est là cette bonne communication, l'enfant pourra facilement dire s'il a un problème ou pas. Quel que soit ce problème…

Mais justement, on entend partout qu'il n'y a plus de communication entre les parents et leurs enfants. Que peut-on faire pour faire prendre conscience aux parents qu'il est important d'éduquer, d'« élever » leur enfant ?

Vous savez, la plupart des choses sont faciles et à la fois presque impossibles tant qu'il s'agit de nous laisser le choix. Moi, je dirais à tous les parents : « Jetez votre télévision pour commencer, jouez à des jeux de société en famille le soir, faites de chouettes choses ensemble au lieu de garer tout le monde devant la télé, et que les enfants aient accès à des choses qu'ils ne doivent pas voir ou qu'ils ne peuvent pas gérer. » Si on enlève la télé, on gagne au moins 4 h par jour avec l'enfant, pour certains…

C'est une question de volonté, encore une fois…

Oui, et personne ne va le faire, ou très peu. On est tellement sous la pression du travail, de la nécessité de gagner de l'argent pour garder ce qu'on a, je ne dis pas pour avoir plus, non, pour garder ce qu'on a et c'est déjà très difficile.

Au début, c'était le père qui bossait et la mère qui s'occupait des gosses ; maintenant ce n'est plus possible, il faut que les deux travaillent, et on a encore difficile à s'en sortir. On est l'un des pays les plus taxés au monde, et qu'a-t-on en retour ? Même pas la protection de nos enfants. Le système est pervers jusqu'au bout.

Beaucoup de parents comptent sur l'école pour éduquer leurs enfants…

Il y passe tout de même huit heures par jour… Elle a donc effectivement un rôle important, mais ça n'empêche pas que c'est aux parents, en premier lieu, à apprendre à leur enfant la différence entre le bien et le mal et les choses de la vie… Ce n'est pas si difficile que ça, tout de même ?!

Aujourd'hui, on a un peu perdu les notions, on a tendance à ne plus vouloir trancher entre le bien et le mal…

Eh oui, nous sommes à l'ère où la liberté individuelle prime sur la sécurité générale.

Ce qui est primordial, c'est de faire comprendre à l'enfant qu'il ne doit jamais craindre de parler de ces choses-là avec ses parents, ou un quelconque autre adulte en qui il aurait confiance.

Que peut-on ou doit-on faire si l'on est face à un enfant qui nous dit que l'un de ses petits camarades est victime d'un pédocriminel ?

Protéger l'enfant qui a parlé, la source, car, trop souvent encore, on a tendance à dire de qui l'on tient l'information et, au niveau de la confiance que l'enfant nous a portée en dévoilant ce secret, il y a un déséquilibre. Jamais on ne doit dire à son enfant ou un autre : je suis au courant de ta souffrance, c'est ton copain qui me l'a dit. Pour le bien des deux enfants, il faut protéger la source.

Voilà un paradoxe à souligner par la même occasion… La discrétion… Je ne trouve pas normal que, de nos jours, nous n'ayons toujours pas réalisé que, lorsque quelqu'un fait l'effort de dénoncer ou de porter plainte, son nom soit connu du criminel… Il est logique, dès lors, que cela décourage de bouger. Les risques sont énormes. Le droit à la vie privée est à nouveau bafoué ou ignoré pour les victimes et honoré pour les criminels…

On en revient à la discussion sur les serveurs et les banques, et sur le sens des responsabilités…

Les droits des criminels sont au final plus souvent respectés que ceux des victimes...

Clairement. Ce n'est même pas une affirmation, c'est une constatation dans le temps et les faits.

Quels sont les devoirs que l'on a envers nos enfants ?

Les aimer. Les protéger. Les défendre avec notre cœur et notre notion de justice. Leur mettre des limites, leur apprendre à se comporter en société, leur apprendre le respect de l'autre, tout en leur expliquant bien qu'ils ne doivent pas oublier de se respecter eux-mêmes... C'est là qu'en tant que parents, famille, et thérapeutes, nous nous devons d'encourager nos enfants, de les complimenter ou les féliciter lorsqu'ils font les bons choix, de les aider lorsqu'ils doutent, ou sont victimes d'injustice ou de violence. Ne pas les stigmatiser.

Leur rappeler qu'ils ne sont pas coupables si quelqu'un leur fait du mal. Leur apprendre leurs droits, mais aussi leurs devoirs ou obligations envers les autres. Leur apprendre surtout qu'ils ont beaucoup de moyens pour se défendre et leur rappeler de les utiliser.

Le rôle des médias a une part importante également, dans leur éducation ?

Les médias pourraient jouer un rôle considérable dans l'éducation des enfants.

Un enfant a tendance à s'identifier à un « héros », un enfant, comme un adulte d'ailleurs, est sensible aux bons sentiments quoique l'on en dise. Vous avez vu les héros d'aujourd'hui ? J'ai vu une émission éloquente dernièrement. Au terme d'un « coaching » genre Star Academy, il s'agissait pour une jeune fille, employée de banque, de parvenir à bluffer un jury en lui faisant croire qu'elle était une Disc Jockey professionnelle et renommée. À un moment, on la voit faire les magasins pour se relooker et la voilà qui demande un prix à la vendeuse : « Madame s'il vous plaît, quel est le prix de cette blouse ? » et son entraîneur de la reprendre : « Non, pas comme ça, c'est pas comme ça qu'une DJ, de ta trempe et de ta position, parle ! Tu es connue mondialement ! Tu n'es plus toi, tu dois parler comme quelqu'un de ton statut. » La jeune fille interloquée est restée sans voix, ne sachant pas comment se comporter pour rentrer dans la peau du personnage…

C'est là que l'entraîneur attrape la blouse, la tend vers la vendeuse plus loin et crie, sans même lui jeter un regard : « Combien ? ». Je n'en croyais pas mes yeux ni mes oreilles ! Quel bel exemple, à l'heure où on clame partout que les moindres politesses se perdent ! Et après, on s'étonne ! Il existe pourtant des tonnes de bons programmes porteurs de bonnes valeurs et pas forcément « gnangnans » ! Les directeurs de programmation feraient bien aussi de nettoyer un peu devant leurs portes.

Dans un autre registre, faudrait-il, en arriver à l'extrême d'interdire toute image d'un enfant nu ou à moitié nu dans les médias ?

Ce serait pas mal pour commencer, car c'est une première forme d'irrespect quand on y pense, c'est chaque fois les parents qui donnent leur autorisation. Les adultes entre eux font parfois tout un ramdam s'ils apparaissent dans une publicité ou autre sans avoir donné leur autorisation ; vous avez bossé en pub, vous le savez. Mais un enfant, on vous le flanque les cuisses ouvertes sur une toilette sans aucune autre formalité. Du moment que les parents sont d'accord ! N'oublions pas que chaque enfant à poil dans une pub donne une érection à un pédocriminel quelque part, et ils ne se contentent pas tous de la veuve poignet quand ils ont une envie. Et quand il y a envie, il peut y avoir chasse… Eh bien tant qu'on ne gérera pas nos pédos et qu'on ne montrera pas un peu plus de respect pour nos enfants, ce serait pas mal que ce soit interdit. Il y a plein de choses qui sont interdites, on ne peut pas se garer avec une roue sur le trottoir, on ne peut pas fumer dans la voiture, mais dès que ça touche à la protection de l'enfant, on n'est plus aussi regardant…

C'est une question de fond et de paradoxes, j'en conviens. Interdire la « vue » d'un enfant nu reviendrait à tomber dans une autre réaction extrême que l'on constate actuellement dans notre société et qui voudrait que l'on en arrive à enfermer nos enfants à cause de pédocriminels qui courent en toute liberté… Cela reviendrait à dire aussi interdiction pour votre enfant de gambader nu dans le jardin ou sur une plage. Ne trouvez-vous pas cela grave que l'on doive, nous, confiner et emmitoufler nos enfants, parce que des pédocriminels sont, eux, libres d'aller et venir en toute quiétude ?

Si ! Quant à la publicité, elle a « Le devoir de montrer la vraie vie avec de vraies gens dans leur vraie vie courante, sinon les consommateurs ne s'y reconnaîtraient pas »…

Alors pourquoi ne montre-t-on pas le père sur les toilettes ? Ou la mère ? Il n'y a que les enfants qui font caca ou quoi, si l'on parle de la vraie vie ? *(rires)* La publicité… Vaste blague à la base. Ils doivent être réalistes, le plus possible, et alors on vous montre un gamin de 7 ans : « Oh waw, maman, comme le linge est doux ! ». Comme s'il en avait quelque chose à faire… À 7 ans, il regarde des fourmis, il construit des camps, c'est vraiment un discours à la noix « représenter la vraie vie » *(rires)*. Qu'est-ce qu'on nous vend et qu'est-ce qu'on gobe en permanence ?

Du vent.

NOTES

(1) UPPL : Unité de PsychoPathologie Légale (Tournai). Lors d'un voyage d'études en Angleterre en 2001, ses membres eurent Ray Wyre (Gracewell) comme correspondant local.

(2) Avocat américain pour enfants et auteur de polars à succès dans lesquels il ne fait aucune concession sur la problématique de l'enfance abusée, dont « Sacrifice », paru chez Vintage en 1996.

(3) NDA : En janvier 2007, plus de trois cent cinquante personnes étaient appréhendées en Allemagne pour trafic d'images pédocriminelles *via* des sites internet. Cet important coup de filet eut lieu grâce à l'exceptionnelle et étroite collaboration entre les banques (les paiements se faisaient par cartes) et la police allemande.

(4) « Fragile mais pas sans défense », écrite en 1996

(5) écrit par Colleen McCullogh et paru en poche aux éditions « J'ai lu » en 1980

(6) (1920-1985) maître ès dialogues de cinéma français, il est à l'origine des répliques savoureuses d'« Un singe en hiver », ou encore des « Tontons flingueurs ».

(7) Jean-Yves Hayez : « La sexualité des enfants », paru chez Odile Jacob en 2004

(8) « en cachette »

Conclusion

Si Carine Hutsebaut sait de quoi son passé et son présent sont faits, l'idée de son futur ne se profile que tout aussi aléatoirement que celui des criminels qui l'accompagnent depuis toutes ces années. Mais elle n'est pas du genre à s'en inquiéter. Elle sait, pour avoir su en savourer parfois les agréables surprises, que la vie lui en réserve encore...

D'ici là, profitons d'un dernier rayon de soleil sur sa terrasse...

*

* *

Quelles ont été, pour vous, les rencontres les plus marquantes ?

Comme tout le monde, j'ai fait de bonnes et de mauvaises rencontres. Lygia Negrier Dormont, par exemple, a été une très bonne rencontre professionnelle. C'est une excellente anthropologue, elle m'a marquée par son énergie, son charisme et ce n'est que quand j'ai pris un café avec elle, après un cours, que je me suis rendue compte qu'elle avait déjà 69 ans ! Elle ne les faisait absolument pas. J'ai un livre d'elle, extraordinaire, que j'aimerais « vulgariser » quand j'aurai le temps, parce que je trouve dommage qu'elle ne l'ait écrit qu'à l'attention des professionnels. Le commun des mortels aurait le plaisir de découvrir des tonnes de choses intéressantes sur sa condition. Mais voilà, c'est pour s'arracher les cheveux, c'est presque incompréhensible pour le profane et c'est un peu dommage... J'aime l'idée que chacun puisse être informé dans un langage proche de lui. Tout le monde a le droit d'avoir « accès » à la parole écrite. C'est, en tout cas, dans cette option que j'ai écrit mon premier livre. Je le destinais autant au professionnel en contact avec des victimes et des criminels, qu'au simple quidam, parent d'un enfant. Mon but était de permettre au grand public de s'informer sur la pédocriminalité. Professionnellement, il y eut encore Emilio Viano[1], qui a été mon prof à Washington ; il a été très important pour moi : un homme très intelligent, très calme, un don pour relativiser les choses, les mettre dans le bon contexte et en même temps oser émettre des points de vue très aigus. Il y a aussi eu un prêtre, Rik Devillé[2], très au courant de la vie et de la réalité. En fait, j'ai toujours aimé les gens qui osaient s'opposer aux côtés pervers du système, et Rik est quelqu'un qui n'a jamais eu peur de ça, même au sein de son institution.

Et puis, personnellement, il y eut la rencontre avec mon premier mari qui, elle, fut marquante, mais pas forcément dans le bon sens du terme *(rires)*. J'ai été mariée vingt ans et j'ai vécu cela comme une prison. Étant d'un naturel pacifique et conciliant, malgré les apparences *(rires)*, j'ai mis des années à me sortir de ce mariage, à m'apercevoir que nous n'étions pas compatibles. Je suis restée vingt ans, parce que c'était ce que l'on attendait de moi... Jusqu'au jour où j'ai décidé de partir. De ne plus craindre ni menaces, ni chantages affectifs. Je suis partie pour Washington continuer mes études et j'ai rencontré un homme avec qui j'ai vécu l'amour fou... Jusqu'au moment où j'ai compris que c'était un borderline. Le prince charmant ! J'ai tenu quelques années, puis je l'ai gentiment mis à la porte.

Mais ça va là... Vous êtes heureuse, maintenant, avec votre amoureux ?

Oui, nous nous sommes trouvés, et cette décision de commencer quelque chose ailleurs est une belle aventure qui nous attend.

D'autres projets ?

Bien sûr, on continue le projet de l'ICMAC avec An et Valentine, mais sous une autre forme. Je développerai cela en temps voulu… *(sourire malicieux)*

Si vous deviez faire un bilan de votre passé…

J'en suis à la fois fière et frustrée. Frustrée, parce que je n'ai pas pu aller jusqu'au bout (jusqu'à présent !). J'ai dépensé énormément d'énergie pour me rendre compte que ce n'est pas le gouvernement qui va changer les choses… Le pouvoir se trouve en chacun de nous et dans la « populace ». Il faut qu'on reprenne conscience qu'on est dirigé par un pouvoir qui n'a pas forcément raison. Il faut qu'on réalise qu'on a le pouvoir et le droit de le lui rappeler. Il faut qu'on retrouve le courage de dire « stop » ou « non ». Qu'on ne ferme plus les yeux sur des horreurs par confort ou par complaisance.

Des regrets ?

Des déceptions surtout. Par rapport à l'affaire de Julie et Melissa, surtout. J'aurais pu aller plus loin. Je ne comprenais pas bien les enjeux derrière les coulisses à l'époque, mais même, j'aurais dû aller plus loin. Il faut dire qu'à l'époque mon ex-mari menaçait aussi de tuer toute la famille, la séparation ne s'est pas faite en douceur on va dire… *(sourire).*

Puis j'avais d'autres dossiers en cours… On reste humains, on n'a pas le don d'ubiquité…

Et ça, c'est bien dommage ! Mais je ne regrette rien. Si tout était à refaire, je signe à nouveau. J'espère juste qu'il y a une vie après celle-là pour pouvoir continuer.

Qu'est-ce qui vous rend le plus heureuse quand vous regardez en arrière ?

Mes gosses, en tout cas. Je suis heureuse des échanges que j'ai eus avec des enfants. On se comprend bien, même avec les bébés j'ai eu des moments de communication et de complicité incroyables. Je suis heureuse de l'honnêteté que j'ai pu garder, de celle que j'ai pu rencontrer, je suis heureuse d'avoir réussi à rester juste, objective, critique, capable d'aimer vraiment ou pas.

Je suis contente aussi de comprendre la langue de mes chats *(rires)*. Je suis heureuse d'avoir rencontré plein de « bonnes » personnes.

Mon éducation m'a également permis de rester moi-même en toutes circonstances. Que je sois avec un roi ou avec le gars qui ramasse les poubelles, je suis respectueuse et, si je suis confrontée au manque de respect, que ce soit le roi ou l'autre, je lui dirai, poliment, mais je lui dirai ce que je pense.

Je suis capable de prendre des décisions, de trancher, et je peux le faire vite si c'est nécessaire : voilà une qualité qui a été la base de mon travail.

Selon vous, ces qualités font partie de l'inné ou de l'acquis ?

C'est une combinaison des deux. On en revient aux gens qui n'exploitent pas leurs qualités. C'est peut-être cet apprentissage-là dont l'humain a besoin. Tout le monde est doué pour quelque chose. L'entourage et la société découragent souvent ou confortent les gens dans leurs situations. Mais ils n'ont qu'à fouiller eux-mêmes et s'écouter eux-mêmes. C'est quelque chose qui m'enrage, je trouve que c'est du gaspillage. Tout le monde a des talents pour plein de choses ; pourquoi ne pas les utiliser pour changer les choses ? C'est une question qui me rend dingue. *(rires)*

Pensez-vous avoir fait de grosses erreurs ?

Bien sûr. Comme tout le monde. Mais pas dans mes dossiers ! Je n'avais pas le droit.

Parfois je n'ai pas eu les moyens d'aller au bout, mais ce n'est pas une erreur, c'est un fait, ça ne dépendait malheureusement pas uniquement de moi. Dès que l'on entre dans le domaine de la pédocriminalité, on entre dans un monde redoutable et redouté. Les choses ne se font pas aisément. Beaucoup de monde y est encore hostile, à la place de tenter de le connaître pour mieux le contrer. J'ai aussi fait la grave erreur d'avoir eu confiance en l'être humain. *(rires)* J'ai fait l'erreur de me justifier…

Vous justifier ?

Vous savez, quand un journaliste vous demande de montrer vos diplômes, ben vous le faites. Seulement, certains vont émettre un jugement totalement personnel, puis vous démolir, et quand vous analysez un peu le truc, vous vous rendez compte qu'en vous livrant tout est très souvent déformé, et vous êtes là à tenter de « convaincre » l'autre de votre bonne foi. C'est une grossière erreur et une perte de temps considérable. Je refuse de continuer un jeu pareil, c'est pour ça que je ne veux plus « exposer » mes diplômes. J'ai 50 ans et je devrais encore mettre mes diplômes dans un livre ? Je ne les ai déjà pas dans un cadre ! Ils n'ont qu'à me juger sur ce que je fais, sur mon travail. Mes analyses et travaux sont mêmes cités dans certains cours de criminologie (à titre de bon exemple, je précise !) *(rires)* S'il s'agit uniquement de satisfaire leur curiosité, je n'ai pas le temps pour cela et eux devraient utiliser leur temps à autre chose ! Ce n'est pas comme s'il n'y avait rien d'autre à faire…

Il y a une anecdote aussi comme ça avec une bête photo de Clinton, bon ça c'était rigolo, on n'attaquait pas mes compétences, mais imaginez le truc, je lis un jour dans un journal : « Carine Hutsebaut pose à côté de Clinton et se voit déjà en haut de l'affiche », je ne sais plus exactement les termes, mais bon, c'était dans cet esprit-là. Soit. En fait, la vérité est bien moins « sensationnelle » : Clinton était en visite dans le coin où j'étais en stage. On était tout un groupe, il s'est arrêté, on lui a tous serré la main. (On n'allait pas lui mettre une baffe quand même !) Les personnes présentes ont pris des photos et nous les ont offertes, évidemment. J'en avais donc une ou deux glissées dans un de mes cours… Cours que j'ai rouvert des années après, lors d'une interview avec un journaliste belge, sans doute afin de lui prouver que c'était bien mon écriture *(rires)*. La photo a glissé, il s'est extasié devant le Président et puis, dans l'article, c'était parti : elle frime avec Clinton… *(rires)* N'importe quoi ! Bon, c'est les erreurs des autres, on n'y peut rien, mais c'est fatiguant aussi parfois. Et, pendant ce temps-là, on se concentre sur des futilités alors que partout des enfants sont massacrés ou attendent, espèrent, d'être compris, entendus, sauvés, protégés… Je ne comprendrai jamais ces pertes de temps.

Est-ce si difficile que ça de rester intègre, de faire la part des choses ?
Mais non ! C'est un choix aussi. On fait aussi la part des choses avec nos amis, ou notre famille, pourquoi ne pourrait-on pas le faire tout le temps ?

Faut-il chaque fois jeter le bébé avec l'eau du bain ? Non, on prend le meilleur de chacun, et on s'efforce de faire la part des choses. Je n'exige de personne qu'il ou elle le fasse, mais je me dis que si je suis capable de le faire, d'utiliser mon libre-arbitre et de faire preuve d'empathie, je sais aussi que je ne suis pas la seule au monde à pouvoir le faire, et j'espère juste que l'on sera de plus en plus nombreux à pouvoir le faire. Nous avons les moyens, aujourd'hui, de nous ouvrir aux autres et d'accéder à plus de connaissances et de sagesse, allons-y gaiement ! Qu'est-ce qu'on attend à la fin ?!

Que le voisin commence à le faire avant nous ? (rires)
Et bien, à cette allure-là, on va bien progresser ! *(rires)*

Votre présent, c'est quoi ?
La paix, l'amour et l'eau fraîche *(rires)*. La nature. Je n'ai même pas encore eu le temps de réfléchir sur l'avenir. Il y a eu ce déménagement énorme, tout quitter, recommencer à zéro, faire un nouveau travail que je n'ai jamais fait. Là, pour l'instant, écoutez, autour de nous, il n'y a que le bruit de la nature, le calme. J'ai besoin de ce calme. Ça a été très chaotique, ça l'est encore un peu, vous voyez les travaux, et les cratères *(rires)*. Mais, petit à petit, tout s'arrange. J'ai

quitté la Belgique pour pouvoir réfléchir et respirer. C'était comme dans une maison en feu. Tant qu'on est dedans, on étouffe avec les autres. J'ai quitté cette maison brûlante et je cherche de l'aide pour éteindre le feu. Mais tout d'abord, il faut que je retrouve le souffle. Il n'y a pas une chose que je n'aie essayée pour éteindre le feu, lorsque j'y étais. Des recherches, des études à l'étranger, que j'ai toutes financées moi-même, je ne dois donc rien à personne de ce côté-là. J'ai donné des centaines d'interviews, on a tourné des reportages de télévision, j'ai donné des formations aux professionnels dans toute l'Europe, j'ai participé à de nombreux de débats, des séminaires, j'ai eu des centaines de gens en thérapie, des agresseurs, des victimes et souvent des familles entières. J'ai fait des expertises, j'ai traité des dizaines d'affaires de meurtres, de disparitions, de viols, j'ai conseillé des films en France, j'ai écrit des livres sur ce sujet avec des propositions, j'ai organisé des conférences…

Ça va comme ça, hein… Maintenant, je suis fatiguée.

Cela dit, vous êtes du genre à ne vous arrêter que si vous mourez, et encore… Parce que du genre aussi à tenter de trouver un moyen pour continuer « post mortem », donc je présume qu'une fois avoir récupéré vos forces…

Si je trouve ce moyen-là… Ce serait bien ça… *(rires)*

Mais c'est sûr que dès que je serai à nouveau en forme… Il y a encore du pain sur la planche et des tonnes d'enfants à éviter de casser. Donc, bien qu'en ayant l'âge, je suis encore loin de la prépension et, comme je ne compte pas sur l'État pour m'entretenir pendant ma retraite, je vais me la construire avec un autre petit projet. Comme je ne parle pas encore la langue locale, je ne peux pas m'occuper de victimes locales, mais je tiens à l'œil les progrès qui se font ici dans le domaine de la lutte contre la pédocriminalité et dans le domaine de l'aide aux victimes.

Vous étudiez de nouveau, quoi ! (rires)

On pourrait le voir comme ça… Je n'arrêterai jamais d'étudier, j'aime trop ça ! *(rires)*

Et en attendant, vous vous êtes trouvé une autre activité…

Je ne serai jamais riche avec ça, mais au moins je serai libre, je mangerai et j'aurais un toit dans ce beau paysage ! Regardez-moi ça[3], ça ne vaut pas le coup d'essayer ? *(grand sourire)* Je ne vais quand même pas attendre la mort sans rien faire, j'ai encore plein de projets et tant de choses à faire. C'est le système aussi qui vous dit à quel âge vous « pouvez » ou « devez » vous arrêter… C'est encore la meilleure, ça ! Si j'ai envie d'ouvrir un kot à spaghettis quelque part, qui va m'en empêcher ? Je voudrais bien voir ça. *(rires)*

Il y a aussi des choses que je dois encore régler avec certaines personnes, pas pour régler des comptes, non, des choses dans le sens positif, qui doivent être dites de mon côté, que je n'étais pas encore prête à faire, mais que je sens tout doucement se faire pressantes… Vais-je me déplacer ou inviter ces personnes ici ? C'est ce que je préfèrerais, j'aimerais partager ce coin de paradis avec eux, je sais que ça leur ferait du bien et à moi aussi de les avoir ici. Je ne sais pas encore ; on verra ce que mon cœur me dicte quand il aura fait sa petite sieste… Pour l'instant, je veux un peu profiter de ce silence, des parfums qu'il y a ici… Malgré que j'aie toujours été bien ancrée dans la réalité, j'ai besoin de prendre un peu de recul. Le disque dur était à nouveau plein à craquer, je n'arrivais plus à écouter une simple conversation avec mon fils. J'écoutais et, trente secondes après, il me disait : « J'ai dit quoi là, maman ? » (…) « Je m'excuse, je ne sais pas »… C'est là que je me suis dit : « Il est temps de bouger sinon je vais me perdre ». Petit à petit, je défragmente, je fais de la place, j'oublie moins, j'arrive de nouveau à planifier des trucs… Maintenant, je reprends des forces, je mange bien, je dors bien.*(rires)*

Moi je dors un peu moins bien depuis qu'on discute ! Une conclusion ?

Une invitation, plutôt… Tout le monde peut le faire avec de la volonté et du courage pour aller au bout de ses convictions ou de ses rêves. Ne plus se laisser envahir par de fausses excuses du genre « ce n'est pas moi qui vais changer le monde ». Si, au fond de vous, vous pensez qu'il y a quelque chose de bien à faire, faites-le. (*Elle soupire en souriant)* C'est très « classique », mais si chacun commence à faire les choses bien dans son domaine, de façon respectueuse et intègre, on a peut-être une chance… Imaginons un monde dans lequel aucun enfant n'aurait été maltraité, mal aimé ou abandonné, où chaque enfant aurait été aimé, suivi, encouragé dans son développement. Avec, comme guides, les limites à respecter et le respect de l'autre, de la nature, de tout ce qui vit et est à notre disposition, avec le respect de ce « paradis », comme vous disiez, plein d'opportunités. Imaginons que ce soit ainsi depuis des années… On pourrait l'avoir ce monde, avec plein de gens heureux occupés à exploiter leurs qualités. Dieu sait si toutes ces maladies, ces « défauts » de notre monde ne proviennent tout simplement pas du mal-être de l'être humain. Toute cette énergie que l'on dépense actuellement aux « réparations » des générations précédentes… Nous plaçons partout des sparadraps sur des jambes de bois. Cette énergie pourrait être utilisée à autre chose, tout de même.

La tolérance est utopique tant que l'être humain ne sera pas en paix avec lui-même. L'être humain est profondément blessé et personne ne semble se soucier d'arrêter la source de ce mal-être. La réparation de l'être humain peut encore prendre des siècles, mais je suis convaincue qu'un jour on va y arriver.

NOTES

(1) Qui est aussi un intervenant important sur CNN, souvent appelé à donner son point de vue sur de grands conflits, comme Israël. Il a également écrit une vingtaine de livres sur le crime organisé, la violence, la victimologie. Dont : "Global organized crime and international security" (Ashgate Publishing, 1999)

(2) Il a aussi écrit : *La dernière dictature. Pour des paroisses sans pape*, paru chez Coda en 1993

(3) nous sommes entourées d'arbres fruitiers, de fleurs sauvages et d'une très belle montagne de laquelle on peut parfois observer le vol d'un couple d'aigles. La première maison en vue est à quelques kilomètres…

La parole est aux enfants

NDA : les expressions et caractères initiaux ont été préservés, et aucun de ces enfants n'est, a priori, victime.

Si un enfant vit dans la critique, il apprend à condamner.
Si un enfant vit dans l'hostilité, il apprend à se battre.
Si un enfant vit dans le ridicule, il apprend à être gêné.
Si un enfant vit dans la honte, il apprend à se sentir coupable.
Si un enfant vit dans la tolérance, il apprend à être patient.
Si un enfant vit dans l'encouragement, il apprend à être confiant.
Si un enfant vit dans la motivation, il apprend à se faire valoir.
Si un enfant vit dans la loyauté, il apprend la justice.
Si un enfant vit dans la sécurité, il apprend la foi.
Si un enfant vit dans l'approbation, il apprend à s'aimer.
Si un enfant vit dans l'acceptation et l'amitié, il apprend à trouver l'amour dans le monde…

Entendons-les, car chacune de leurs paroles traduit leur façon d'aimer et peut trahir la façon que nous avons de les aimer…

*

* *

C'est quoi l'amour pour vous ?

Nubia, 12 ans : C'est l'avenir.
Mélissa, 12 ans : C'est un passage sentimental.
Emily, 8 ans : L'amour c'est quand on s'embrasse tout le temps, puis quand on est fatigué de s'embrasser, on veut quand même rester ensemble et on parle. Papa et maman sont comme ça et ils sont dégoûtants quand ils s'embrassent.
Noëlle, 7 ans : L'amour c'est quand tu dis à un garçon que tu aimes sa chemise et puis qu'il la met tous les jours.
Inez, 5 ans : C'est quand on est amoureux et qu'on dessine des cœurs.
Estelle, 4 ans : Le chocolat et un cheval qui brille.
Yzia, 5 ans : Ça me fait penser à un prince charmant qui se marie avec moi…

Quelles sont les choses qui vous rendent heureux ?

Anastasia, 11 ans : Ma famille et mes amis, et si les autres sont heureux, moi aussi.
Stéphanie, 11 ans : Ma famille, même s'ils m'engueulent souvent, et mes animaux.
Sobin, 10 ans : Quand un qui est pas mon copain devient mon copain.
Taël, 13 ans : Mes parents, les jeux vidéos, la vie.
Magda, 13 ans : Quand je suis avec mes meilleurs amis d'enfance.
Yvan, 12 ans : Le foot.
Hicham, 12 ans : Ma famille et la famille de la fiancée de mon frère.
Michaël, 12 ans : Ma famille, mes copains, la vie, même l'école et mes professeurs ça me rend heureux.
Inez, 5 ans : Être amoureuse, se déguiser et voler sur un poney.

Estelle, 4 ans : Jouer et manger.
Yzia, 5 ans : Faire des promenades, le soleil qui chauffe et faire des bricolages.

Quelles sont les choses qui vous rendent tristes ?

Danielle, 10 ans : Les drames et les morts.
Inès, 12 ans : Quand mon papa me dit qu'il va me téléphoner et qu'il le fait pas.
Timothée, 9 ans : Quand les gens disent des choses fausses sur moi.
Aurélien, 10 ans : Quand je rends des gens de ma famille tristes.
Raphaël, 11 ans : De voir des pauvres et des gens très très blessés à l'hôpital.
Sobin, 10 ans : Quand mon chat Lili était mort.
Taël, 13 ans : Les disputes.
Inez, 5 ans : Quand Hans se fâche, qu'il ne m'aime pas, et quand on me donne pas la chose que je veux.
Yzia, 5 ans : Quand Alexis dit qu'il est amoureux d'Amélie et pas de moi, et quand on me dit t'es plus ma copine.

Quelles sont les choses qui vous mettent en colère ?

Dorian, 10 ans : Rien.
Yvan, 12 ans : Qu'une femme me trompe.
Taël, 13 ans : Quand on me donne des ordres ou qu'on ne comprend pas ce que je dis.
Anastasia, 11 ans : Quand des grands embêtent des petits.
Aurélien, 10 ans : Quand quelqu'un fait exprès de m'énerver ; exemple mon voisin de gauche (Dahmane).
Dylan, 9 ans : Quand quelqu'un insulte mes parents.
Anaël, 10 ans : Quand on me pique mon objet.

Carla, 10 ans : Quand je vois des personnes qui se disputent et qui savent pas pardonner.
Estelle, 4 ans : Quand on prend ce que j'ai en mains.
Yzia, 5 ans : Peut-être quand papa et maman me disent non pour beaucoup de choses.

Qu'est-ce qui vous fait rire ?

Sobin, 10 ans : Quand Arnaud me dit *Papegai*.
Pavel, 11 ans : Quand mon papa fait le fou.
Inès, 12 ans : Quand je (souligné 3 fois) tombe, je rigole.
Taël, 13 ans : Les blagues, les bêtises de tous les jours.
Estelle, 4 ans : (elle ne répond pas, mais elle agit : elle fait le clown).
Inez, 5 ans : Les guilis et quand on est content de moi.
Yzia, 5 ans : Les clowns qui font les « zozos », quand Maxence fait l'« andouille », quand le grand Max suce son pouce, ça me fait rigoler.

De quoi avez-vous peur ?

Arnaud, 11 ans : Que mes parents divorcés passent devant le tribunal.
Danielle, 10 ans : Des fourmis.
Saïf-Dine, 11 ans : Des extra-terrestres, des vipères et des zombies.
Taël, 13 ans : Des araignées et de l'altitude.
Inez, 5 ans : Quand on fait « Bouh ».
Estelle, 4 ans : Un monstre horrible avec des grandes dents.
Yzia, 5 ans : J'ai peur des fantômes, des sorcières, de l'orage, des têtes des squelettes, les sirènes dans Peter Pan, elles sont méchantes, elles veulent emmener Wendy.

Que faites-vous quand vous avez un ami malheureux ? Avez-vous déjà aidé quelqu'un ?

Arnaud, 11 ans : Je l'aide à remonter la pente.
Heena, 11 ans : Je lui demande pourquoi il est malheureux, puis j'essaye de résoudre son problème.
Anaël, 11 ans : Je lui dis :« Oublie, ce sont des faux problèmes. »
Yvan, 12 ans : Il me dit si quelqu'un l'a tapé et je le tape.
Magda, 13 ans : Ben, je lui demande ce qui va pas et j'essaye de l'aider.
Inez, 5 ans : Quand Hans est tombé, je l'ai retenu et j'essaye de le concentrer (consoler), et je le serre dans mes bras pour qu'il pleure plus.
Estelle, 4 ans : Je lui donne quelque chose.
Yzia, 5 ans : J'ai aidé Aldin comment on faisait la pâte à sel… J'ai aidé Benjamin à se lever parce qu'on lui avait jeté du sable dans la figure et je lui ai tenu la main, je l'ai consolé, je lui ai fait un gros câlin et je lui ai dit : « Ta maman va venir cet après-midi… »

Savez-vous quels sont les devoirs des grandes personnes envers vous ?

Taël, 13 ans : Oui, nous aider à comprendre les choses qu'on ne comprend pas.
Saïf-Dine, 11 ans : Oui. De nous respecter, de rester poli avec nous et de montrer le bon exemple.
Carla, 10 ans : Oui. Ils doivent (souligné 3 fois) nous respecter, nous donner à manger, nous soigner, payer l'école, nous donner de l'amour.
Sarah, 11½ ans : Non, je ne sais pas.
Raphaël, 11 ans : Nous respecter, nous aider et de ne pas nous déranger.

Michaël, 12 ans : Oui. De nous aider et de signer tous les jours notre journal de classe.
Stéphanie, 11 ans : Nous protéger.
Hicham, 12 ans : Nous expliquer c'est quoi la vie.

Que voudriez-vous faire comme métier plus tard ? Et pourquoi ?

Sarah, 11½ ans : Pédiatre, pour soigner les enfants.
Léa, 9 ans : Pianiste, parce que j'adore entendre et jouer du piano.
Dylan, 9 ans : Taxi, pour aider les gens qui ont des lourdes choses en mains.
Dorian, 10 ans : Zoologiste, parce que j'aime bien les animaux.
Carla, 10 ans : Avocate, parce que j'aime bien défendre les gens.
Danielle, 10 ans : Photographe, parce que je veux faire quelque chose que j'ai jamais fait.
Aurélien, 10 ans : Tout petit, c'était policier, mais maintenant c'est police scientifique.
Raphaël, 11 ans : Créer des choses parce que je suis fort en art et en informatique, et parce que j'aime bien tout ce qui est pour fabriquer des choses.
Yvan, 12 ans : Dragueur.
Taël, 13 ans : Cadreur, parce que j'aime bien le cinéma.
Inez, 5 ans : Pilote d'avion parce que je veux qu'on me demande où on va et que je pilote, parce que j'adore les avions.
Estelle, 4 ans : Danseuse.
Yzia, 5 ans : (moment intense de réflexion) Je ne sais pas encore.

Que changeriez-vous dans le monde si vous le pouviez ?

Magda, 13 ans : La différence entre les gens et les gens tristes.
Taël, 13 ans : Arrêter les guerres et faire rire les gens.
Hicham, 12 ans : Que tous les gens ont de l'argent !

André, 11 ans : Qu'on doive plus travailler et qu'il y ait plus de guerres.
Clémence, 12 ans : Je ne sais pas et, de toute façon, il y aura toujours des gens qui veulent se battre.
Yvan, 12 ans : Un travail pour tout le monde.

Y a-t-il une personne dans votre entourage à qui vous oseriez tout dire ? Laquelle, sans citer spécialement de nom, mais vous pouvez : un(e) ami(e), un membre de votre famille ?

À l'unanimité : oui et de citer leurs parents ou une ribambelle de noms parfois entourés de petits cœurs ou soulignés trois fois.

Pour fermer ce livre avec eux, une pensée de Léo Buscaglia, un conférencier américain qui a beaucoup travaillé avec eux, il nous rappelle que nous sous-estimons souvent le pouvoir d'un contact, d'un sourire, d'un mot gentil, d'une oreille attentive, d'un compliment sincère ou d'une moindre attention. Ils ont tous le pouvoir de changer une vie. Il nous parle aussi, sur le net, d'un concours qu'il a autrefois jugé et dont le but était de désigner l'enfant le plus attentionné envers son prochain. Le gagnant fut un petit garçon de 4 ans, dont le voisin était un vieux monsieur ayant perdu son épouse quelques jours plus tôt. Quand le petit vit le vieillard pleurer, il passa la clôture du jardin et s'assit près de lui et, lorsque sa mère lui demanda ce qu'il avait dit au monsieur, le petit garçon répondit : « Rien. Je l'ai aidé à pleurer. ».

« Chaque enfant peut-être la personne qui changera peut-être le cours de l'histoire ou celle qui trouvera le vaccin contre le cancer ou le sida. Il faut protéger nos enfants et nos valeurs. »

Carine Hutsebaut

Postface

par Maître Xavier Magnée

Bravo pour ce travail talentueux et plein de courage et d'idéal. Il est réconfortant de rencontrer un esprit qui soit lucide et cependant généreux. Avec toutes mes félicitations !

Il faut continuer.

Carine Hutsebaut est une femme. Une femme d'aujourd'hui, les pieds sur terre et la tête dans les nuages, ceux de l'idéal et de la générosité. Elle nous parle de ce qu'il y a de plus délicat dans l'amour : sa naissance, son éducation, son moment fort quand l'âme se joint au corps. La douceur n'est pas élisive de sévérité et nul doute que son message portera ses fruits : que soit maudite l'œuvre de la corruption, surtout celle qui s'attaque aux plus faibles, à ceux qui font confiance et qui ont le droit de tout attendre de nous et d'en espérer le meilleur : les enfants. Bravo, Carine, c'est un cortège de cœurs purs qui vous anime et vous mobilise contre la folie des pervers.

De tout cœur,

Xavier Magnée

Remerciements

À mes parents, qui après en avoir vu des vertes et des pas mûres avec moi, doivent voir ici la cerise sur le gâteau… Merci de m'avoir bien aimée. J'espère vous l'avoir rendu pas trop maladroitement.

À Yolaine pour sa langue bien pendue… Sans toi, qui sait si cette aventure aurait eu lieu.

À Véronique, mon éditrice, pour sa folie, sa confiance et sa patience…

À Carine Hutsebaut, pour m'avoir ouvert les yeux et sa maison… À très vite, j'espère.

À Florence, d'avoir fait de moi une marraine…

À Anne D. pour son rire, sa disponibilité, et ses traductions.

À Valentine et An pour leur accueil et leur détermination.

À Monsieur Marion, ses élèves et tous les autres enfants, pour le bon accueil qu'ils ont fait à mon questionnaire.

À mes amis, mes amours, mes emmerdes, d'avoir été là pour me soutenir ou me secouer.

Et à vous, de nous avoir lues jusqu'ici, en espérant que vous garderez vos rêves et une place pour l'essentiel…

SOURCES

- Observatoire citoyen
- Le Bouclier
- tueursensérie.org
- Journal Le Soir, la DH, La Libre Belgique
- Site « Julie et Melissa, n'oubliez pas »
- Les enfants n'aiment pas les crocodiles
- Profession Profileuse
- Historique des Droits de l'enfant (http://plusdesilence.free.fr/accueil.htlm)
- Site du Werkgroep Morkhoven (Et tonnes d'autres relatifs à la pédo-criminalité)
- Pédagora
- Journaux télévisés
- PPDA « Les femmes de ma vie » paru chez Grasset en 1988

Annexe I

Curriculum Vitae de Carine Hutsebaut

Affaires à la Cour

Affaire Patrick Dewilder	Bruxelles (Belgique)	Viol
Affaire Christian Van Geloven	Perpignan (France)	Double meurtre d'enfant
Affaire Patrick Moortgat	Gand (Belgique)	Double meurtre d'enfant et tentative de meurtre
Affaire Kris De Pauw	Gand (Belgique)	Triple meurtre

Affaires en Correctionnelle

Kannika Paoprasit	Anvers (Belgique)	Meurtre d'enfant (4 ans)
Christa Gerrits	Anvers (Belgique)	Meutre d'enfant (9 mois)
Luc H.	Turnhout (Belgique)	Fausses accusations d'inceste
Roger R.	Bruxelles (Belgique)	Viols de 5 enfants

Bernard V.M.	Nivelles (Belgique)	Viol d'enfant, prostitution et réseau
Walter V.	Malines (Belgique)	Inceste
Gery N.	Dendermonde (Belgique)	Viol d'un enfant de 5 ans
Gino D.R.	Dendermonde (Belgique)	Viol d'un enfant de 5 ans
Pieter H.	Hasselt (Belgique)	Abus sexuels sur un enfant
Michel W.	Turnhout (Belgique)	Abus sexuels sur un enfant
Brenda S.	Anvers (Belgique)	Mauvais traitements sévères infligés à un bébé
Liesbeth V.H.	Anvers (Belgique)	Abus sexuels sur un enfant
Jozef H.	Hasselt (Belgique)	Fausses accusations d'inceste
Pieter V.E.	Dendermonde (Belgique)	Pornographie enfantine sur Internet
Annick K.	Hasselt (Belgique)	Abus sexuels sur un enfant
Christa B.	Hasselt (Belgique)	Viol avec torture
An V.D.B.	Neerpelt (Belgique)	Viol
Karen G.	Lummen (Belgique)	Viol
Erwin D.	Dendermonde (Belgique)	Viol d'un bébé de 6 mois
Ilse V.D.	Lummen (Belgique)	Abus sexuels
Danny D.	Dendermonde (Belgique)	Viol

Mickael K.	Bruxelles (Belgique)	Tentative d'enlèvement d'enfant
Rudi K.	Anvers (Belgique)	Braquage de banque
André P.	Lummen (Belgique)	Inceste
Frans C.	Dendermonde (Belgique)	Viol

En préparation

Marie-France L.	Paris (France)	Victimes d'un réseau d'abus sexuels sur des enfants
Marthe O.	Roubaix (France)	Victimes d'un réseau d'abus sexuels sur des enfants
Nicolette	Hongrie	Disparition

Mandat de perquisition

Jolien D.	Courtrai (Belgique)	Victime d'abus sexuel, pornographie et films

Consultation en tant qu'expert de la Cour

Meurtre de Kim Heyrman et disparition de Ken Heyrman (frère et soeur)	Anvers (Belgique)	Profil
Disparition d'Ilse Stockmans	Louvain (Belgique)	Profil
Disparition de Nathalie Geysbrechts	Louvain (Belgique)	Profil

Jozef H.	Ciney (Belgique)	Etude du suspect
Serial killer	Paris (France)	Profil
Tentative de meurtre	France	Profil
Enfants victimes de réseaux	France	

Collaborations

Elisabeth Brichet (12 ans)	Namur (Belgique)	Profil (tuée par Michel Fourniret)
Julie Lejeune et Melissa Russo (8 ans)	Grâce-Hollogne (Belgique)	Profil (tuées par Marc Dutroux)
Liam Vandenbrande (2 ans)	Malines (Belgique)	Disparition
Gevrije Cavas (6 ans)	Bruxelles (Belgique)	Disparition
Nathalie Gheysbrechts (9 ans)	Louvain (Belgique)	Disparition
Affaire de West Memphis	USA	Profil dans une affaire du meurtre de 3 petits garçons de 8 ans avec torture
A. Jenart (12 ans)	USA	Résau organisé
	Leukel (Hollande)	Double meurtre
	Louwes (Hollande)	Condamnation à tort et révision de l'affaire
Nicky Verstappen (11 ans)	Hollande	Meurtre

Diplômes et spécialisations

Gracewell Institute, Birmingham (Royaume-Uni)

Ecole nationale de la magistrature, Paris V

Centre international de sciences criminelles de Paris - Victimologie (examen: 86%)

René Descartes

American University, Washington DC (USA)

University of Liverpool (Royaume-Uni)

Academy of Behavioral Profiling - Psychopathologie, Californie (USA)

Stages

National Center for Missing and Exploited Children, Arlington (USA)

FBI, Quantico (USA)

Crowd Control

Patrouilles de nuit avec la Metropolitan Police Depatrment, Washington DC (USA)

Expert auprès des tribunaux de première instance de Bruxelles

Expert auprès des parquets de Bruxelles

Conseillère pour TF1, pour la série télévisée « Brigade spéciale »

Auteur de *Les Enfants n'aiment pas les crocodiles*, *Profession: profileuse. Sur les traces des tueurs en série*, *Kleine Zondaars - Kerk en kinderhandel* (Petits pécheurs - L'Eglise et le trafic d'enfants), *Il rôde encore parmi nous.*

Plusieurs centaines de conférences ou de formations pour, entre autres, les universités de Gand, Leuven, Bruxelles, Paris, Amsterdam.

Formations de policiers en France et en Hollande.

Entretiens avec une profileuse

Plusieurs centaines d'articles de presse, de passages à la télévision à propos des abus sexuels sur des enfants ou des meurtres d'enfants (BBC1, BBC2, CNN, Australian Broadcasting CO., Italie, France, Finlande, Norvège, Danemark, Grèce, Afrique du Sud, Hollande, Royaume-Uni, Afrique centrale, ...)

Annexe II

Lettre de « Papillon », une victime d'abus sexuels

Madame Hutsebaut,

Depuis quelques années, je suis votre parcours dans les médias et les livres que vous avez écrits. Permettez-moi de vous dire que je trouve que vous êtes relativement tolérante en ce qui concerne les punitions pour les pédocriminels. J'ai été victime, comme vous le disiez si gentiment, et, croyez-moi, je le suis toujours. Peu importe ce que je fais, je serai toujours victime des conséquences de ce qu'on m'a fait dans mon enfance. Si je ne suis plus victime de viols à répétition, je reste victime de ces conséquences si souvent balayées sous le tapis. Parce que cela gêne, parce que cela demande une attention particulière.

Un jour, j'ai vu dans un article suisse que vous parliez d'un holocauste, d'un génocide pour les enfants et vous aviez utilisé le mot « pédocide ». Est-ce que quelqu'un pourrait m'expliquer pourquoi le déni de l'un est un délit et pas celui de l'autre ? Un pédocide qui continue pourtant à faire des millions de nouvelles victimes ! Pourquoi ne poursuit-on pas ces bourreaux comme on le fait toujours pour les « Mengele » de l'Allemagne après la Deuxième Guerre mondiale ? Pourquoi ne les poursuit-on pas jusqu'à la fin de leurs jours ? Comme nous sommes poursuivis toute notre vie !

Moi, Madame, j'ai été « élu » à l'âge de 9 ans par l'Église. Un de leur « représentant » est venu dans mon foyer pour convaincre mes parents de m'envoyer dans un collège soi-disant d'élite. Un internat. Élite de quoi ? Internat ou prison ? Ou, dirais-je, « chambre à gaz » d'où l'on sort, certes, mais complètement amorphe, perturbé, humilié, plein de haine. C'est ça, l'Église. Ils récupèrent les meilleurs élèves à droite et à gauche pour nourrir leurs internats et donc leurs perversions. Loin des parents, loin de la société, QUI pourra éventuellement protéger ces pauvres enfants ? Je me suis tu pendant 40 ans. La gêne, vous comprenez, la gêne. MOI, j'étais gêné pour quelque chose de honteux que les autres m'ont infligé. J'avais 9 ans. Il y a 40 ans, j'étais un petit garçon de 9 ans qui ne savait rien du « monde des grands », strictement rien. Je me demande vraiment combien de victimes nous sommes. Combien d'hommes comme moi ont passé une enfance terrible, rien que dans les internats ? Combien se taisent ?

Les Jésuites disaient : « Lorsque vous arrivez à saisir l'âme d'un petit garçon, vous l'avez pour la vie. » Je les crois. Vraiment, je les crois. Et dire que ce sont justement ceux-là qui prêchent qu'il faut pouvoir pardonner. Ha ! Bien sûr, ils veulent qu'on les pardonne, mais que dire du fait qu'eux sont incapables de demander pardon pour leurs saloperies ? L'Église, le plus grand mensonge de l'existence de l'être humain ! Depuis 2000 ans ils nous contrôlent et nous terrorisent avec leurs mensonges. Je vous conseille fortement de lire le livre : « The Jesus Papers » (Les documents de Jésus) écrit merveilleusement par Michael Baigent[17]. Ils ont commencé par le viol du Christ et ils n'ont jamais arrêté. Un peuple qui gémit sous le sentiment de culpabilité est un peuple facilement contrôlable.

Vous voyez l'essentiel, Madame ? L'enfant victime qui se sent coupable pour leurs crimes. Vous l'avez écrit dans votre livre : « Kleine Zondaars – Kerk en Kinderhandel » (Petits pêcheurs – Église et trafic d'enfants). Et vous diriez que ce n'est pas pervers ? C'est quoi, alors, la perversion ? Ne voyons-nous pas que les critères des psychopathes sont les mêmes que ceux de cette Église ?

Je vous propose un peu de mathématiques : 6 000 000 de morts dans les camps de concentration. Les gouvernements européens, lâches comme ils sont, « avouent » un taux de 25 % d'enfants victimes d'une forme ou d'une autre d'abus sexuel. Nous savons qu'il s'agit de beaucoup plus puisque beaucoup se TAISENT, mais bon, partons de là…

Il y a environ 10 000 000 d'habitants en Belgique. Ceci représente donc un taux de 2 500 000 victimes de violences sexuelles. Aux Pays-Bas il y a 11 000 000 d'habitants, donc 2 750 000 victimes, en France il y a 60 000 000 d'habitants, il s'agit là de 15 000 000 de victimes ! Voulez-vous que je continue ? Savez-vous qu'il y a des victimes qui ont 85 ans et qui n'ont jamais parlé ? Des hommes, des femmes, tous enfermés dans une grande omerta.

Donc, rien que dans ces trois pays nous parlons de 20 250 000 victimes. Si nous prenons l'Europe de base, comme c'était il y a quelques années, nous avions environ 750 000 000 habitants, donc 187 500 000 victimes. À côté de ça, l'Holocauste de la Deuxième Guerre n'était rien du tout. Et qu'est-ce qu'on voit ? Rien. Aucun gouvernement ne bouge. Ils laissent faire. « Wir haben est nicht gewusst. » (On ne savait pas)

Les études professionnelles parlent d'une moyenne entre 120 et 150 victimes par criminel sexuel. Je vais donc me baser sur le nombre de victimes reconnues pour faire mon calcul. Mais, pour ne pas choquer, je me contenterai de 10 victimes par pédocriminel. Admettez que je suis "tolérant" moi aussi. Alors ? De combien de criminels parlons-nous ? De 18 750 000.

Mon parcours de vie est fait de beaucoup d'angoisse, d'incertitude, de gêne, ce qui a fait de moi quelqu'un qu'en fait je ne suis pas. J'étais un petit garçon plein de vie et sûr de lui. Tout ceci a été détruit par des pervers au dessus de tout soupçon, parce que « prêtres » dans un habitat protégé du reste du monde. J'étais un élève brillant, j'ai eu la chance de faire une belle carrière et, heureusement, ils n'ont pas réussi à détruire cela, mais à quoi bon ? Puisque je n'ai jamais plus été celui que j'étais. Je ne vis plus, je survis comme la plupart des victimes, on survit. Ce n'est pas la même chose, vous savez. Lorsqu'on survit, il ne nous reste plus suffisamment d'énergie pour vraiment jouir des belles choses. On est habité par la haine, la rage, par l'espoir de pouvoir se venger un jour. Un jour qui ne va jamais venir. C'est la seule différence entre ceux qui restent victimes et ceux qui deviennent agresseurs. La seule. Nous, on reste avec l'espoir. Ces autres ont réalisé leur espoir dans des actes de violence et de destruction. Nous, les victimes, nous passons notre temps à calmer et contrôler le « vengeur » qui est en nous. Vous pouvez comparer notre façon de vivre à un jour où l'on vous jetterait dans la forêt d'Amazonie sans rien pour vous protéger, vous nourrir, sans carte géographique… Croyez-vous vraiment, Madame Hutsebaut, que vous allez rêver d'une grande villa avec piscine ou d'un bonheur accessible ? Croyez-vous vraiment ? Non, Madame, vous allez utilisez toute votre énergie pour trouver un abri pour la nuit, pour trouver de quoi manger et boire, pour vous protéger contre tous les animaux sauvages qui risquent de vous dévorer.

Et qu'est-ce que je vois ? Qu'aux Pays-Bas un parti pro-pédos a le culot de se présenter aux élections ! C'est une très, très bonne idée ! En fait, ce sont les pervers qui déclarent ouvertement la guerre aux victimes et aux futures victimes. Que vont-ils faire le jour où les victimes s'organisent de la même façon pour répondre à cette déclaration de guerre ? Nous, nous serions une armée de 18 750 000 soldats. La plus grande armée du monde…

On vous attend, messieurs.

Bien à vous,

Papillon

Photos

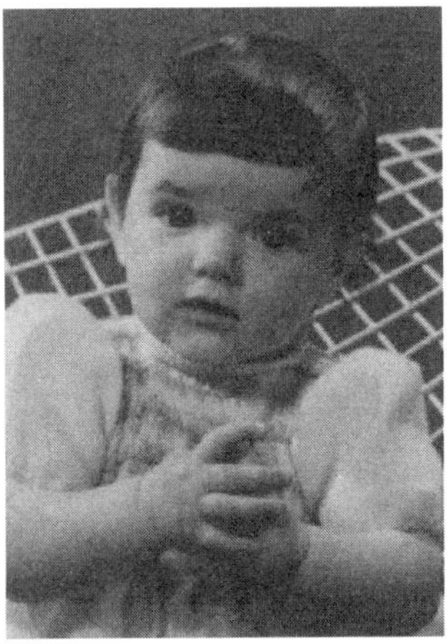

Carine Hutsebaut à 18 mois.

Sur le dos de son père, Roland, avec ses frères et soeurs (de g. à d.) : Michèle, Philippe, Carine, Jean-Pierre et Martine.

Roland et Irène Hutsebaut à l'occasion de leur jubilé.

Carine Hutsebaut aujourd'hui.

Carine et le capitaine de la Metropolitan Police qui la guida dans son immersion au sein des patrouilles de Washington.

Visite présidentielle de Bill Clinton (endroit gardé confidentiel). Carine est à l'avant-plan.

L'affaire Luca Mongelli

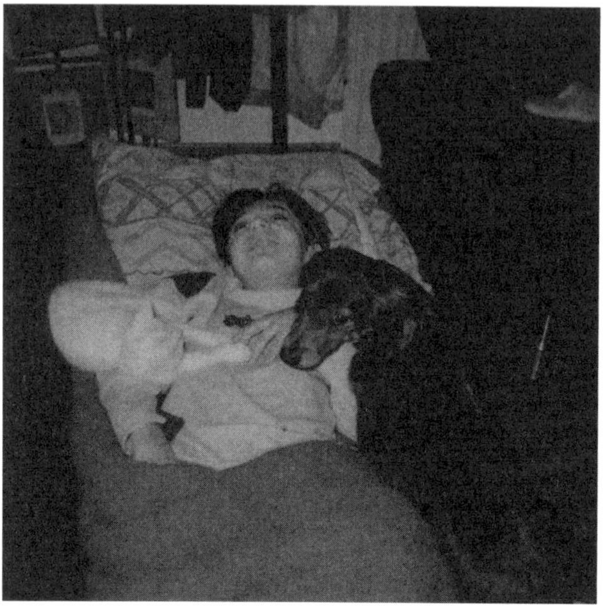

Luca chez lui,
avec son chien.

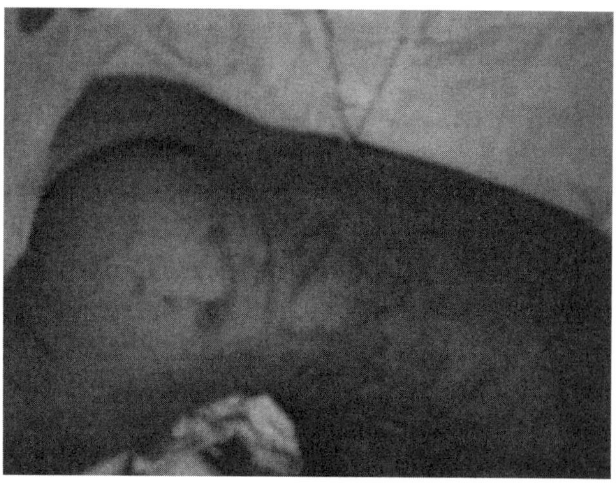

Comme on peut le constater, les blessures ne ressemblent pas du tout à celles que les griffes d'un chien pourraient infliger.
(photo amateur)

Luca et sa maman.

Exemple de portrait robot, réalisé à la main par un policier du Sud-Limbourg dans une affaire de meurtre.

Table des matières

Achevé d'imprimer en juin 2007
sur les presses de l'imprimerie Tournai Graphic
à Tournai – Belgique